国家社会科学基金青年项目"国家实验室资源协同供给模式研究"（项目编号：17CGL001）

# 国家重点实验室
## 创新资源捕获过程研究

Research on the Capture Process of
Innovation Resources in State Key Laboratories

聂继凯 ◎ 著

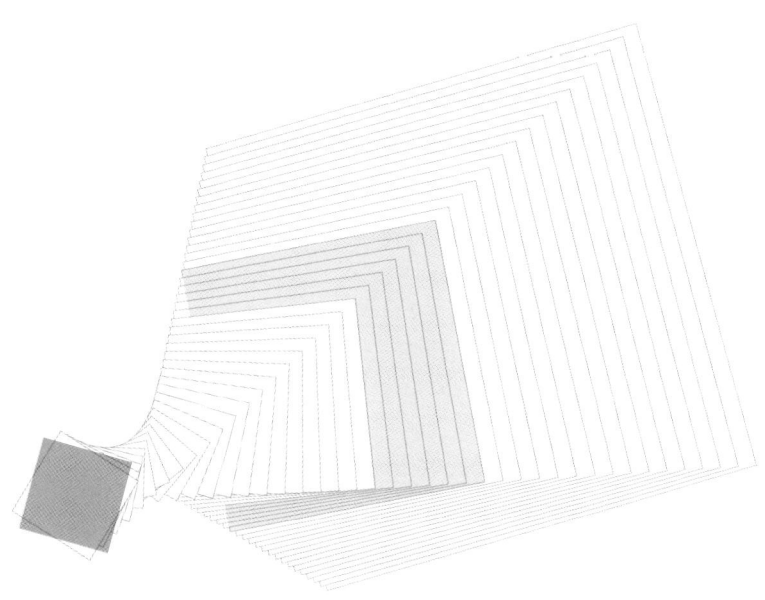

中国社会科学出版社

## 图书在版编目（CIP）数据

国家重点实验室创新资源捕获过程研究 / 聂继凯著 . —北京：中国社会科学出版社，2021.8
ISBN 978-7-5203-8872-6

Ⅰ.①国⋯ Ⅱ.①聂⋯ Ⅲ.①技术革新—资源利用—研究—中国 Ⅳ.①F124.3

中国版本图书馆 CIP 数据核字（2021）第 159830 号

| | |
|---|---|
| 出 版 人 | 赵剑英 |
| 责任编辑 | 刘晓红 |
| 责任校对 | 周晓东 |
| 责任印制 | 戴　宽 |
| 出　　版 | 中国社会科学出版社 |
| 社　　址 | 北京鼓楼西大街甲 158 号 |
| 邮　　编 | 100720 |
| 网　　址 | http：//www.csspw.cn |
| 发 行 部 | 010-84083685 |
| 门 市 部 | 010-84029450 |
| 经　　销 | 新华书店及其他书店 |
| 印　　刷 | 北京君升印刷有限公司 |
| 装　　订 | 廊坊市广阳区广增装订厂 |
| 版　　次 | 2021 年 8 月第 1 版 |
| 印　　次 | 2021 年 8 月第 1 次印刷 |
| 开　　本 | 710×1000　1/16 |
| 印　　张 | 17.25 |
| 插　　页 | 2 |
| 字　　数 | 257 千字 |
| 定　　价 | 99.00 元 |

凡购买中国社会科学出版社图书，如有质量问题请与本社营销中心联系调换
电话：010-84083683
版权所有　侵权必究

# 前　言

本书是在修订博士学位论文的基础上由国家社会科学基金和扬州大学出版基金资助出版，并作为国家社会科学基金青年项目"国家实验室资源协同供给模式研究"（项目编号：17CGL001）的重要阶段性研究成果先行出版，与其后续研究成果形成国家级实验室资源"供—需"对接的完整研究体系。

作为一种国际通行的科研创新基地形式，国家重点实验室已成为各国组织高水平基础研究和应用基础研究、聚集和培养优秀科学家、开展国内外学术交流与合作的重要基地，并在世界各国科学研究尤其是基础研究中占有重要地位。近年来，创新资源捕获难度增大、科技创新支出不断攀升、开放环境带来新挑战的趋势使支撑国家重点实验室健康发展的创新资源捕获过程及其影响因素问题日益突出，对其探究不仅有助于拓展已有理论研究脉络，也有助于为国家重点实验室创新资源的高水平积累提供实践参考，此为本书的主要研究动机和逻辑起点。

本书以问题提出和理论铺陈展开，然后借助 L 国家重点实验室、C 国家重点实验室和 H 国家重点实验室三个典型案例的探索性分析初步凝练出包括搜索、评估、关联、附着、引进、消化、吸收、再创新和集聚九个细分阶段的国家重点实验室创新资源捕获过程，随后结合资源基础理论、网络创新理论和协同创新理论对这九个细分阶段进行整合并构架起了包括搜寻（Searching）、桥化（Bridging）、内部化（Internalizing）和增值（Propagating）四阶段理论化的国家重点实验室创新资源捕获过程 SBIP 模型。之后在问卷调查建构数据库的基础上借助统计软件实证检验了 SBIP 模型。最后，根据研究结论提出了若干完善和优化国家重点实验室创新资源捕获过程的建议，并根据研究不足提出了后续改进方向。

本书核心研究结论包括：国家重点实验室创新资源捕获过程客观存在搜寻、桥化、内化和增值四个阶段，且这四个阶段以不同贡献率对国家重点实验室创新资源捕获绩效产生显著正向影响；国家重点实验室特性因素和运行机制因素对国家重点实验室创新资源捕获过程四个阶段都产生了显著且重要影响；嵌入环境因素只对内化阶段产生了显著且重要影响；关系因素包括的知识距离、地理距离、组织距离、正式关系、非正式关系、沟通技术和嵌入环境因素包括的外部储备并未对国家重点实验室创新资源捕获过程产生明显影响，究其原因，在于这些因素已然转化成为国家重点实验室创新资源捕获过程的既有依附条件。

整个研究过程获得了 L 国家重点实验室、C 国家重点实验室和 H 国家重点实验室等 78 所国家重点实验室及其 192 位内部工作人员的大力支持，这些实验室及其工作人员为本书提供了弥足珍贵的一手资料，并直接为本书赋予了额外参考价值，即为其他相关研究提供了难得的二手数据和资料，但出于当前我国国家重点实验室信息保密化现状的考虑，在此仅以"集体匿名"方式对这些国家重点实验室及其工作人员表示由衷感谢！

本书的最终成形也离不开本领域内相关专家、学者提供的一系列建设性指导意见，其中尤以危怀安教授、刘启君教授、钟书华教授、王冰教授、王国华教授、徐顽强教授的指导意见最具启发性。在此，对这些专家、学者给予的学术引导表示衷心感谢！本书的整个撰写、修订与出版过程也离不开亲朋好友的大力支持和无私帮助，包括父亲聂全录、母亲张洪芹、妻子陈盈自始至终的坚定支持，赵凯博在专著撰写最为艰难时提供的思想、知识、信心与办公条件的鼎力支持，杨斌、马广鹏、丁盟、李书民、杨扬、陈冲、张志勇、秦祥亮、王振宝、李儒龙、江永等提供的各类无私帮助，中国社会科学出版社刘晓红编辑在本书出版过程中的细心工作等，在此一并表示真诚谢意！

时间转瞬即逝，入职已近五年，面对五年前的撰写内容总有大范围调整的冲动，但在前辈、同行和同事建议下最终采用了"尊重原貌"的修订策略，以作为自身科研过程的一种历史铭记，也作为一种供给未来研究经验的不竭源泉或研究教训的深刻鞭策，所以，在保持原有总体框架不变的情况下仅对本书当初使用不当或逻辑不清的词句做出修订。本书的出版既是对已有科研经历的历史性总结，也开启了未来科研工作的新征程，并激励自己以一种更具包容性和创新性的思路从事后续研究工作。

聂继凯

2020年9月10日

# 目 录

**第一章 绪论** ………………………………………………… 1

 第一节 研究背景与问题的提出 ……………………………… 1

 第二节 国内外文献综述 ……………………………………… 10

 第三节 研究的主要问题及其目的与意义 …………………… 23

 第四节 研究对象及关键概念的界定 ………………………… 25

 第五节 研究方案与创新点 …………………………………… 29

**第二章 理论基础与启示** …………………………………… 33

 第一节 资源基础理论与启示 ………………………………… 33

 第二节 创新网络理论与启示 ………………………………… 39

 第三节 协同创新理论与启示 ………………………………… 44

 第四节 社会资本理论与启示 ………………………………… 52

 第五节 本章小结 ……………………………………………… 56

**第三章 探索性案例分析** …………………………………… 58

 第一节 案例研究方法 ………………………………………… 58

 第二节 L国家重点实验室 …………………………………… 64

 第三节 C国家重点实验室 …………………………………… 83

 第四节 H国家重点实验室 …………………………………… 98

 第五节 跨案例比较 …………………………………………… 114

 第六节 本章小结 ……………………………………………… 123

**第四章 问卷调查分析** ……………………………………… 125

 第一节 问卷调查的准备 ……………………………………… 125

第二节　问卷调查的实施 ………………………………… 129
　　第三节　问卷调查结果的描述性统计分析 ………………… 130
　　第四节　本章小结 …………………………………………… 145

**第五章　捕获过程的实证研究** …………………………………… 148
　　第一节　捕获过程模型及其研究假设 ……………………… 148
　　第二节　变量的定义与测量 ………………………………… 150
　　第三节　变量测度量表的信度与效度分析 ………………… 161
　　第四节　多元回归分析 ……………………………………… 169
　　第五节　特殊性探析 ………………………………………… 182
　　第六节　本章小结 …………………………………………… 185

**第六章　影响因素的实证研究** …………………………………… 188
　　第一节　影响因素概念模型及其研究假设 ………………… 188
　　第二节　变量的定义与测量 ………………………………… 190
　　第三节　变量测度量表的信度与效度分析 ………………… 195
　　第四节　多元回归分析 ……………………………………… 203
　　第五节　本章小结 …………………………………………… 225

**第七章　主要研究结论与未来研究展望** ………………………… 229
　　第一节　主要研究结论 ……………………………………… 229
　　第二节　对管理实践的启示 ………………………………… 233
　　第三节　研究不足与未来研究展望 ………………………… 236

**附录1　案例研究的过程及其研究质量提升体系** ……………… 239

**附录2　国家重点实验室（SKL）创新资源捕获过程影响因素
　　　　　调研问卷** ………………………………………………… 242

**参考文献** …………………………………………………………… 246

# 第一章

# 绪 论

## 第一节 研究背景与问题的提出

### 一 研究背景

（一）科技创新驱动发展时代的到来

"知识就是力量""科学技术是生产力"与"科学技术是第一生产力"的论断使人们认识到，科技正以更为内在、直接、显性的方式影响着人类社会的发展形态与走向。同时，以蒸汽机应用为标志的第一次工业革命，以电力应用为标志的第二次工业革命，以原子能、电子计算机、微电子技术、航天技术、分子生物学和遗传工程等领域取得重大突破及成果应用为标志的第三次工业革命更以现实实践验证了这一影响关系的实然性。科技进步已经成为一国综合国力提升的核心引擎。所以，各国陆续将提升科技生产率、增加科技积累存量、改善科技发展环境以国家重大战略确立起来，为不断推动科技进步，提升国家科技竞争力和应对日趋激烈的国际角逐提供战略支撑。发展科学技术已成为各国国家职能的重要组成部分。各国立足国情，借助多元化发展模式推动科技进步。这些发展模式各有差异，但内在本质趋于一致，即创新，创新成为了目前各国驱动科技进步进而实现可持续发展的核心支点。以下仅以中美两国案例予以佐证。

**【案例一】 中国国家科技重大专项实施案例**

根据发展需要，中国《国家中长期科学技术发展规划纲要（2006—2020年）》在重点科技领域中确定了一批优先关注主题，在此基础上围绕国家战略目标，聚焦研究重点，筛选出若干重大战略产品、关键共性技术或重大工程作为"国家科技重大专项"，以此借助社会主义制度集中力量办大事的优势和市场机制的作用不断攻克科技难题，推动科技创新，实现在填补国家科技战略空白的同时以科技发展局部跃升带动生产力全局跨越式发展的目标①。截至2014年年底，共实施16个国家科技重大专项。最新数据显示，2008—2013年，民生领域的10个科技重大专项共申请专利数4.5万项（其中发明专利2.9万项），新产品、新材料、新工艺、新装置1.2万项，累积直接带动新增产值1.25万亿元②。

**【案例二】 美国新能源产品关键原材料供给解决方案案例**

在美国随着新能源技术的推广，风力涡轮机、电动交通工具、太阳能电池和节能照明设备等各种新能源产品需求量日益递增，然而，包括稀土在内的新能源产品关键原材料在美国本土储藏量和产量有限，加之几个主要出产国对这些新能源产品关键原材料实行严格出口管控，致使美国新能源产品关键原材料供给缺口不断增大，这限制了新能源技术、产品在美国的推广与应用，并对美国经济安全、清洁和可持续发展带来了挑战。据此，2010年美国制定了"关键材料计划"（Critical Materials Strategy），以期摸清新能源产品关键原材料供应链细分环节上的具体问题，探寻相应解决措施，最终化解供需失衡带来的风险。具体解决方案如图1-1所示。

由图1-1可得，解决方案中，科技创新（研究与开发）成为美国化解新能源产品关键原材料供需失衡的首要措施。此后，2013年美国在艾姆斯国家实验室成立了一个由4个国家实验室（Ames Laboratory、

---

① 资料来源于中华人民共和国科技部网站（http：//www.nmp.gov.cn/zxjs/），依据网站中"国家科技重大专项"的相关资料整理所得。
② 董碧娟：《重大专项创新梦想》，《经济日报》2014年9月29日第4版。

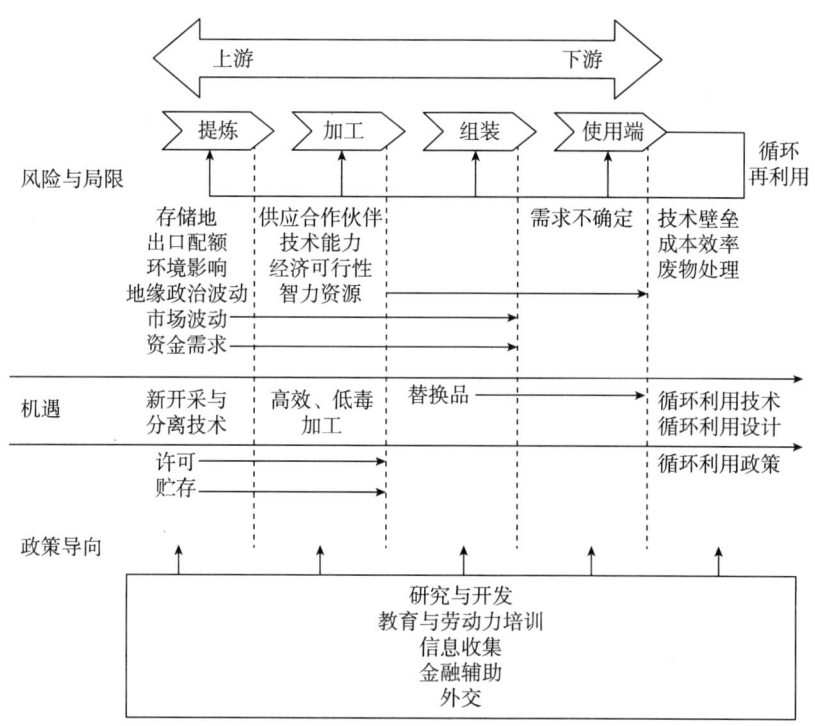

图 1-1 美国新能源产品关键原材料供应链项目与政策指导[1]

Idaho National Laboratory、Lawrence Livermore National Laboratory、Oak Ridge National Laboratory)、7 所高校（Brown University、Colorado School of Mines、Florida Industrial and Phosphate Research Institute、Iowa State University、Purdue University、Rutgers – The State University of New Jersey、University of California – Davis）和 6 所产业公司（Advanced Recovery、Cytec、GE、Molycorp、OLI、Simbol Materials）联合建设的关键材料研究所（Critical Materials Institute，简称 CMI）[2]，以切实支持新能源产品关键原材料中的科技创新。总之，科技创新已成为美国解

---

[1] The Department of Energy，2010 Critical Materials Strategy Summary，2010 年 11 月，http: //www.energy.gov/sites/prod/files/10_ Critical_ Materials_ Strategy Exec_ Summary_ final.pdf，2014 年 11 月 20 日。

[2] 根据 CMI 官方网站（https: //cmi.ameslab.gov）中的相关资料整理所得。

决新能源产品关键原材料供给不足的重要手段。

综上所述，科技创新已经成为与资本和劳动力至少同等重要的促进一国健康与安全发展的重要内生变量，也已成为现代创新型国家的核心支撑——科技创新驱动发展的时代已经到来。

(二) 国家重点实验室已经成为各国实现科技创新驱动发展的重要力量

为推进科技创新，构建国家科研创新基地已经成为各国的普遍选择。国家重点实验室 (State Key Laboratory，简称 SKL) 就是一种国际通行的科研创新基地具体形式。虽然在不同国家名称各异，有的叫"联邦实验室"，有的叫"国家科研中心"，也有的叫"学会或联合会"等，但它们都是国家组织高水平基础研究和应用基础研究、聚集和培养优秀科学家、开展国内外学术交流与合作的重要基地，并在世界各国科学研究尤其是基础研究中占有重要地位。

目前，美国建立了 17 个隶属于能源部的国家实验室以及一系列联邦资助研究与开发中心，这些实验室主要隶属于能源部、商务部、国防部、农业部、国家航空航天局等政府部门[①]。英国建立了包括国家物理实验室、卡文迪什实验室在内的众多著名实验室。德国形成了国家级实验室四大体系：马普学会、亥姆霍兹联合会、弗劳恩霍夫协会和莱布尼茨联合会[②]。法国以国家科研中心为核心，它"是法国国家最大和研究领域最为广泛的科学技术研究机构，也是欧洲最大的基础研究机构"[③]。

我国国家重点实验室始建于 1984 年，至 2014 年年底我国国家重点实验室体系基本形成，包括 6 个试点国家实验室、379 个国家重点实验室 (含 266 个依托高校和科研院所建设的国家重点实验室、99 个依托企业建设的国家重点实验室以及 14 个军民共建国家重点实验

---

① 根据美国能源部网站 (http://www.energy.gov/) 公布的相关资料整理所得。
② 卞松保、柳卸林：《国家实验室的模式、分类和比较——基于美国、德国和中国的创新发展实践研究》，《管理学报》2011 年第 4 期。
③ 吴海军：《法国国家科研中心及其管理制度建设》，《全球科技经济瞭望》2014 年第 2 期。

室)、105个省部共建国家重点实验室培育基地和14个港澳伙伴国家重点实验室①。

这些国内外国家重点实验室在促进科技创新,支持国家实现创新驱动发展方面发挥了重要作用。例如,美国约10%的基础研究任务由国家实验室承担②,英国卡文迪什实验室先后培养了25位诺贝尔奖获得者③,德国每年发表的高水平论文约1/3来自马普学会④,法国研究中心自2000—2014年共衍生704个企业,并取得了明显的经济效益⑤。经过多年建设与发展,国家重点实验室体系也已成为我国开展基础研究和应用基础研究的主力军,在科学前沿和解决国家重大战略需求方面做出了突出贡献,仅以科技部最新公布的科技统计年报数据(2012年)为例:国家重点实验室和试点国家实验室共承担在研项目、课题3.2万余项;获得国家自然科学奖二等奖26项,占当年授奖总数的63.4%;国家技术发明奖一等奖一项,占当年授奖总数的50%,二等奖31项,占当年授奖总数的50.8%;在国内外期刊上发表论文5.1万余篇,其中被SCI检索收录论文3.5万篇,被EI检索收录论文7600篇;在《自然》《科学》杂志上发表论文各146篇和27篇。同时,国家重点实验室也培养了大批优秀人才,如2012年国家重点实验室拥有的中国科学院院士和工程院院士各占了总数的39.1%和20.4%⑥。此外,国家重点实验室李振声院士、徐光宪院士、师昌绪院士和王振义院士先后获得2006年、2008年、2010年国家最高科

---

① 根据中华人民共和国科技部网站(http://www.nmp.gov.cn)公布的国家重点实验室资料整理所得,数据截止到2014年12月。
② 赵文华、黄缨、刘念才:《美国在研究型大学中建立国家实验室的启示》,《清华大学教育研究》2004年第2期。
③ 根据卡文迪什实验室网站(http://www.phy.cam.ac.uk/)公布的资料整理所得。
④ 卞松保、柳卸林:《国家实验室的模式、分类和比较——基于美国、德国和中国的创新发展实践研究》,《管理学报》2011年第4期。
⑤ 根据法国研究中心网站(http://www.cnrs.fr/index.php)公布的资料整理所得。
⑥ 根据中华人民共和国科技部网站(http://www.nmp.gov.cn)公布的年报整理所得。

学技术奖①。总之，各国国家重点实验室的实践取得的一系列成果及其对科技创新做出的重要贡献说明，国家重点实验室已经成为各国实现科技创新驱动发展的重要力量。

二　问题的提出

（一）国家重点实验室创新资源捕获难度不断增大

我国《国家重点实验室专项经费管理办法》（2008年版）中明文规定"开放运行费和基本科研业务费预算实行分类分档管理"②，正式实施国家重点实验室经费投入与其评估结果相挂钩的措施，即根据国家重点实验室评估结果（优秀、良好、整改和未通过），结合国家重点实验室所属学科，分类分档投放创新经费。尽管《国家重点实验室建设与运行管理办法》中另行规定"国家各级各类科技计划、基金、专项等应按照项目、基地、人才相结合的原则，优先委托有条件的国家重点实验室承担"①，但这并非意味着相关科研计划或项目经费可以直接划拨到国家重点实验室，而必须历经一定的竞争或通过较为严格的审批。

国外国家重点实验室捕获创新经费同样具有以上特征，且竞争更为激烈。如美国科学办公室科技项目中的基础能源科学研究部分，在布鲁克海文国家实验室、艾姆斯国家实验室、阿贡国家实验室、劳伦斯·伯克利国家实验室、橡树岭国家实验室、斯坦福国家加速器实验室6个国家实验室之间展开竞争。布鲁克海文国家实验室、劳伦斯·伯克利国家实验室、费米国家加速器实验室、斯坦福国家加速器实验室则在科学办公室科技项目中的高能物理研究部分展开竞争③。德国弗劳恩霍夫协会来源于政府资助的创新资金中1/3为非竞争资金，且这些非竞争资金中各研究所无条件获得的仅占1/3，剩下的2/3与研

---

① 根据中华人民共和国科技部网站（http：//www.nmp.gov.cn）公布的历年科技奖励资料整理所得。

② 中华人民共和国科技部：《关于印发〈国家重点实验室建设与运行管理办法〉的通知》，2008年9月11日，http：//www.most.gov.cn/fggw/zfwj/zfwj2008/200810/t20081017_64389.htm，2014年9月5日。

③ 根据美国能源部科学办公室网站（http：//science.energy.gov/laboratories/）公布的资料整理所得。

究所上一年的总收入和来自企业的合同收入挂钩①。

同时,政府投入比例呈现逐年下降趋势。例如,美国政府在FFRDCs中的投入比例由20世纪60年代的100%下降到了2005年的67%;德国亥姆霍兹联合会国家研究中心由20世纪70年代的80%下降到了2007年的62%②;我国工程领域某国家重点实验室政府资助比例由筹建与运营初期的100%下降到了2013年的63%③。此外,创新资源争夺已突破区域范围步入全球场域。例如,美国橡树岭国家实验室的4600多名雇员来自100多个国家④。我国国家重点实验室正加快实施重点实验室主任由依托单位面向国内外公开招聘,学术委员会由国内外优秀专家组成,重点实验室应建立访问学者制度并通过开放课题等方式吸引国内外高水平研究人员来实验室开展合作研究等诸多人才集聚举措。

总之,因竞争因素的介入和政府投入比例的减少使国家重点实验室创新资源捕获难度日益增大。为了获取更多优质创新资源,国家重点实验室必须积极探索创新资源格局新形势下的创新资源捕获新模式。

(二)国家重点实验室创新资源支出不断攀升

1962年,美国科学社会学家普赖斯在《小科学、大科学》一书中通过计量分析提出了"大科学"概念,认为大科学在科技进步过程中将起到越来越重要的作用。同时,巨大的资源消耗也成为这一科学生产模式的重要特征。例如,美国"曼哈顿计划"前后总花费20亿美元,"阿波罗"登月计划耗资255亿美元;综合大洋钻探计划每年投资约4500万美元;人类基因组计划共花费30亿美元。水涨船高,国家重点实验室创新资源支出不断增加,且维持在高位徘徊。以国际

---

① 樊立宏、周晓旭:《德国非营利科研机构模式及其对中国的启示——以弗朗霍夫协会为例的考察》,《中国科技论坛》2008年第11期。

② Olof Hallonsten and Thomas Heinze, "Institutional Persistence Through Gradual Organizational Adaptation: Analysis of National Laboratories in the USA and Germany", *Science and Public Policy*, Vol. 39, No. 4, August 2012, pp. 450-463.

③ 根据本书调研资料整理所得。

④ 根据橡树岭国家实验室网站(http://www.ornl.gov/)公布的资料整理所得。

著名的橡树岭国家实验室为例，2008—2012 年年度经费支出在 12 亿至 16 亿美元间，具体情况见图 1-2。我国国家重点实验室也有相同趋势，以教育部所属的一所数理科学领域的某国家重点实验室为例，其经费支出由 2005 年的 3305 万元增加到 2013 年的 10292 万元，具体情况见图 1-3。总之，基于创新资源支撑视角，国家重点实验室需要捕获更多、更好的创新资源才能推动现代科学技术创新活动的顺利进行。

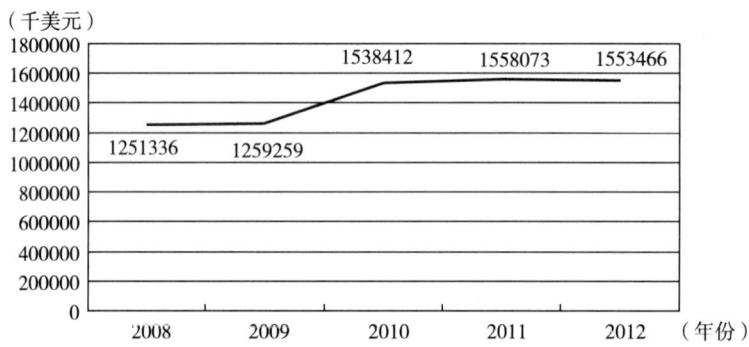

图 1-2　橡树岭国家实验室年度经费支出额①

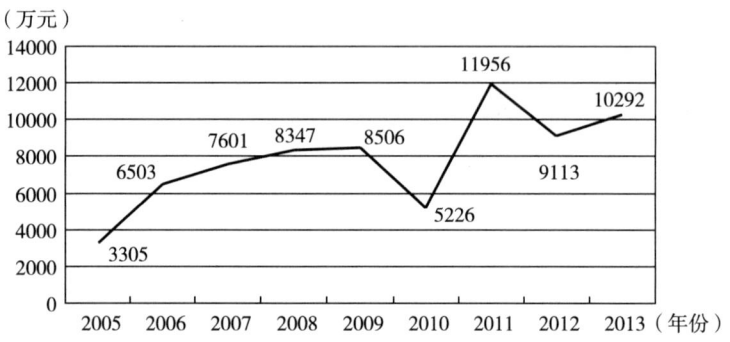

图 1-3　国内数理科学领域某国家重点实验室年度经费支出额②

---

① 根据美国国家科学基金网站（http://www.nsf.gov/statistics/srvyffrdc/#tabs-2）公布的数据整理所得。
② 根据调研资料统计分析所得。

（三）国家重点实验室创新资源捕获环境更具挑战

面对创新资源捕获难度增大，创新资源支出逐年增加的困境，变革创新资源捕获方法、调整创新资源捕获模式、拓宽创新资源捕获领域以尽可能地增加创新资源成为国家重点实验室化解这些挑战的重要突破口。正如 Dahl（1947）所言："一个理论是否适用于另一个不同场合，必须先把那个特定场合加以研究之后方可确定"[①]，所以解决国家重点实验室创新资源供需矛盾同样需要考虑其嵌入的环境。目前，Chesbrough（2003）的开放式创新得到了学术界的广泛认可（见表1-1），其中创新资源由封闭循环趋向开放流转的核心理念契合了当下科技创新的宏观背景，这也正是创新资源捕获嵌入的具体环境。与封闭环境（创新资源的封闭循环环境）相比，开放环境（创新资源的开放流转环境）淡化了创新资源的组织属性，利于打破组织边界壁垒，实现创新资源在组织间的无障碍流通。这一创新资源捕获的嵌入环境需要国家重点实验室突破简单、机械、线性且封闭的传统创新资源捕获思路，代之以复杂、有机、非线性且开放的捕获思维。总之，全新的创新资源捕获环境在为国家重点实验室撬动更多创新资源提供机遇的同时，也提出了变革传统创新资源捕获体系的挑战。

表1-1　　　　　　　　开放式创新与封闭式创新的比较

| 封闭式创新 | 开放式创新 |
| --- | --- |
| 人才在我们的场域为我们工作 | 应该找到并发掘那些游离于我们公司之外的人才 |
| 必须依靠自己从研发中获利 | 内外研发都可以创造价值 |
| 依靠自己的成功探索获得第一个市场 | 为了赢取利润，我们不必始于研发 |
| 第一个将创新商业化的将获成功 | 建立一个更好的商业模式比率先向市场推出更好 |
| 在同行业创造最多和最好的想法将获胜 | 如果我们充分利用内部和外部的想法，我们会取得胜利 |
| 控制知识产权，阻止竞争对手从我们的想法中获利 | 我们应该从他人利用我们产权中获利，而我们也应该从别人那里购买那些利于优化我们商业模式的专利 |

资料来源：根据 Chesbrough（2003）的研究成果整理所得。

---

① Robert A. Dahl, "The Science of Public Administration: Three Problems", *Public Administration Review*, Vol. 7, No. 1, Winter 1947, pp. 1 – 11.

## 三 小结

综上所述，创新资源捕获难度增大使国家重点实验室创新资源流入具有不确定性和风险性，现代科技创新却需要国家重点实验室以更为稳定和雄厚的创新资源予以支撑，同时开放环境又给国家重点实验室创新资源捕获带来了全新挑战，再者目前国家重点实验室已经成为实现科技创新驱动发展战略的重要推进器，这些因素的累加作用终使支撑国家重点实验室健康、安全发展的创新资源捕获过程及其影响因素问题在实践中变得日益突出，而系统研究此问题并尝试寻找解决之道正是本书的核心动机和逻辑起点，见图1-4。

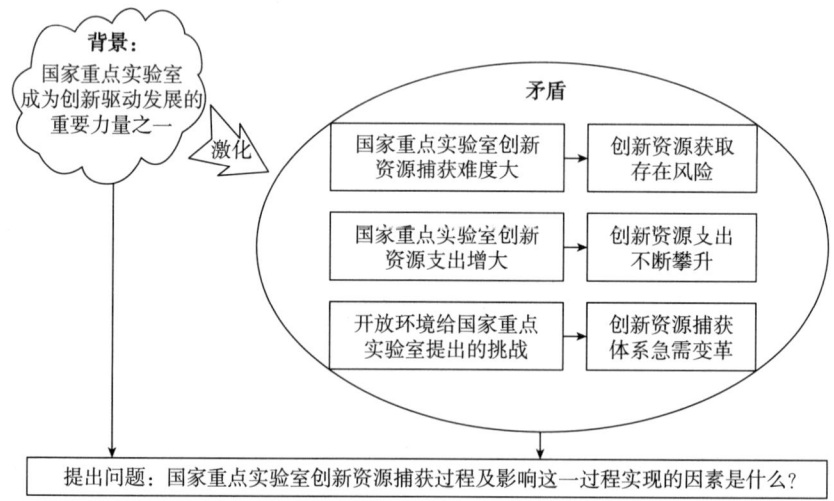

**图1-4 国家重点实验室创新资源捕获过程及其影响因素问题的提出①**

# 第二节 国内外文献综述

检索国内外文献发现，尚无文献系统分析国家重点实验室创新资源捕获过程及其影响因素，但相似研究较多，以下主要从国家重点实

---

① 根据本书研究结论整理所得。

验室科技创新和创新资源两个方面就其代表性观点做概要分析。

一 国家重点实验室科技创新

(一) 国家重点实验室的作用、发展经验与其类型划分

国家重点实验室已经成为提升科技创新能力和促进生产力发展的重要基石。如陈启愉等 (2006) 在剖析国家重点实验室交叉学科建设策略后认为,国家重点实验室的深厚科研实力、先进实验条件、充沛研究人才、优良学术氛围为交叉学科研究提供了天然平台。Westfall (2008) 梳理美国国家实验室发展历程后指出,国家实验室在推进美国基础研究、军事发展、工业变革等方面发挥了重要作用。卞松保等 (2011) 基于数据统计,结合量化模型,实证检验了国家重点实验室在研究开发和原始创新中具有重要功能的研究假设。

基于对国家重点实验室重要作用的认知以及为其未来创新能力迁越提供参考依据的考虑,梳理、提炼、总结国家重点实验室发展历程中的经验和教训成为了国家重点实验室研究的重要分支。例如,Dacey (1995) 以政府干预为切入点,结合政府政策工具论提出了国家实验室发挥最大效能的建议,即建构一个国家层面上的宏观科技政策体系。Hallonsten 等 (2012) 系统解析与比较美国国家实验室和德国亥姆霍兹联合会国家研究中心的发展阶段、特征等内容后发现,国家实验室的制度延续具有增量性和内生性特征,这确保了国家实验室在国家宏观环境发生巨大变化时依然能够借助逐步适应策略保持持续演进。易高峰 (2009)、Malakoff (2013) 等梳理和总结了其他具体发展经验,主要包括:完善的法律体系、合理的国家宏观监督 (顶层设计)、科学研究与技术创新相结合、清晰的组织目标、研究领域的非随机性选择、研究方向的适时变革、研究内容的自由性、各类工作人员间的紧密合作、稳定且持续的资源支持、激发人心的科研文化氛围、处理好实验室与依托单位间的关系等。

此外,国家重点实验室类型划分研究同步展开。目前,代表性研究有 Crow 和 Bozeman (2005) 基于对美国研发实验室的深入调查,构建了国家重点实验室"环境背景分类法"(environmental input taxonomy),它摆脱了以部门为划分依据的传统,代之以政治与市场的影响

程度，形成了九方格分类矩阵，其优点主要体现在：一是利于凸显三种政策议题，即合作研究数量、官僚气息和官僚化、实验室产出量；二是不仅很好地展现官僚气息，还能提供实验室科技产出与合作研发状况的额外洞见。Joly等（1996）根据产出、资助类型、研究主题同质性将国家实验室分为三类，分别是行业研究中心（research centres for the profession）、通用技术与方法设计中心（designers of generic tools and methods）、基础与专业研究实验室（basic and specialised laboratories），且认为这三类国家实验室之间可以相互转化。Laredo等（2000）借助罗盘卡研究模型（the research compass card model），结合实证调查，将国家重点实验室分为七类，即孤立型实验室（isolated labs）、服务联动型实验室（service geared labs）、中等型实验室（intermediate labs）、研究培训型实验室（research training only labs）、学术型实验室（academic labs）、公共服务焦点型学术实验室（academic labs with a public service focus）、学术与经济型实验室（academic & economic geared labs）。Carayol等（2004）采用16个测量指标和一个4维坐标向量的基础上结合关联度分析（multi-correspondence analysis）和占优分层分类方法（ascendant hierarchical classification）将国家实验室分为五类，分别是标准研究型实验室（the standard research intensive laboratory）、教育导向型实验室（the teaching oriented laboratory）、非研究密集型和产业导向型实验室（the non-research intensive and industry oriented laboratory）、精英研究型实验室（the elite research intensive laboratory）、大型实验室（the large laboratory）。

综上所述，尽管上述文献并未对国家重点实验室创新资源捕获过程及其影响因素问题给予关注，但对国家重点实验室发展经验的总结和类型划分为国家重点实验室创新资源捕获过程影响因素研究提供了有益启示。

### （二）国家重点实验室的运行

目前，国家重点实验室的运行研究主要集中在6个方面，主要包括国家重点实验室的评估、管理、私有化改制、成果转化、合作创新与影响因素研究。

1. 国家重点实验室的评估

评估程序、体系、方法科学化是这一领域的持续性研究焦点。如周大民等（1991，1993）从定量评估与定性评估的关系、现场评估、评估专家、同行评议等方面总结了我国国家重点实验室已有评估实践中取得的经验及其存在的问题。Metzger（1997）详细阐述了美国国家标准与技术研究所和陆军研究实验室的评估过程：第一，成立评估委员会；第二，评估委员会借助控制板评估实验室；第三，撰写评估报告；第四，控制板负责人与评估委员会一起研讨、总结评估报告，并敦促评估委员会对所评估实验室的评估事项达成共识；第五，评估委员会公布评估报告，报告中附有评估过程中使用的控制板。此外，研究者还指出了陆军研究实验室一个可资借鉴的评估创新，即综合运用外部评审与内部度量两种评估方法。夏松（2002）基于我国 2002 年信息科学领域国家重点实验室评估结果提出了"依靠专家，坚持同行评议""围绕国家目标，强化淘汰机制""顶层设计，分类评估"等评估改进建议。Jin 等（2005）在分析中国国家重点实验室评估指标体系的基础上认为，应根据国家重点实验室的不同类属审慎选用评估指标，同时必须保持评估指标体系的持续改进。王福涛等（2006）基于剖析国家重点实验室评估制度的发展历程（实施、改进与提高、改革与完善），结合评估经验，提出了包括"建立专门评估机构""聘请一流科学家担任评估专家""采用国际通行的评估指标体系""事先和事后评估相结合""提升到政府职能的高度重视国家重点实验室评估"的国家重点实验室评估体制改进措施。谢焕瑛（2006）在总结已有研究的基础上，从评估体系、评估方法、评估专家、评估结果等方面系统阐述了国家重点实验室评估机制的具体内容，奠定了国家重点实验室评估研究领域的基础性分析框架，后续研究大多以此为基础不断增补和深化，包括评估方法的改善、评价指标的构建等。

2. 国家重点实验室的管理

基于案例分析提炼管理经验是国内外国家重点实验室管理研究领域的共同特征。从国外来看，Lawler（1997）以布鲁克海文国家实验室为例分析了国家实验室 GOCO 管理模式的激励功能。Smith（2003）

在总结"加拿大国家研究委员会"（National Research Council of Canada）发展历史的基础上认为，企业管理理念的引入是这一研究机构取得众多科研成果的关键。McCaughey 等（2011）在梳理桑迪亚国家实验室发展历史的基础上认为，采用"价值创造过程管理系统"（value-creation process management system）及与之相适应的文化是桑迪亚国家实验室不断取得成功的两大主要原因。从国内来看，周岱（2007）、何洁等（2012）在分析国外国家实验室管理经验的基础上提出了许多增进我国国家重点实验室管理水平的建议。宋伟等（2006）从内外部管理两个方面入手，借助对比分析中美两国国家实验室管理模式，探讨了我国国家实验室如何改进管理的问题。此外，许多文献也分析了国家重点实验室引入绩效管理、精细化管理、知识管理、平衡计分卡管理、目标管理等管理技术或理念的问题。

3. 国家重点实验室的私有化改制

两条国家重点实验室私有化改制路径表现明显：一是国有民营模式（GOCO 模式）。例如，Didkson（1993）分析英国贸易及工业部门管理的 5 个国家重点实验室私有化实践后指出，GOCO 模式是英国国家重点实验室私有化的一个变种。Galvin（1995）基于以更少成本激发国家重点实验室发挥更大效能的理由认为，公司化运作将成为美国国家重点实验室改革的重要方向。Rainey 等（2004）总结了西方发达国家重点国家实验室 GOCO 模式的演化过程及变种，并强调 GOCO 模式利于缓冲政府变革对国家重点实验室的冲击。二是借助私人公司收购的直接私有化。例如，Stud（2004）认为，随着政府资助日益缩减，国家重点实验室应以更为开放的渠道获取自身高效运行所需的各种资源，私有化不失为一条有效路径——西北太平洋国家实验室的设备更新资金由政府与巴特尔（Battelle）各分担 50%，但政府希望巴特尔的份额应占到 65%。

4. 国家重点实验室的成果转化

成果转化方法和影响因素是这一研究领域的两个核心问题。例如，Wyckoff（1981）系统分析了国家重点实验室技术转移的三类方法群，即以组织为基点的技术转移载体集合，以联系方式为基点的技术转移关联手段，以关系为基点的技术转移多样化转移网络。Shama（1992）基于美国能源部国家重点实验室技术转移方法的研究，总结出了被动性（passive）、主动性（active）、企业性（entrepreneurial）及国家竞争性（national competitiveness）四种国家重点实验室技术转移策略。Carayannis 等（1998）在分析了 7 个通过国家重点实验室拆分技术转移方式成立的公司后认为，企业家和技术是影响拆分公司成败的两个关键因素。Linton（2001）借鉴创新双模型（Dual Model of Innovation），构架了商业开发轮（Business Development Wheel，简称 BDW）国家重点实验室科技成果转化模式。Walsh 等（2002）在深入分析桑迪亚国家实验室 SAMPLES 项目的基础上凝练了一种将"变革性技术"由国家重点实验室向小企业转移的方法。Tran 等（2011）对比分析美国和越南国家重点实验室技术转移过程后认为，根据不同发展环境采取不同技术转移模式是实现技术有效转移的前提条件，但是成熟的技术转移机构、有效的信息传达体系及公平的技术转移环境是国家重点实验室技术转移成功的一般特征。此外，Cesaroni 等（2004）、Roy 等（2007）认为技术转移的外部因素、内部因素和技术、服务、产品的属性都会对国家重点实验室技术转移模式的选择及其成效产生重要影响。

5. 国家重点实验室的合作创新

目前，关注国家重点实验室合作创新的文献较少，但研究热度不断升温。例如，Soderstrom（1985）围绕创新实现过程论述了国家重点实验室与产业间的合资经营、研究联盟、研发有限合伙三种合作方式。Metcalf（1994）分析了国家重点实验室联盟合作创新方式。Dalpe（1997）基于研究合作、契约合作、设备使用、人员交换、科学合作 5 个指标分析了魁北克 15 个国家重点实验室的国际合作情况。Westwick（2003）探讨了美国国家重点实验室之间及其与政府之间的多种竞合、管控关系。Hage（2008）同样依托案例分析了影响国家重点实验室科研合作的几个重要因素，主要包括科研人员的弹性背景、兑现合作单位承诺、多样化与集成间的平衡和领导者等。

6. 国家重点实验室有效运行的影响因素

Jordan（2003）的研究最具代表性，他在依托 4 个国家重点实验室，结合专家访谈和问卷调查的基础上，借助竞争价值框架（Competing Values Framework），确定出了 36 个影响国家重点实验室有效运行的关键因素，见表 1-2，其他研究基本上是对这一研究的不断丰富和补充，例如 Link 等（2011）对政府政策或法案等因素的研究。

表 1-2　　　　影响国家重点实验室有效运行的环境因素

| 内容 | 人际关系模型 | 开放系统模型 | 理性目标模型 | 内部过程模型 |
|---|---|---|---|---|
| 弹性/受控组织架构 | 弹性 | 弹性 | 受控 | 受控 |
| 关注于内部/外部 | 内部 | 外部 | 外部 | 内部 |
| 目标 | 人力资源开发 | 资源获取和增长 | 产能与效率 | 稳定与可控 |
| 关键因素 | 先进的设备与仪器、优质同事、高研究水平、持续且完整的资助、专家发展机遇、优秀激励、具有竞争力的工资和收益、人员资助 | 探索新想法的资金支持与自由、挑战和乐观精神、科学管理自主、充足的科研时间、对关键想法的专注、内部交叉影响、外部合作与交流、有效的外部检验、优质声誉 | 清晰且富有兴趣的研究方向、资助与研究主旨的连续性、投资于未来能力提升、与资助者的良好关系、辨别项目机遇的系统过程、雄厚的研究基础、集成且相关联的研发组合、好的项目计划与执行、合理的实验室评估 | 公平且精心策划的资源配置、果断且灵通的高层管理、线性管理的集成、内部合作与协作、好的内部交流、高效的内部系统和过程、有效的实验室服务、有竞争力的管理费用 |

资料来源：根据 Gretchen 等（2003）的研究成果整理所得。

综上所述，无论是国家重点实验室的评估、管理、私有化改制、合作创新、成果转化还是有效运行影响因素，有的涉及促进创新资源的合理配置，有的涉及因创新资源限制而引发的变革，有的涉及创新资源的高效利用，总之都证实了创新资源对国家重点实验室发展的重要影响。此外，这些文献注重了创新资源的"用"，却忽视了创新资源的"取"，所以系统深入研究国家重点实验室创新资源捕获过程及其影响因素无疑对丰富国家重点实验室创新资源供需矛盾解决手段具有重要意义。尽管已有文献并未对国家重点实验室创新资源捕获过程及其影响因素问题给予直接探讨，然而上述文献研究成果，尤其是合作创新与有效运行影响因素部分对这一问题的研究具有重要启发意义。

（三）国家重点实验室的自主创新

目前，这一研究领域的宏观研究框架基本形成，但成熟、深入、系统的研究体系仍待完善。如谢桂红等（2000）、张琦等（2005）、危怀安等（2005）从特征、内涵、绩效等方面对国家重点实验室自主创新能力问题展开的分析。危怀安等（2009）在系统研究国家重点实验室自主创新能力演化的基础上构建了国家重点实验室自主创新能力形成与提升分析框架。基于此框架，危怀安等（2012a，2012b）从国家重点实验室科研团队、联合型国家重点实验室现状以及国家重点实验室组织结构等方面深入、系统地分析了国家重点实验室自主创新能力的形成与演化内在机理。

（四）小结

综上所述，已有国家重点实验室科技创新文献取得了众多研究成果，且呈现以下特点：首先，研究范围不断拓展。如从对国家重点实验室的基本认知、运作到自主创新均有涉及。其次，研究焦点随具体环境的变化不断迁移。如国家重点实验室合作创新就是对目前开放式创新宏观环境的敏感回应。最后，国内外研究侧重点有所不同。如国内研究更多关注国家重点实验室的基本建设，国外更加关注国家重点实验室的私有化改制与成果转化。

具体到国家重点实验室创新资源，上述文献已然证实创新资源对国家重点实验室的发展具有基础性作用，如何化解目前国家重点实验室创新资源供需矛盾已经成为国家重点实验室实现自身高效运行及今后可持续发展的重要问题。目前研究现状表明，创新资源有效利用是现有文献的关注焦点，创新资源捕获过程及其影响因素研究仍属盲区，这一研究现状难以为丰富国家重点实验室创新资源供需矛盾解决手段提供充分的理论支撑。可见，无论在实践上还是理论上，系统、深入地对国家重点实验室创新资源捕获过程及其影响因素展开研究都具有重要的意义。

## 二 创新资源

### （一）创新资源的作用

首先，无论从微观还是从宏观来看创新资源对创新活动的顺利推进都具有重要作用。从创新主体的微观创新活动来看，Schumpeter（1912）、严俊等（2006）认为，大小企业的不同创新资源禀赋直接影响两者创新活动的具体差异。张自立等（2009）以技术能力和善意为维度，借助数学建模分析了创新资源投入规模对企业获取创新联盟信任的重要影响。李楠等（2008）通过论证发现，科技资源、金融资源以及人力资源不足是我国民营企业家创新中的主要障碍。余冬筠等（2014）通过统计分析 1999—2008 年中国 30 个省份的面板数据后发现，企业、高校与科研院所三大主体的创新活动均高度依赖创新资源。从国家宏观层面来看，Nafziger（1984）通过论证得出以下结论：技术能力和优秀企业家是影响一国创新路径选择的重要因素。刘云等（2010）通过研究认为，创新资源的流动和国际化配置是支撑国家创新体系国际化的重要条件。此外，李建平等（2012）还认为，创新资源对构建国家创新竞争力具有不可取代的重要作用。

其次，区域和跨国创新资源都对创新产出具有正面积极影响。例如，Santamaría 等（2009）实证发现，R&D 投入和非 R&D 投入对创新绩效都有重要影响。曲婉等（2012）统计分析 1995—2009 年我国 31 个省级行政区的高技术产业创新"投入—产出"数据后发现，创新投入强度是影响高技术产业创新效率区域差异的主要因素。张化尧等（2012）将视角扩展至国际层面，研究发现广泛链接世界各地创新资源和由此导致的创新活动区域性汇聚都会对创新产出带来积极影响。基于以上研究，李武威（2013）系统分析了国内外创新资源对我国本土企业创新绩效产生的影响，结果显示：技术创新资源投入对我国本土企业创新绩效提升具有显著正向影响。

最后，创新资源对一国经济发展、产业发展等领域也产生了重要影响。例如，Coe等（1995）分析发现，R&D对提高要素生产率和助力经济增长都具有重要作用。屠文娟等（2013）的实证研究结果显示，创新资源与产业高端化发展水平之间存在显著相关关系。蒲惠荧等（2013）测量我国31个省（区、市）创业投资的空间相关性后指出，区域创新资源是影响我国创业投资活动的三大因素之一。

（二）创新资源的配置

创新资源配置的模式、措施、效率和影响因素成为了这一研究领域的四个主要研究核心。其中创新资源配置模式方面，周宏（1999）在整合斋藤优"需求—资源关系理论"和邓宁"折中理论"的基础上构建了一个改进的创新资源国际化配置模型。陈劲（2003）立足于资源理论，结合实证调查，总结了我国技术创新资源配置的现有模式以及未来演化方向。曲然等（2008）分析了区域创新资源的四种配置模式：纯行政配置模式、以市场价格为辅助手段的计划配置模式、宏观政策调节下的市场配置模式、纯市场配置模式。曹学等（2011）则在分析创新资源配置与区域创新平台内涵的基础上指出，区域创新平台是创新资源配置的重要模式之一。

创新资源的配置措施。Looy等（2003）认为产学研联盟为科技创新资源优化配置提供了具体实现路径。王雪原等（2012）探讨了区域创新平台三个层面上的交互路径与规则设计，为创新资源的有效配置提供了重要参考。刘小元等（2013）验证了地方政府通过补贴与所得税优惠可以有效促进企业技术创新的假设，为政府借助创新资源配置撬动企业创新提供了理论依据。

创新资源配置效率的测度。王毓军等（2010）通过分析东西部地区2001—2008年科技创新过程中知识创造的资源配置效率和成本效率发现，东部地区平均技术效率、配置效率、成本效率均高于西部地区。陈震等（2010）测算2007年沿海地区科技创新资源投入效率后区分出三类效率区域。华海岭等（2011）利用2000—2007年数据对我国地域大中型工业企业创新资源配置效率评价后发现，我国80%的地区未能有效配置创新资源，且利用率普遍较低。陆建芳等（2012）在构建出一套技术中心创新资源配置效率评价指标体系的基础上，利用DEA模型分析了我国技术中心的创新资源配置效率，发现大部分地市企业技术中心创新资源配置效率水平较高。

创新资源有效配置的影响因素。何光喜等（2009）、张钢等（2011）、成力为等（2012）、Felício等（2012）、黄波等（2013）的研究表明，市场结构、市场成熟度、社会结构、创新网络特征等均对创新资源有效配置产生了重要且显著影响。尽管这些研究并非针对创新资源捕获效率问题，但这些丰富研究成果却为创新资源捕获过程影响因素研究提供了重要参考。

（三）创新资源的共享

共享模式及其影响因素成为了当前此领域的两大研究核心。其中，虚拟化、网络化是创新资源共享模式的发展方向。随着单个组织拥有的创新资源难以支撑现代科技创新，通过合作共享和拓展组织内外创新资源成为各创新主体解决创新资源供需矛盾的重要方略。例如，Narula（2004）、苏景军等（2008）从企业特性、资源互补性、易得性、技术和知识扩散、风险分担等几个角度分析了企业采取合作创新战略的优势，认为合作创新是弥补企业创新资源不足的重要途径。Chesbrough（2003）在对比分析封闭式创新和开放式创新的基础上提出了创新资源自由流转的开放式创新模式，为创新资源突破组织边界实现最大限度的共享提供了方法论依据，之后文献中出现的各类创新资源共享模式也基本上以开放为前提条件，同时也具备了另一共性特点，即网络化。如王雪原等（2009）介绍了一种创新资源汇集方式：R&D联盟。Daellenbach等（2004）、陈雄辉等（2013）认为区域自主创新联盟和科技创新联盟是区域创新资源整合与共享的重要途径。赵祥（2009）指出产业集群对创新资源流向影响明显。Estellés-Arolas等（2012）、夏德等（2014）分析了网络众包对大众创新资源的吸附能力及其多种具体实现形式（如威客、开放式创意网络、孵化器网络、网络社区）。玉明等（2014）通过研究认为，云创新利于组织极大化创新资源。王小勇（2014）将关注点拓展到国际层面，从政府、高校、企业三个层面厘定了国际科技合作的主要方式与内在规律。

创新资源共享的影响因素。周宏等（1993）认为科学技术水平、共享主体间的动机、组织等因素影响"三资"企业技术创新扩散水平，进而影响创新资源的共享程度。谯薇（2009）发现产业集群与区域创新体系存在的地域关联、结构关联、功能关联与目标关联有利于区域创新体系获得创新资源。Faems等（2005）、赵炎等（2013）指出创新网络节点特性（结构、位势等）、网络嵌入性与地域根植性对创新资源共享影响显著。石书德等（2012）以电力行业3家国际领先跨国公司为研究对象，分析了创新主体特征、互动渠道等因素对创新资源共享的影响。

（四）创新资源的整合或集聚

创新资源捕获过程研究尚属空缺，类似分析已然展开，其中创新资源的整合与集聚研究最具代表，蕴含了创新资源捕获过程的原始思想，这为本研究提供了弥足珍贵的参考与借鉴。例如，陈瑶瑶等（2005）认为人才、资金等创新资源集聚是产业集群发展的先决条件，昭示了创新资源流动中的集聚现象。饶扬德（2006）系统提出了"资源识别与选择、资源汲取与配置、资源激活与融合"是资源整合三大环节的结论。Sirmon等（2007）则将资源管理过程分为3大阶段9小环节，即：组织阶段（Structuring），具体包括获得（Acquiring）、积累（Accumulating）、淘汰（Divesting）；打包阶段（Bundling），具体包括稳固（Stabilizing）、充实（Enriching）、开创（Pioneering）；发挥优势阶段（Leveraging），具体包括调动（Mobilizing）、协同（Coordinating）、有效利用（Deploying）。马卫华等（2011）在修正饶扬德研究的基础上认为，资源整合过程主要包括"资源判别—资源识别与获取—资源配置—资源运用"四个阶段。此外，陈菲琼等（2011）在研究创新资源集聚过程中发现，人力资源出现了"增值"现象。总之，这些研究无疑对国家重点实验室创新资源捕获过程研究具有重要启迪。

### （五）小结

综上所述，现有创新资源研究集中于作用、配置与共享，丰富的研究成果无论为深入还是拓展创新资源研究领域都提供了许多有益启示，然而已有研究也存在诸多不足，主要表现在以下三个方面。

首先，已有研究注重企业，忽视研究机构。已有研究以企业或产业为基点，深入剖析创新资源配置与共享问题，尽管科研机构与企业存在共性，但异质性也非常明显，所以强化科研机构创新资源研究，一方面有利于丰富创新资源载体研究生态，另一方面也可以为科研机构提供更具针对性的创新资源实践策略。

其次，已有研究注重创新资源的配置与共享，忽视捕获。已有研究集中在创新资源如何有效利用，如何捕获创新资源却鲜有涉及。创新资源捕获一方面涉及创新资源的增量积累，另一方面也涉及创新资源的利用层次，所以强化创新资源捕获研究拓展了创新资源已有研究文献的同时也有利于为目前创新资源供需矛盾的解决提供更为多样化的途径。

最后，创新资源捕获过程的研究思路已然孕育，转承研究尚属空缺。创新资源集聚与整合研究中已经孕育创新资源捕获过程的研究思路，然而至今尚无文献基于这些研究启发更进一步，系统提出创新资源捕获过程问题及其研究框架，进而本书尝试作以探讨，助力于这一领域的传承与拓展研究。

### 三 小结

综上所述，目前针对国家重点实验室创新资源捕获过程及其影响因素展开系统研究的文献尚未发现，但是，国家重点实验室科技创新和创新资源现有研究成果在为国家重点实验室创新资源捕获过程及其影响因素问题确定研究价值，指明研究方向外还提供了丰富的切入视角与研究参考。无论从完善已有文献研究领域，还是从拓展、检验已有研究结论来看，探讨国家重点实验室创新资源捕获过程及其影响因素问题都具有重要的理论意义（文献逻辑框架见图1-5）。

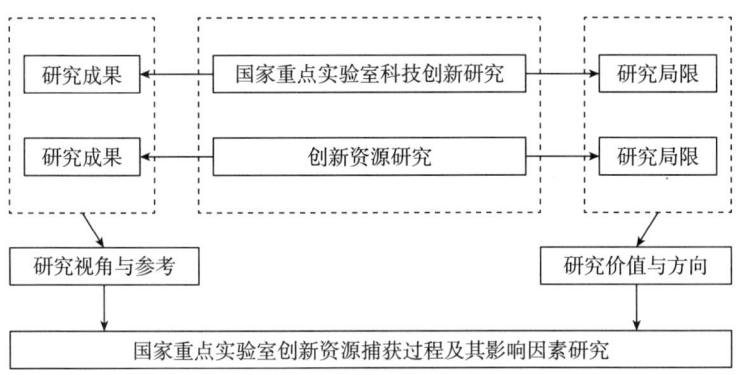

**图1-5　问题提出的文献研究逻辑**①

## 第三节　研究的主要问题及其目的与意义

### 一　研究的主要问题及其目的

根据现实需求和文献研究两个方面的内在逻辑提出研究问题（见图1-6）：现实需求方面，有效化解国家重点实验室创新资源供需矛盾需要国家重点实验室创新资源捕获过程的支撑；理论研究方面，补充、拓展、完善已有研究空缺需要系统研究国家重点实验室创新资源捕获过程。总之，核心问题是国家重点实验室创新资源捕获过程及其影响因素是什么，包括以下三个方面的具体内容：首先，国家重点实验室创新资源捕获过程研究；其次，国家重点实验室创新资源捕获过程的影响因素研究；最后，国家重点实验室创新资源捕获过程及其影响因素的实证研究。与之对应的研究目标具体包括：首先，揭示国家重点实验室创新资源捕获过程的一般规律；其次，掌握影响国家重点实验室创新资源捕获过程的关键因素；最后，为国家重点实验室化解创新资源供需矛盾，提升科技创新能力和综合竞争力提供决策参考。

### 二　研究意义

具体来说，理论意义如下：首先，揭示国家重点实验室创新资源

---

① 根据本书研究结论整理所得。

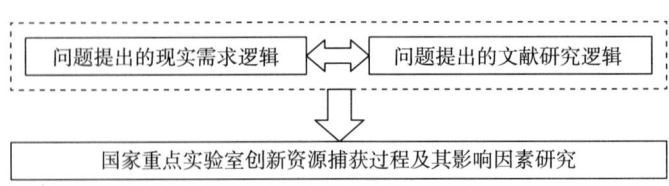

**图 1-6　主要研究问题的逻辑推演**①

捕获过程一般规律。以国家重点实验室为研究对象，从系统论角度构建国家重点实验室创新资源捕获过程一般模式，并通过探索具体环节来揭示开放环境下国家重点实验室创新资源捕获过程的一般规律。其次，掌握国家重点实验室创新资源捕获过程关键影响因素。通过获取国家重点实验室创新资源捕获过程影响因素，深化对国家重点实验室创新资源捕获过程有效实现内在规律的认知。最后，弥补已有研究不足。主要表现是：宏观方面，将国家重点实验室研究范围拓展至创新资源捕获，同时将创新资源研究范围拓展至国家重点实验室及其创新资源捕获；微观方面，从创新资源捕获视角研究国家重点实验室创新资源供需矛盾的化解。

　　同时，具有以下现实意义：首先，国家重点实验室创新资源捕获过程建构及其创新资源增量发展的支撑意义。通过揭示国家重点实验室创新资源捕获过程的一般规律，一方面可以为构建、完善国家重点实验室创新资源捕获过程提供理论依据，另一方面也为国家重点实验室实现创新资源的增量发展提供捕获过程方面的改进辅助。其次，提升国家重点实验室创新资源捕获绩效的政策意义。通过获得国家重点实验室创新资源捕获过程影响因素，可以为国家重点实验室或政府等有关部门改进国家重点实验室创新资源捕获过程运行效率，进而提升国家重点实验室创新资源捕获绩效提供重要政策参考。最后，研究结论的拓展意义。通过研究获得的一般结论还可以为其他科研机构或科研基地优化创新资源捕获过程，改善科技创新资源环境，提升我国科技创新整体水平提供理论指导和方法借鉴。

---

① 根据本书研究结论整理所得。

第一章 绪 论

## 第四节 研究对象及关键概念的界定

**一 研究对象**

截至 2014 年年底，我国在建（或筹建）和运营的国家重点实验室共计 379 个，其中以高校和科研院所作为依托单位的 266 个、以企业作为依托单位的 99 个、军民共建 14 个，涵盖材料、工程、生物、医学、数理、地学、化学和信息 8 大领域，研究内容主要包括基础研究、应用基础研究和重大（关键）技术研究，地理分布涵盖 7 大地理区域[①]。

尽管以全样本国家重点实验室为研究对象是本书研究的最好选择，然而军民共建国家重点实验室相关信息一方面涉及保密问题，另一方面相关信息也难以获取；以企业作为依托单位的国家重点实验室建设时间较短，各项建设和管理仍处于探索阶段，国家每年一度的评估考核也尚未参加。所以基于研究信度和效度的考虑，两类国家重点实验室提供的资料和数据都难以确保研究的科学性。与之相反，以高校和科研院所为依托单位的国家重点实验室一方面建设时间已达 30 年，且大部分都参与了国家评估，相关信息获取也较为容易，所以基于国家重点实验室建设与发展的成熟度、国家重点实验室相关信息的保密性、可获资料和数据的信度与效度，以及研究的科学性，本书将把高校和科研院所为依托单位且至少经历过一次国家评估的 224 个国家重点实验室作为研究对象[②]。

---

① 7 大区域主要指东北、华北、华东、华中、华南、西北和西南。
② 数据来源于中华人民共和国科学技术部网站中 2009—2013 年历年公布的各学科国家重点实验室评估结果。其中，2009 年为 24 个化学类国家重点实验室评估结果、2010 年为 12 个数理类和 37 个地学类国家重点实验室评估结果、2011 年为 32 个生物类与 25 个医学类国家重点实验室评估结果、2012 年为 31 个信息类国家重点实验室评估结果、2013 年为 22 个材料类和 41 个工程类国家重点实验室评估结果。其中包括 5 个对外公开的军民共建国家重点实验室。本书之所以没有采用 2014 年化学领域国家重点实验室评估结果的原因在于：评估结果公布时间，晚于本研究完成时间（2014 年 1 月）；对本书没有产生实质影响，因为与 2009 年的评估结果相比，仅有 2 个国家重点实验室没有进入研究视野。

## 二 关键概念的界定

### （一）国家重点实验室

2008年《国家重点实验室建设与运行管理办法》（以下简称《办法》）总则中第二条明确指出，国家重点实验室"是国家科技创新体系的重要组成部分，是国家组织高水平基础研究和应用基础研究、聚集和培养优秀科技人才、开展高水平学术交流、科研装备先进的重要基地。其主要任务是针对学科发展前沿和国民经济、社会发展及国家安全的重要科技领域和方向，开展创新性研究。"[①] 可见，国家重点实验室本质上是一种结合国家重点战略需求从事基础研究和应用基础研究的创新基地。这一定义也得到了学术界的广泛认可，如易高峰等（2009）对其定义的深度分析，所以本书依然采用《办法》中对国家重点实验室的定义。

### （二）创新资源

目前，创新资源的定义并未形成统一认知。例如，Sirmon（2007）认为创新资源是指企业拥有的能够创造价值、开展创新活动和产生创新成果的稀缺资源和核心要素。张永安等（2010）认为创新资源是一种新的资源形态，可以理解为组织（技术主体）为了实现创新、提高绩效和增强核心竞争力，依靠自主、合作等创新技术，开发、利用可共享和可再生的物质资源以及人力资源、信息、知识、技术等一系列非物质资源的组合。以上定义涵盖性较强，基本包括了与创新活动有关的所有创新资源。张震宇等（2008）采取折中方法细分了创新资源的定义，认为从广义上讲，创新资源是所有对创新过程实现和创新成果取得发挥作用的物质和非物质资源的统称，包括直接参与创新过程各阶段的各类资源，服务于创新过程各阶段的各类资源，以及保持、扩散创新成果所需的各类资源；狭义创新资源仅指直接参与创新活动并对创新成果的形成起决定作用的各类物质和非物质资

---

① 中华人民共和国科技部：《关于印发〈国家重点实验室建设与运行管理办法〉的通知》，2008年9月11日，http://www.most.gov.cn/fggw/zfwj/zfwj2008/200810/t20081017_64389.htm，2014年10月3日。

源。这一定义在关注创新资源涵盖性的同时,也强调创新资源的边界性,使这一定义更具普适性。

本书主要关注国家重点实验室创新资源捕获过程及其影响因素,层面较为微观,更侧重那些与创新过程或成果形成有直接关系的创新资源。张震宇对创新资源狭义层面上的定义更适合本书的需要,所以本书将创新资源定义为:那些直接参与国家重点实验室创新活动并对创新成果的形成起决定作用的各类物质和非物质资源。至于创新资源的类分,在尽可能覆盖已有研究成果的基础上(见表1-3)结合本书对创新资源的定义,提炼出4类共识度比较高的创新资源,分别是人力资源、财力资源、物力资源、知识资源。至于这4类创新资源的概念,在比较、分析表1-3中学者相关定义的基础上最终借鉴了曲然等(2008)的界定:知识资源是指创新活动所需的各种科技文献、期刊、专利、数据库等;人力资源是指从事创新活动的人员,包括直接从事创新活动的人员和创新活动辅助人员;财力资源是指用于创新活动的经费;物力资源是指用于创新活动的各种仪器设备、实验室场所等。同时,在表1-3文献的基础上,整理出这4类创新资源的量化指标,见表1-4。

表1-3　　　　　　　　创新资源的类分

| 类分 | 作者 |
| --- | --- |
| 人力、财力、物力、知识 | Kale等(2007) |
| 人力、财力、物力和知识 | 曲然等(2008) |
| 人力、财力、物力、信息、技术、文化和组织 | 王雪原(2009) |
| 人员、资金、设备、技术 | 罗建华等(2010) |
| 人力、财务、物力、组织和研发 | 李娜等(2010) |
| 人力资源、知识、技能和机器设备 | 陈菲琼等(2011) |
| 人力、财力、物力、知识 | 陈雄辉等(2013) |
| 人力、财力、物力、技术、知识 | 毕克新等(2014) |

资料来源:根据文献整理所得。

表1-4　　　　　　　　四类创新资源的量化指标

| 创新资源 | 量化指标 |
| --- | --- |
| 人力资源 | 研发人员、企业家、生产工人、管理人员等 |
| 财力资源 | 研发资本、风险资本、银行贷款、其他资本等 |
| 物力资源 | 土地厂房等、仪器设备（价值）、交通、道路等基础设施等 |
| 知识资源 | 论文与专著、专利、期刊等 |

资料来源：根据文献整理所得。

（三）捕获

据《现代汉语词典》（第6版）释义：捕是指"捉"和"逮"；获是指"捉住""得到"和"收割"；捕获是指"捉到"和"逮住"[①]。据《牛津高阶英汉双解词典》（第6版）解释，Capture的首要两意是catch（抓住）和take control（控制）[②]。从中外解释来看，这一词汇具有以下特点：首先，主动性。"捕获"强调主体能动性，突出了行为主体的首要优先级。其次，耦合性。"捕"（对应外文为catch）侧重捕获的行为方式，如抢夺、买卖、异换等；"获"（对应外文为take control）强调捕获的"得到"或"控制"状态，如所有、占有等，可见"捕""获"的链接隐喻了捕获方式与捕获状态之间的耦合。总之，"捕获"准确表达了本书的两个重要理念：摆脱资源被动配置的惯有思维，确立国家重点实验室积极影响创新资源流向的主动位势，重点探讨国家重点实验室主体能动性的发挥；突破创新资源较为单一、封闭的获取方式、存在状态及之间的硬性勾连，以更为多样且开放的获取方式、存在状态及之间的弹性组合最大化创新资源可用量。其他词汇，如集聚则难以清楚、准确地表达以上理念[③]。

---

① 中国社会科学院语言研究所词典编辑室：《现代汉语词典》，商务印书馆2012年版，第104页。

② ［英］霍恩比：《牛津高阶英汉双解词典》，石孝殊等译，商务印书馆2004年第6版，第237页。

③ 集聚的主体难以确定，因为既可能是组织也可能是资源本身。

## 第五节 研究方案与创新点

### 一 研究方案

(一) 研究框架

以研究问题为导向,本书分 7 个章节展开论述,具体研究思路与主要研究内容安排如下:第一章,基于资料收集和文献研究,首先厘清国家重点实验室创新资源捕获过程及其影响因素问题提出的现实逻辑与文献逻辑,并阐述研究涉及的主要问题及破解这些问题的目的和意义。其次明确研究对象,界定关键概念,统一研究口径,奠定研究基础。第二章,基于文献研究,通过论述资源基础理论、创新网络理论、协同创新理论和社会资本理论四种理论,厘清研究国家重点实验室创新资源捕获过程及其影响因素问题的理论基础,获得一系列有助于深化问题研究的关键理论启示。第三章,基于探索性案例研究,在确定 3 个典型性国家重点实验室的基础上,先后进行单案例深度剖析和多案例对比研究,最终凝练出国家重点实验室创新资源捕获过程 SBIP 概念模型及其影响因素。第四章,基于文献研究,详述问卷调查过程。首先,从研究问题与研究内容出发,借鉴已有文献研究成果,结合上述各章研究结论,设计调查问卷;其次,介绍问卷调查的具体过程与方法;最后,描述性统计分析有效回收问卷的总体特征。第五章,基于数理统计,实证研究我国国家重点实验室创新资源捕获过程。首先,根据第三章提炼的一般模型,提出研究假设,构建实证模型;其次,根据实证模型,定义并测定相关变量;最后,基于问卷调查和数据整理,借助 SPSS 统计软件,通过多元回归分析和结果检验,实证国家重点实验室创新资源捕获过程一般模型,并深入分析国家重点实验室创新资源捕获过程各阶段对创新资源捕获绩效的具体影响。第六章,基于数理统计,实证研究影响我国国家重点实验室创新资源捕获过程的因素。首先,根据第三章提炼的影响因素和已有文献研究成果,构建国家重点实验室创新资源捕获过程影响因素概念模型;其次，根据概念模型，定义并测定相关变量；最后，同样基于问卷调查和数据整理，借助 SPSS 统计软件，通过多元回归分析和结果检验，实证概念模型，并分析不同影响因素对国家重点实验室创新资源捕获过程的具体作用区域和程度。第七章，综上研究：首先，总结国家重点实验室创新资源捕获过程及其影响因素的研究结论；其次，提炼促进国家重点实验室创新资源捕获过程有效运行的管理启示；再次，分析研究不足；最后，提出研究展望。

（二）研究方法

本研究主要采用了如下研究方法：一是文献研究。无论研究问题的提出、研究理论基础的奠定、研究设计与方法的具体采用，还是实证模型或理论假设的构建，文献研究都起到了导向作用，同时也为各部分相关内容的深入细化研究提供了重要参考。二是案例研究。基于3个典型性国家重点实验室的单案例和跨案例研究，构建了国家重点实验室创新资源捕获过程 SBIP 概念模型。同时，初步获得了影响这一过程有效运行的一系列因素。三是问卷调查。根据研究问题与研究内容，结合国内外文献，设计调查问卷，并主要通过电子邮件方式发放与回收调查问卷，据此获得的一手资料和数据为实证检验相关研究假设提供了重要支撑。四是数理统计。基于数学建模，借助 SPSS 统计分析软件，实证分析相关内容，主要包括国家重点实验室创新资源捕获过程概念模型的实证拟合、国家重点实验室创新资源捕获过程影响因素的锚定以及其他更为细致的实证问题。

（三）研究技术路线

首先，根据现实需求和文献研判提出核心研究问题，即国家重点实验室创新资源捕获过程及其影响因素；其次，以资源基础理论、创新网络理论、协同创新理论和社会资本理论为理论基础，借鉴已有文献研究成果，结合探索性案例研究结论，构建国家重点实验室创新资源捕获过程及其影响因素概念模型；再次，根据概念模型，设置理论假设，检验变量，实施问卷设计、发放与回收，在此基础上整理数据，构建数据库；复次，借助 SPSS 统计分析软件，拟合检验依据概念模型构建的回归方程，逐步证实概念模型与理论假设；最后，总结相关结论。具体过程如图1-7所示。

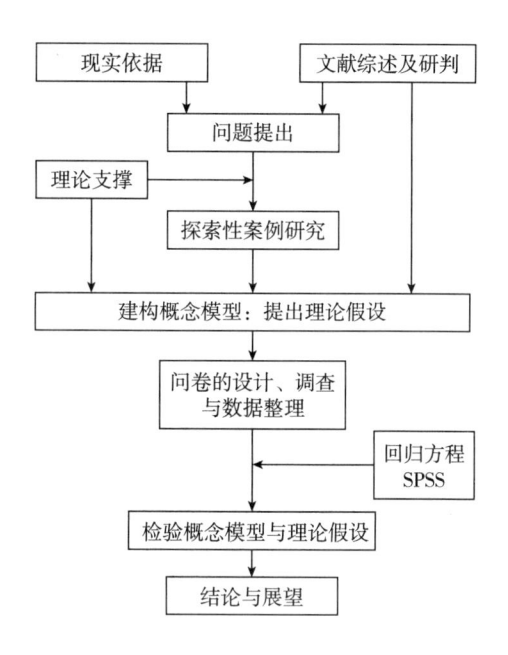

**图1-7 国家重点实验室创新资源捕获过程及其影响因素研究技术路线**①

## 二 主要创新点

本书的主要创新点包括：首先，研究对象具有新颖性。检索国内外文献发现，目前创新资源领域内研究对象集中于企业，以国家重点实验室为研究对象，对创新资源展开系统研究的文献尚未发现。尽管企业与国家重点实验室在科技创新资源捕获方面具有相似之处，但终因属性间的巨大差异使两者间的异质性更加凸显。本书以国家重点实验室为研究对象，开启了探索科研机构（尤其是国家科研机构）在创新资源格局新形势下如何更好捕获创新资源的研究领域，这丰富了已有研究体系，所以从研究对象上来看探求国家重点实验室创新资源捕获过程及其影响因素的独特规律具有新颖性。其次，研究内容具有开创性。通过文献研判发现，无论是国家重点实验室科技创新研究领域

---

① 根据研究整理所得。

还是创新资源研究领域，创新资源有效利用是现有文献的关注焦点，创新资源捕获仍属盲区，所以从研究内容上来看，系统、深入地对国家重点实验室创新资源捕获过程及其影响因素展开研究具有开创性。

# 第二章

# 理论基础与启示

国家重点实验室创新资源捕获过程及其影响因素研究的本质是基于资源视角探究国家重点实验室自主创新能力的提升路径，即切入点源于资源基础理论。研究内容涉及资源流动、捕获过程、影响因素及其内嵌的关系链接、多层互动、合力协同等，类似研究多见于创新网络理论、协同创新理论和社会资本理论。总之，尽管尚无文献系统分析国家重点实验室创新资源捕获过程及其影响因素问题，但资源基础理论、创新网络理论、协同创新理论和社会资本理论却为这一问题的深入研究提供了重要理论基础与启示。

## 第一节 资源基础理论与启示

资源基础理论源于对企业竞争优势来源的解析。获取与维持竞争优势是企业在市场激烈竞争中追求超额利润的核心保障，所以如何获取并维持竞争优势成为了企业关注的首要问题。Porter（1980）开创的竞争优势外生理论最先取得学界广泛认可。它以产业组织理论为基础构建"五力模型"，并认为这五种外部力量决定产业结构的具体构架，影响着"产业吸引力"的大小，决定性地影响着企业获利能力的大小，所以竞争优势外生理论指出准确定位企业所在产业结构，并积极塑造对企业有利的产业结构对企业健康发展将起到根本性作用。这一观点沿用经典产业组织理论的"结构（Structure）—行为（Conduct）—绩效（Performance）"范式（简称"S-C-P"），将企业竞争优势的获取定位于外部环境，分析了公司绩效与外部因素的关系。然而，对企业绩效与企业内部因素之间关系的忽视使这一理论难以解释处于相似甚至相同动态环境中的企业为什么存在竞争优势差异。根源于亚当·斯密"劳动分工理论"，历经马歇尔和Penrose"企业内在成长论"，最终由Wernerfelt、Barney、Hrebiniak等于20世纪80年代中期发展、形成的资源基础理论为解答这一问题开辟了一条崭新的道路——将企业获得竞争优势的分析由企业外部转入企业内部。

### 一 资源基础理论对资源内涵的界定

Penrose（1959）最先关注到资源对企业增长的重要影响，并认为企业所拥有的资源是扩展企业"生产性机会"（the productive opportunity）并推动这种机会随着企业运营时间变化而系统变化的重要因素，开启了资源基础理论的大门，但她尚未确切界定资源的含义。尽管如此，她对资源领域的关注为之后资源概念的深入探讨提供了标靶。例如，Wernerfelt（1984）研究后给出的资源定义是指"与企业在特定时间内具有非永久性关联的有形或无形资产（assets）"，这些资源主要包括"商标名（brand name）、内部技术知识（in-house knowledge of technology）、技工（employment of skilled personnel）、交易关系（trade contacts）、机器设备（machinery）、高效流程（efficient procedures）和资本（capital）等"[①]。他对资源的定义主要基于企业在会计学意义上切实拥有或至少控制的资源，从产权角度明确了资源的应有状态。Barney（1991）认为资源是指"企业控制的能够使企业制订和实施提高其效率和效益战略的所有资产、能力、组织流程、企业属性、信息、知识等"[②]。较之Wernerfelt对资源的定义，Barney的定义更显狭窄，仅涉及那些与企业投入或产出直接相关的资源。Hafeez等

---

① Birger Wernerfelt, "A Resource-Based View of the Firm", *Strategic Management Journal*, Vol. 5, No. 2, April-June 1984, pp. 171-180.

② Jay B. Barney, "Firm Resources and Sustained Competitive Advantage", *Journal of Management*, Vol. 17, No. 1, March 1991, pp. 99-120.

(2002)给出了比 Wernerfelt 更为宏观的定义,是指"企业获得和拥有的所有有形与无形的事物",主要包括"物力资产、文化资产和智力资产"[①]。总之,资源的无形与有形类型划分是资源基础理论中较为统一的认知。至于具体含义方面,虽然存在差异,但仍有共识之处:首先,资源会对组织实现战略目标产生影响;其次,资源不仅包括那些从产权上属于组织的资产,还包括那些能够被组织控制或利用但产权上不属于组织的资源。资源特征方面,Barney(1991)提出的价值性、稀有性、不完全模仿性及不可替代性四个特征,及之后 Amit 等(1993)增补的可交易性低(Low Tradeability)、独占性(Appropriability)、耐久性(Durability)、互补性(Complement)以及与本行业战略要素的一致性(Overlap with Strategic Industry Factors)五个特征得到了学界的广泛认可与接受。

**二 资源基础理论的演进过程**

资源基础理论主要经历了思想萌芽、资源基础观(RBV)和资源基础理论(RBT)三个演进阶段,同时衍生出众多分支理论,具体见表2-1。这些理论间的不同与内在逻辑正如 Hafeez 等(2002)、吴金南等(2011)、刘力钢等(2011)的总结:资源基础观(RBV)正式开启了资源基础理论大门,将企业本质视为"异质性资源的集合",将企业竞争优势归因于"隔离机制"产生的"资源优势"。随着研究的深入,发现真正产生持久竞争优势的源泉不仅在于资源本身,更在于成功使用资源及其核心能力,于是基于资源基础观的企业能力理论产生。与 RBV 有所不同,资源能力理论将企业本质视为"累积性的知识和能力集合",将企业竞争优势归因于"协调机制"产生的"整合多种知识的能力优势"。伴随组织学习理论的发展,资源基础理论者进一步发现,知识才是决定企业绩效差异的内在动因,因此在资源基础观和企业能力理论的基础上抽离出知识基础理论,它将企业本质

---

① Khalid Hafeez, et al., "Core Competence for Sustainable Competitive Advantage: A Structured Methodology for Identifying Core Competence", *IEEE Transactions on Engineering Management*, Vol. 49, No. 1, February 2002, pp. 28–35.

视为"隐性知识的存储载体",将企业的竞争优势归因于"学习机制"产生的"知识的创造、储存和应用"优势。产业分析与资源基础分析是企业优化战略的两大支柱,缺少任何一个都不利于企业获取与维持竞争优势,所以扫描外部环境,识别与分析内部资源、能力与知识存量的组织能力成为企业在竞争中立于不败之地的核心支撑,这种组织能力构成了在整合资源基础观、能力理论和知识基础理论基础上产生的动态能力理论的内核,它将企业本质视为"对惯例的修改和创新",将企业竞争优势归因于"快速的、即兴的学习机制"产生的"创新、吸收和整合优势"。目前,动态能力理论主要停留在概念和框架讨论上,实践指导能力仍待发掘。同时,有学者在动态能力基础上进一步发展了资源基础理论,提出动态资源基础观,试图建立一个切实指导企业实践的分析框架。如吴金南、刘林(2011)总结的,"广义的资源范畴包括产生持久竞争优势的资产(狭义资源)、能力、核心能力、知识、动态能力等;相应地,以这些核心概念为基础建立的资源基础观、企业能力理论、知识理论、动态能力理论和最新的动态资源基础观,基于相同的思维逻辑,就可以全部纳入广义企业资源基础理论。"① 这就是资源基础理论的整个发展脉络及其内部逻辑关系。

表2-1　　　　　资源基础理论的演进及其代表性观点

| 阶段 | 代表人物 | 代表性观点 |
| --- | --- | --- |
| 思想萌芽 | Smith | 劳动分工论:企业内部分工限制规模经济效益,决定企业成长规模的界限 |
| | Marshall | 企业内部成长论和企业知识基础理论,认为产业之间、企业之间、企业内部各职能部门之间存在"差异分工",这与各自的知识与技能相关,并成为企业不断成长的内在动力 |
| | Selznick | 提出"独特能力"(Distinctive Competence)概念,指出组织间差异源于组织各自的独特能力 |

---

① 吴金南、刘林:《国外企业资源基础理论研究综述》,《安徽工业大学学报》(社会科学版)2011年第6期。

续表

| 阶段 | 代表人物 | 代表性观点 |
|---|---|---|
| RBV 阶段 | Penrose | 提出组织非均衡成长理论；以资源基础观点探讨企业成长战略；资源和能力是企业获得持续竞争优势的源泉 |
| | Wernerfelt | 正式提出"资源基础观念"（RBV）；较之外部环境公司内部环境对企业创造市场优势作用更大；企业内部的组织能力、资源和知识积累是企业获得并保持竞争优势的关键；以资源替代产品的思维指导战略决策 |
| | Barney | 企业可通过本身资源与能力的累积形成长期且持续性竞争优势；以资源视角构建企业内部分析框架：首先提出 VRIS 框架（Value – Rare – Imitability – Substitutability），后又完善至 VRIO（Value – Rare – Imitability – Organization）框架 |
| RBT 阶段 | Grant | 正式提出"资源基础理论"（RBT）；资源与竞争优势是企业间绩效差异的核心要素；资源是企业能力的基础；能力是企业竞争优势的来源；构架了基于资源基础理论的 5 步战略分析程序：确定与归类企业资源；确定企业能力；以可持续竞争能力的潜力和回报占优的视角评估企业资源与能力产生租金效应的可能性；选择一个使企业资源或能力与外部环境实现最佳匹配的战略；确定需要尽快填补的资源缝隙，并通过各种手段补充、拓展和升级企业资源基础 |
| 衍生理论 | Prahalad, Hamel | 企业能力基础论（Capability – Based theory, CBT），核心观点包括：企业成功的关键不仅在于资源本身，更在于企业充分利用资源的能力；企业优势根植于为使企业业务快速适应变化而将企业技术和产品技能融入企业的能力。核心能力要具备三个特征：提供多样化的市场机遇、有利于最终产品的实现、难以被竞争对手模仿；核心能力主要来源于关键资源及组织发挥这些资源最大效能的能力 |
| | Teece, Pesano, Shuen | 动态能力论（Dynamic Capabilities Perspective, DCP），核心观点包括：动态能力是企业整合、建立和再配置内外部能力以适应快速变化环境的能力；动态能力是企业获取与维持竞争优势的重要来源；组织与管理流程（organizational and managemental processes）、位置（positions）和路径（path）是动态能力分析的基础 |

续表

| 阶段 | 代表人物 | 代表性观点 |
|---|---|---|
| 衍生理论 | Grant 和 Sveiby | 企业知识基础论（Knowledge-Based Theory，KBT），核心观点主要包括：知识是企业最具战略意义的资源；知识是隐藏在企业核心能力背后并决定企业竞争优势持久性的核心要素，尤其是隐性知识；企业异质性源于知识的异质性；企业是一种知识整合机构；企业边界由知识异质性及其使用效率决定；无形资源是知识基础战略的支柱；"3-2-9"知识基础论分析框架 |
| | Helfat，Peteraf | 动态资源基础观（Dynamic Resource-Based View，DRV），核心观点主要包括：提出能力生命周期（capability lifecycle）概念；构架"三阶段（founding-development-maturity）—六分支（Retirement，Retrenchment，Renewal，Replication，Redeployment，and Recombination，简称6R）"能力生命周期分析框架；资源与能力动态适应环境变化是企业获取与维持竞争优势的关键；不同的企业竞争优势源于不同的资源与能力动态演化路径 |

资料来源：根据文献整理所得。

尽管不同资源基础理论分支对企业竞争优势来源的判断不同，但梳理和总结表2-1后发现这些细分理论也存在一系列共识：第一，企业内部因素对企业获取和维持竞争优势影响显著；第二，资源或能力是所有理论分支的逻辑中心；第三，企业是一系列资源和能力的有机集合体；第四，企业竞争优势根源于资源或能力的异质性（Heterogeneity）；第五，资源具有不完全流动性，能力具有不完全模仿性。

### 三 主要启示

资源基础理论为国家重点实验室创新资源捕获过程及其影响因素研究提供了坚实的理论基础，也为其深化研究提供了重要启示，主要体现在以下几个方面：首先，将国家重点实验室看作资源（包括能力）的有机集合体。资源分析切入点为研究国家重点实验室自主创新能力提供了全新视野，即以资源直接剖析取代产出间接测量。其次，提升国家重点实验室自主创新能力不仅依附于资源本身，还依附于对资源的组织。由资源基础理论可知，资源本身和资源有效组织都会对国家重点实验室自主创新能力产生重要影响，所以厘清作为资源组织应有内容的创新资源捕获过程，无论对国家重点实验室更加有效地积累创新资源还是不断提升自主创新能力都具有重要意义。最后，从内外部资源环境入手寻找国家重点实验室创新资源捕获过程影响因素。资源基础理论的一个重要突破在于将产业理论对外部环境与组织绩效影响的关注逐步转移到内部，受此启发可以从内外部资源环境入手系统探讨国家重点实验室创新资源捕获过程的影响因素问题。

## 第二节　创新网络理论与启示

20世纪70年代，美国硅谷和波士顿128公路地区成为世界电子工业的主要创新中心，进入80年代之后面对发展困境两者呈现出完全不同的发展进路，即硅谷地区逐步摆脱困境走向复苏，128公路地区却深陷停滞泥潭，地区创新网络的区别成为两个地区出现显著发展差异的关键——以地区创新网络为基础的工业体系（硅谷地区）比那些实验和学习局限在个别企业的工业体系（128公路地区）更灵活，更有利于促进集体学习，也更利于激发技术创新。此外，70年代欧洲意大利中北部工业区的复兴，战后亚洲日本科技创新能力的跨越式发展，也进一步凸显了创新网络蕴藏的巨大科技创新驱动潜能。总之，以孤立创新在竞争中获取科技创新优势的传统创新模式已不符合时代发展要求，加强与其他组织合作，构建创新网络已成为目前科技创新范式转变的必然选择——科技创新进入"网络范式"阶段。在此背景下，创新网络理论逐步发展，日臻成熟，为国家重点实验室创新资源捕获过程及其影响因素研究提供了另一个强有力的理论支撑。

### 一　创新网络理论中创新网络定义的演进与共识

创新网络理论研究发轫于 Imai 和 Baba（1989），他们认为创新网络"是应付系统性创新的一种基本制度安排。从理论上来讲，也是组织与市场交互作用的一种方式。实际上，它在构成成员之间松散组织结构的同时也在多种弱连接和强连接中拥有一个核心"[1]。并认为公司间的合作关系是这一网络结构的关键连接机制，同时也给出了国际创新网络的三种类型，即传统多国间创新网络、全球创新网络和跨组织边界创新网络。Freeman（1991）引证并接受两者的研究结论，正式采用创新网络这一名称，并给出了具体定义，是指"应付系统性创新的一种基本制度安排，网络构架的主要联结机制是企业间的创新合作关系"[2]。王大洲（2001）在回顾、总结与比较社会关系、社会网络、商业网络、创新网络已有研究文献的基础上对创新网络进行再定义，认为创新网络是指"在技术创新过程中围绕企业形成的各种正式与非正式合作关系的总体结构"[3]。刘兰剑、司春林（2009）在总结国内外创新网络17年（1991—2007）研究文献的基础上提炼出经济学、管理过程与网络组成主体三种定义创新网络的角度，并从管理过程角度定义了创新网络，即"由多个企业及相关组织组成的，以产品或工艺创新及其产业化为目标，以知识共享为基础，以现代信息技术为支撑，松散耦合的动态开放新型技术创新合作组织，参与者在新产品的开发、生产和商业化过程中，共同参与创新活动，实现创新的开发与扩散"[4]。此定义将创新网络构成要素完整地表达了出来：多个企业及相关组织是参与主体，知识是实施对象，产品或工艺创新及其产业化是目标，现代信息技术是手段，合作组织是本质。党兴华、郑登攀（2011）在批判、借鉴上述研究成果的基础上重构了创新网络，是指"为了应对系统型技术创新中的不确定性和复杂性，由具有互补性资

---

[1] Ken-ichi Imai and Yasunori Baba, "Systemic Innovation and Cross-border Networks: Transcending Markets and Hierarchies to Create a New Techno-economic System", *Technology and productivity: The Challenge for Economic Policy*, OECD, 1991, pp. 389–405.

[2] C. Freeman, "Networks of Innovators: A Synthesis of Research Issues", *Research Policy*, Vol. 20, No. 6, October 1991, pp. 499–514.

[3] 王大洲：《企业创新网络的进化与治理：一个文献综述》，《科研管理》2001年第5期。

[4] 刘兰剑、司春林：《创新网络17年研究文献述评》，《研究与发展管理》2009年第4期。

源的参与者通过正式或非正式合作技术创新关系连接形成的网络组织"[①]。

总之,从创新网络定义演进来看,尽管可以从不同角度给予许多定义,但创新网络参与主体的多样性、目标的价值实现性、实施对象的要素流动性、手段的多元整合性、本质的制度安排性是这一定义的共识性构成要件。

## 二 创新网络理论的构成

首先,创新网络结构及其中的强—弱关系理论。创新网络结构中的节点与关系构成了创新网络理论的微观基础。节点构成方面,Gemünden 等(1996)提供了一个基础性分析框架,认为创新网络节点以企业为核心,与之相关联的合作者包括管理机构(Administration)、供应者(Suppliers)、协同供应者(Co - Suppliers)、研究与培训机构(Research and training institutes)、竞争者(Competitors)、批发商(Distributors)、客户(Buyers)、咨询者(Consultants)。以此为基础的节点数量、特征等方面的研究迅速展开,并取得了许多重要结论与共识。例如,Vanhaverbeke 等(2004)研究发现,节点拥有的合作对象数量(网络密度)与创新绩效之间并非直线关系,而是倒"U"形关系,即合作对象数量与创新绩效之间先呈现正相关关系,达到某个极值后呈现负相关关系;Soh(2003)强调了节点中心性,即企业可以通过增强自身创新网络中心性提高获取创新资源的能力。

创新网络节点间关系的研究更为复杂和系统,且形成了成熟的强—弱关系理论,代表性观点包括:创新网络中的强关系利于增强创新互信,降低交易成本,但强化过度容易形成"密网……带来认知锁定"[②];创新网络中的弱关系利于冲破路径依赖,但容易带来机会主义风险。这一理论给予的实践启示正如 Capaldo(2007)指出的,创新网络中强联系与弱联系对于创新绩效均有不可取代的重要作用,保持

---

[①] 党兴华、郑登攀:《对〈创新网络17年研究文献述评〉的进一步述评——技术创新网络的定义、形成与分类》,《研究与发展管理》2011年第3期。

[②] Lee Fleming et al., "Collaborative Brokerage, Generative Creativity, and Creative Success", *Administrative Science Quarterly*, Vol. 52, No. 3, September 2007, pp. 443 – 475.

两者之间的平衡是企业获得高创新绩效的最优选择。

其次,创新网络的形成及其内外因动力模型。内外因动力模型是创新网络理论中成因动力研究的共识性分析框架。例如,从内因动力看,张伟峰等(2004)认为扩大企业规模和活动范围、分担创新成本和风险、强化技术学习及其效率效应、强化行为主体处理复杂技术能力是企业构建创新网络的关键原因。从外因动力看,Berninghaus等(2003)和White等(2004)分析企业合作嵌入方式后认为,结构嵌入和关系嵌入会以不同方式影响技术创新网络的形成。更多研究是从内外因综合动力分析创新网络的形成,如张帆(2005)认为知识经济和网络经济的崛起、现代信息网络的发展、顾客需求的多样化与个性化是创新网络形成的外因,构建竞争创新优势、实现资源互补、支撑战略发展、满足组织学习是创新网络构建的内因;王灏(2013)以德国柏林州—勃兰登堡州地区光电子产业创新网络为例,借助复杂网络理论,从创新网络内外环境出发,说明丰富的历史积淀、强大的原生性科研力量和完善的中介组织利于创新网络的形成。

再次,创新网络的演化及其 AHFM 模型。创新网络演化研究成果构成了创新网络理论中动态权变思想的基础,其中 AHFM 创新网络演化模型最具代表性,它最先由 Powell 等(2005)通过案例研究凝练而出。AHFM 模型勾勒出了一条由优势积累网络(accumulative advantages networks)开始,后至同质网络(homophilies networks),再至趋势跟随网络(follow – the – trend networks),最后至多连接网络(multi-connectivity networks)的创新网络演化路径。Traor(2006)吸收、发展了这一模型,他以互动(强弱)与学习(强弱)构建了创新网络演化的四个象限,分别是优势积累网络(弱互动/强学习)、趋势跟随网络(强互动/弱学习)、多连接网络(强互动/强学习)、同质网络(弱互动/弱学习),这四个象限之间的转化(无定向)构成了创新网络的演化路径,并认为组织规模、发展阶段会对演化过程产生重要影响。后续研究多受 AHFM 模型影响,如易将能等(2005)提出的初级、中级及高级三阶段演化模型,Hite 等(2011)提出的由主要依附于社会网络嵌入到创新网络自我拓展、由强调网络内聚到关注创新网络结构洞桥架、由路径依赖无意识演化到有意识网络治理的三类演化趋势，石乘齐等（2013）构建的主要包括均衡阶段与变革阶段两阶段的演化模型都可以从不同视角溯源于 AHFM 创新网络演化模型。

最后，创新网络的治理及其 SLN 治理类型选择筐。创新网络治理的系列研究结论构成了创新网络理论中政策应用部分的核心内容，其中 Provan（2008）基于网络治理是否需要代理主体及其主体来自内部还是外部提炼的创新网络治理类型选择筐最具代表性，它主要包括三种可供选择的创新网络治理方法，即共同治理（Shared governance）、核心组织治理（Lead organization governance）及第三方治理（Network administrative organization governance），取英文大写首字母简称 SLN 治理类型选择筐。其中共同治理的特征是构成创新网络的所有成员直接参与创新网络治理；核心组织治理的特征是以创新网络中某个核心组织为中心形成隐形代理结构，实现组织成员对创新网络直接或间接的治理；第三方治理的特征是，创新网络建立一个独立于网络各参与主体的第三方组织，工作人员来源于创新网络的内部与外部，借助第三方代理实现网络治理。SLN 治理类型选择筐的宏观划分为微观创新网络治理模式及相应治理手段的整合及深化研究提供了参考，例如，无论李逢焕等（2003）对创新网络运行模式的具体划分与选择，任重（2009）对创新网络治理组织结构（层级、开放式及分布式）的深入分析，还是 Dyer 等（2000）、Mention（2011）对创新网络规则制定、组织设计、合资管理、信息获取等内容的研究都可以从不同角度归结到 SLN 治理类型选择筐的深化研究中。

### 三　主要启示

创新网络理论也为国家重点实验室创新资源捕获过程及其影响因素研究提供了坚实的理论基础和重要启示，主要体现在以下几个方面。

（1）创新网络对国家重点实验室及其创新资源的天然涵盖。由创新网络的定义结构可获得如下重要启发，国家重点实验室发展中逐渐形成的创新网络为其捕获创新资源提供了重要渠道，同时依附创新网络实现交互流动的创新资源对国家重点实验室创新网络的重组与再成长也产生了重要反作用。这表明：首先，国家重点实验室与其他创新主体一样具有网络节点特征；其次，创新资源同样依附于国家重点实验室创新网络实现自由流转；最后，国家重点实验室创新网络及其创新资源流动是国家重点实验室创新资源捕获过程的嵌入环境。

（2）创新网络结构与国家重点实验室创新资源位势。无论从创新网络结构的微观节点还是从节点间关系对创新的影响看，都隐喻着创新网络结构外显为参与主体间的勾连关系，内隐为创新资源在整个网络中的位势结构，位势结构进一步影响创新资源在整个网络中的再流动和配置。这一逻辑关系同样存在于国家重点实验室创新资源网络中，这给予国家重点实验室创新资源捕获过程及其影响因素研究的重要启示在于：国家重点实验室特征、创新资源位势结构、网络中其他组织现状等因素是否对国家重点实验室创新资源捕获过程产生影响？

（3）创新网络的形成、演化、治理与国家重点实验室创新资源的重组。如果说创新网络结构从静态方面为国家重点实验室创新资源捕获过程及其影响因素研究提供了理论基础和启示，创新网络的形成、演化、治理则是从动态方面为其提供了相应的理论支撑与借鉴。创新网路的形成、演化与治理过程也是创新资源不断重组的过程，这一动态过程为国家重点实验室创新资源捕获过程及其影响因素研究奠定研究背景的同时也为其深入分析提供了重要启示。例如，创新资源被动吸附与内生增值过程是否是国家重点实验室创新资源捕获过程的重要构成环节？创新资源的社会网络依附性是否对创新资源捕获过程产生了重要影响？

## 第三节　协同创新理论与启示

协同创新理论以协同学为基础。协同学始于赫尔曼·哈肯（Hermann Haken）。主要论点有：①协同是指众多亚系统（subsystem）在一个系统中相互协调（coordinative）、合作（cooperative）与同步（simultaneous）的有序组合；②结构有序的关键不在于亚系统间是否处于平衡（equilibrium）状态，而在于亚系统间是否存在"协同效应"（synergetic effect）；③系统演化自组织特征明显，自组织过程由慢变量决定；④自组织原理、役使原理与协同效应是协同学的三大核心。协同学产生后，迅速向创新领域渗透，形成协同创新交叉研究领域。目前，基于协同学基本架构的协同创新理论初步形成。

**一　协同创新内涵的演变**

协同创新定义最先以企业为载体。如陈光（2005）认为协同创新是"以企业发展战略为导向，以提高协同度为核心，通过核心要素（技术与市场）和若干支撑要素（战略、文化、制度、组织、管理、资源等）的协同作用，实现企业整体协同效应的过程"[①]。陈劲、王芳瑞（2005）根据"协同的基本定义和特征"，从市场和技术协同角度界定"技术和市场协同创新"的定义，是指"建立在组织协同结构支持和战略协同结构引导的基础上，整合价值增加、价值创造以及长期能力发展和短期竞争盈利的一种企业市场端和技术端相互作用、共同进化和创新的创新管理模式"[②]。这些定义有两个特点：一是以企业为出发点；二是强调企业内部创新要素的协同。胡恩华、刘洪（2007）以"集群"为出发点，认为协同创新是指"集群创新企业与群外环境之间既相互竞争、制约，又相互协同、受益，通过复杂的非线性相互作用产生企业自身所无法实现的整体协同效应的过程"[③]。此定义跳出企业内部要素协同创新范围，将注意力集中于不同类型参与主体之间的协同，同时突破主体限制以"群"和更为开放的视野审视协同创新。

以上协同创新定义遵循两条路径，一是创新要素协同，二是创新参与主体协同。随后两条路径实现整合，例如，杨育等（2008）以客户协同创新为出发点认为"客户协同创新是指充分利用客户与专业设

---

[①] 陈光：《企业内部协同创新研究》，博士学位论文，西南交通大学，2005年。
[②] 陈劲、王芳瑞：《再论企业技术和市场的协同创新——基于协同学序参量概念的创新管理理论研究》，《大连理工大学学报》（社会科学版）2005年第2期。
[③] 胡恩华、刘洪：《基于协同创新的集群创新企业与群外环境关系研究》，《科学管理研究》2007年第3期。

计人员在知识结构和创新技能方面的不对称性，借助各种网络化协同工作环境、创新设计工具和知识融合手段，通过客户和专业设计人员之间的协同工作，将二者的创新优势进行互补并激发群体创造力，从而开发出具有高度创新性和市场主导力的新产品"[1]。孙长青（2009）指出"协同创新（Cooperation / Synergy Innovation）是指不同创新主体以合作各方的共同利益为基础，以资源共享或优势互补为前提，合理分工，通过创新要素有机配合，经过复杂的非线性相互作用，产生单独要素所无法实现的整体协同效应的过程"[2]。至此，协同创新主体、客体、目标、实现手段、实现条件、本质的划分已十分清晰，论述也已较为全面和准确，这为进一步完善协同创新含义提供了条件，例如，协同创新实现手段方面解学梅（2010）增加了"协同网络"；在协同创新目标实现与本质上，陈劲、阳银娟（2012）提出其核心目标在于实现"知识增值"，"内涵本质……是企业、政府、知识生产机构（大学、研究机构）、中介机构和用户等为了实现重大科技创新而开展的大跨度整合的创新组织模式"[3]。危怀安、聂继凯（2013）在梳理已有文献基础上总结了协同创新的定义，即"它是指以一定使命为前提，在创新要素的要素集合、创新层次、创新领域三方面内部及之间采用合理分工、有序竞争、有机合作为主的组合手段产生复杂非线性相互作用，最终实现创新整体协同效应的一种科技活动"[4]。

## 二 协同创新理论的构成

目前，协同创新理论处于形成期，理论体系尚未成熟，然而理论发展所依附的研究结构已然明朗，主要包括要素、主体、机制及影响因素四大领域，以下将通过分析这四大领域的研究现状来提炼协同创新理论初步形成的研究共识。

---

[1] 杨育等：《客户协同创新的内涵与概念框架及其应用研究》，《计算机集成制造系统》2008年第5期。
[2] 孙长青：《长江三角洲制药产业集群协同创新研究》，博士学位论文，华东师范大学，2009年。
[3] 陈劲、阳银娟：《协同创新的理论基础与内涵》，《科学学研究》2012年第2期。
[4] 危怀安、聂继凯：《协同创新的内涵及机制研究述评》，《中共贵州省委党校学报》2013年第1期。

## （一）要素协同创新

目前，要素协同创新呈现三个基本特点：首先，要素构成多元。如 Sounder（1981）、张钢等（1991）首先关注研发（R&D）、营销（Marketing）、技术、组织、文化、市场等协同创新要素，郑刚（2004）将战略、管理、知识、资源、制度、环境等要素不断增加进来。其次，协同层次多阶。由有限要素间局部协同（没有时空维度），如 Song 等（1995）对战略、研发与营销间协同的关注，Saleh 等（1993）对组织与战略间协同的研究，过渡到全要素的全面协同，同时也将时空维度纳入其中，如许庆瑞等（2006）提出的"全面创新管理"。最后，协同边界不断拓展。由企业内部协同升级至企业间协同，如陈劲等（2006）对企业内部要素协同创新机理的研究，张旭梅等（2008）对供应链上各企业间要素协同的研究，再由企业间协同升级至多类型主体间协同，如叶娇等（2012）对"跨国技术联盟"间文化要素的探讨，又到不同创新网络间的协同，如解学梅（2010）对不同创新要素网络间协同及其与创新绩效关系的研究。总之，要素协同创新呈现要素集合不断膨胀、要素协同创新领域不断扩大、要素协同创新层次不断提升的总趋势（见图 2-1）。

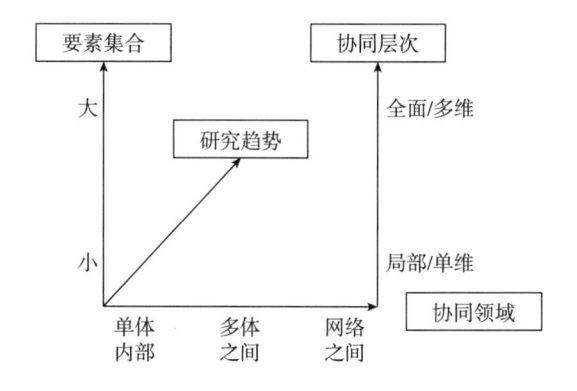

**图 2-1　要素协同创新研究概况**[①]

---

① 根据本书文献研究整理所得。

(二) 主体协同创新

基于价值实现过程（回环、并行）的协同创新参与主体细分研究是目前主体协同创新领域中的代表性分析框架。如图 2-2 所示，分析框架主要由三部分构成。

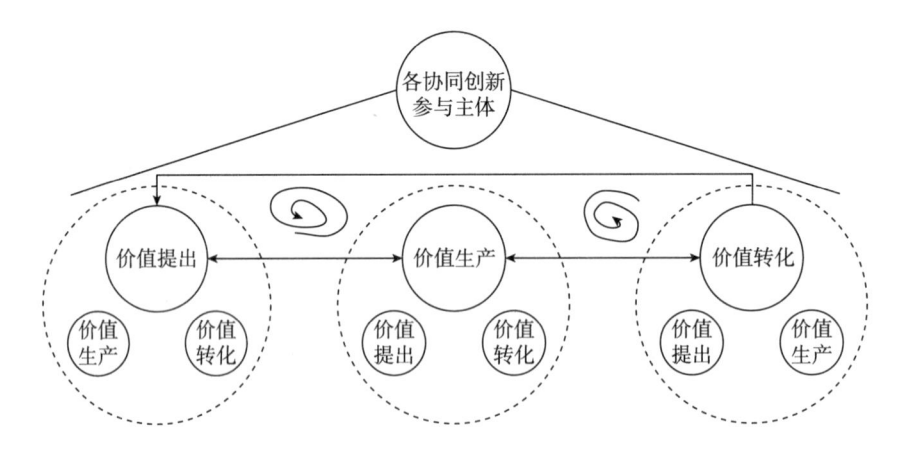

**图 2-2　基于价值实现过程的协同创新参与主体研究分析框架①**

首先，协同创新以合理实现价值生产为核心，主要关注同属性企业间（尤其是大企业与小企业间）的协同创新。如 Ketchen（2007）认为大企业科技资源雄厚，在获取创新优势方面得天独厚，但因路径依赖使其在机会捕获方面存在不足，小企业与之相反，协同创新成为两者寻求优势制胜与机遇捕获之间平衡的重要手段。胡源（2012）采用博弈理论研究了大企业与小企业协同创新过程中可能出现的问题，提出通过"降低知识溢出率、减少模仿企业的数量、增大大企业与小企业间的资源差距、提高大企业的创新能力、提高合作效应、提升大企业与小企业双方创新水平"等措施提高大企业与小企业间协同创新绩效的建议②。

其次，协同创新价值实现向后延伸至价值转化（如科技转移、转

---

① 根据本书文献研究整理所得。
② 胡源：《产业集群中大小企业协同创新的合作博弈分析》，《科技进步与对策》2012 年第 22 期。

化、市场化等），主要关注基于供应链企业间的协同创新。如 Kim（2001）在分析制造商与供应商协同创新的基础上得出制造商可以通过向供应商提供创新补贴的方法实现双方共赢的结论。Sobrero（2002）认为，供应者与生产者之间的合作模式影响创新成果的具体形态，两者协同创新为整个供应链的增值提供了条件。张巍等（2008）"以一个由供应商、制造商和销售商组成的供应链为研究对象，分别分析了供应商、制造商和销售商在三方非协同创新、双方以及三方协同创新情形下的决策过程，并对比分析了三种情形下的供应链总收益、创新投入以及产品销量的情况"，结果显示，"在三方协同创新情形下，供应链的总收益、创新投入以及产品销量均最大"[①]。

最后，协同创新价值实现向前延伸至价值提出（如创新理念的产生等），主要关注横向跨组织间（尤其是不同行业的组织）的协同创新。如姜照华等（1994）构建的"产学研"三主体协同创新模型，Etzkowitza 等（2000）提出的"大学—产业—政府""三重螺旋"协同创新模型，陈晓红等（2006）以小企业、高校与科研机构、政府、社会服务体系为基础构建的协同创新"四主体动态模型"等。

（三）协同创新机制[②]

如图 2-3 所示，基于创新流程的动力、过程、转移、支持及产出转化机制研究是目前协同创新理论中协同创新机制研究领域的基本构架，具体来看：张哲（2009）对协同创新动力机制的研究最具代表性，他借助技术扩散理论深度剖析了协同创新动力系统，主要包括协同创新的"内部动力""外部动力""技术创新扩散动力"及"自组织动力"四大动力系统。其他学者或从内驱动、或从外驱动、或从驱动识别等视角构建协同创新动力机制，总体来看都是对张哲（2009）协同创新动力机制研究的补充与完善。协同创新过程机制方面，Rothwell（1994）的研究得到了学界的广泛认可，他在总结前四代技术创

---

① 张巍等：《供应链企业间的协同创新及收益分配研究》，《研究与发展管理》2008 年第 4 期。

② 危怀安、聂继凯：《协同创新的内涵及机制研究述评》，《中共贵州省委党校学报》2013 年第 1 期。

新过程的基础上指出第五代技术创新过程更加突出系统灵活性（flexibility）、网络化（networking）及集成（systemintegration）。姜启君（2007）认为协同创新过程机制具体由搜寻、合作、分享与结网四个部分构成，并系统、深入地分析了这四个模块的核心内容。转移网络不同层面上的构建研究成为协同创新转移机制目前关注的焦点。郑刚（2004）基于 TIM 分析要素转移问题，强调组织内部要素流转网络的构建；解学梅（2010）以 188 家中小型制造业企业为研究对象，结合结构方程模型，细致研究了企业多种转移网络类型及其对创新绩效的影响，突出了组织间转移网络的塑造；孙长青（2009）拓展至网络协同关系，关注不同网络间转移机制的设置。协同创新支持机制的研究更为细化，例如朱祖平（1998）对技术支持机制的研究，贾生华等（2005）对管理—技术—制度三维支持机制的探讨，其他学者还从协同平台建设、财政支持、政策辅助等方面入手分析了如何有效构建协同创新支持机制的问题。协同创新产出转化机制主要关注协同创新成果的生产力转化。例如 Wahab 等（2012）详细分析了两种成果转化手段——市场与非市场手段。黄传惠等（2011）基于对美国科技创新产出转化机制的分析认为，完善的法律体系与有效的政府政策体系是科技创新产出向生产力转化的前提条件。

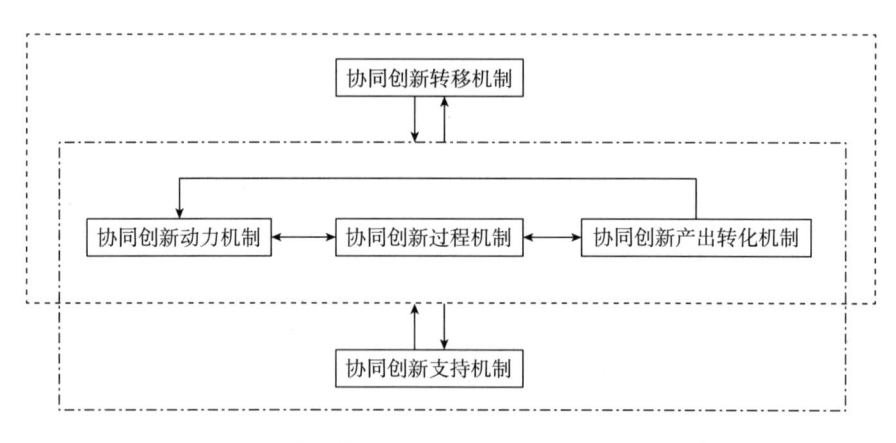

图 2-3 基于协同创新流程的机制研究分析框架[①]

---

① 根据本书文献研究整理所得。

此外，基于协同创新层次的协同创新机制研究是目前协同创新机制研究领域的补充性分析框架，见图2-4。其中以彭纪生等（2000）的研究为代表：微观层次——延续协同创新微观层面要素间的协同，并拓展至科技创新过程环节间的协同；宏观层次——跳出微观框架上升至宏观角度，将协同创新分析视角由企业内部要素间的协同转移至企业与所处宏观环境间的协同；中观层次——强调"各行为主体"（企业、科研机构、高校等）间的协同；宏观、中观、微观三层次间的全面协同。

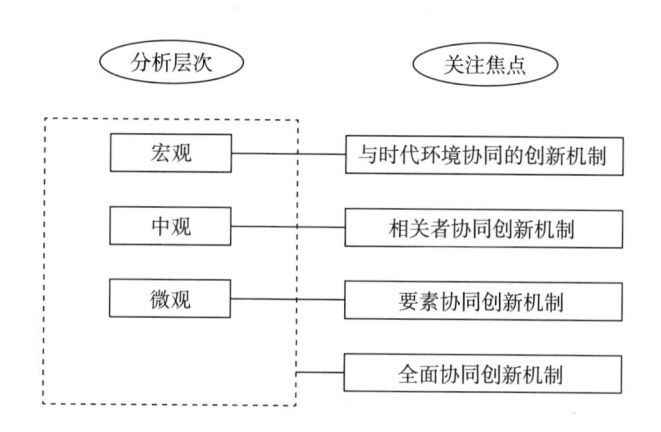

| 分析层次 | 关注焦点 |
|---|---|
| 宏观 | 与时代环境协同的创新机制 |
| 中观 | 相关者协同创新机制 |
| 微观 | 要素协同创新机制 |
|  | 全面协同创新机制 |

图2-4 基于协同创新层次的机制研究分析框架[①]

（四）协同创新影响因素

整合水常青等（2004）、Chan等（2005）、陈劲等（2005）、季宇（2007）、Romijna等（2002）、李煜华（2013）等的研究结论后发现，影响协同创新的因素主要包括协同创新的自然环境因素，如地理等；协同创新的外部软环境因素，如制度、政策、社会资本等；协同创新参与主体因素，如组织结构、组织战略、组织文化、组织能力（知识存量、知识吸收能力、知识创新能力、学习能力）、企业家能力等；协同创新工具因素，如沟通技术等；创新要素特性因素，如知识

---

① 根据本书文献研究整理所得。

特性、信息特性等。

### 三 主要启示

协同创新理论也为国家重点实验室创新资源捕获过程及其影响因素研究提供了坚实的理论基础和重要启示，主要体现在以下几个方面：第一，国家重点实验室创新资源捕获过程的嵌入场域及其要求。主体协同创新说明，目前在面对宏观层面大科学及开放性的创新背景，中观层面系统性、开放性、非线性、网络化的科研活动，及微观层面大规模、高投入、高风险的科研项目时，单个国家重点实验室已难以支撑科技创新的纵深提升，与其他创新主体开展协同创新成为国家重点实验室继续发展的必然选择，这是国家重点实验室创新资源捕获过程及其影响因素研究的嵌入环境。这一环境要求：国家重点实验室与其他创新主体间的合作创新要具备非线性和共线性特征，为国家重点实验室创新资源捕获过程高效运作提供良好场域；国家重点实验室创新资源捕获过程或某一阶段要有较高开放度，以尽可能降低创新资源捕获阻力。第二，国家重点实验室创新要素间的牵引。要素协同创新为国家重点实验室创新资源捕获过程研究给予了以下重要启示：国家重点实验室创新资源捕获过程中是否会出现通过创新资源间的连带牵引实现国家重点实验室创新资源间的相互捕获现象？第三，国家重点实验室创新资源捕获阶段的划分及其影响因素。一是协同创新过程机制研究为国家重点实验室创新资源捕获过程研究提供了重要启示，如搜索、合作、分享、转移等阶段的划分；二是协同创新影响因素细化研究，例如知识位势、双方各自能力、外部环境因素等，都给国家重点实验室创新资源捕获过程影响因素研究提供了重要参考。

## 第四节　社会资本理论与启示

每一种理论的产生都对应着某种现实问题已难以用已有理论得到充分解释，社会资本理论的诞生亦然如此。社会资本最先作为社会学概念被学者提出，目前已突破社会学应用到经济学、政治学、心理学、管理学等领域,已成为这些学科研究相关问题的重要理论分析框架,包括对科学发展与技术创新(无形学院)等问题的创新性分析①。

## 一 社会资本理论的若干派系及其代表性观点

目前,社会资本理论已形成若干流派和众多被学术界广泛接受的代表性观点,如表2-2所示。通过整合表2-2相关内容可以提炼出社会资本理论各流派代表性观点的如下共识:第一,无论哪个流派都把个体或由个体组成的社会作为社会资本理论的逻辑起点;第二,关系或网络是所有流派承认并予以关注的焦点;第三,"嵌入"构成了社会资本理论的核心要件——个体至于关系的嵌入,关系至于网络的嵌入,网络至于结构的嵌入,且嵌入过程中也同步衍生出了对"嵌入方式选择"的关注;第四,生产性是社会资本的应有属性,致使处于投入—产出中的过程(或手段)成为社会资本理论各流派共同关注的焦点;第五,社会资本是一种资源,具有不可完全转移性,兼具生产性,社会资本主要由信任、关系、规范、网络组成等。进一步提炼这些观点后可获得社会资本理论作为分析工具的四大视角,即个体、关系(网络)、结构和嵌入,且四者之间双向影响,如图2-5所示。

表2-2　　　　　　　　社会资本理论的代表性研究

| 代表性人物 | 主要观点 | 派别划分 | 作用 |
| --- | --- | --- | --- |
| Hanifan, L. J. | 首次使用"社会资本"一词;把它看作是有利于个体和社区发展的资源;把互助和群体纳入到社会资本的分析中来 | — | 提供核心概念 |
| Jacobs, J. | 引入"城市街区邻里网络",奠定了社会网络最终成型的基础 | — | |

---

① 赵延东:《社会资本理论的新进展》,《国外社会科学》2003年第3期。

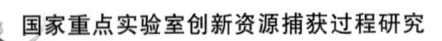

续表

| 代表性人物 | 主要观点 | 派别划分 | 作用 |
| --- | --- | --- | --- |
| Bourdieu, P. | 定义社会资本，是指"实际或潜在的资源集合，这些资源与拥有相互熟识和认可的、或多或少制度化的关系的持久网络相联系"；具有资源性、社会关系网络性、高度生产性的特征；社会资本由社会关系本身与网络中拥有的资源构成；积累社会资本受网络规模即网络中行为主体特性的影响 | 以社会为中心 | 弥补理性选择缺陷；探索善治之路 |
| Coleman, J. S. | 从功能定义了社会资本；特征包括不可完全转让性、公共物品性和生产性；将社会资本从个人为中心提升到以社会为中心；提出"三种资本和五种社会资本"形式；人际关系结构是社会资本存在的主要载体 | 功能论代表；以社会为中心 | |
| Putnam, R. D. | 强调公民"参与合作"；信任等社会规范受社会互动网络的积极影响；分析了社会资本的构成维度；区分了两种社会资本，即桥梁社会资本和联合社会资本；构建"普特南框架" | 互动论代表；以社会为中心 | |
| Fukuyama, F. | 把社会资本视为促进社会发展和经济繁荣的价值规范；信任增加能够为创新提供基本条件；家庭和社团是社会资本的两种主要来源；普遍信任（社团）对社会发展具有重要影响 | 规范论代表；以社会为中心 | |
| Portes, A. | 重构社会资本定义；区分了嵌入性中的关系嵌入和结构性嵌入；提出"价值内向投射"和"有限团结"两种社会资本形式；认识到社会资本具有负面影响；认为社会资本是一个能动结果，具有动态性，并包含个体与结构之间的互动互惠；认为规范与价值的内化利于实现个人社会联系的建立 | 网络论代表；以个人为中心 | 厘清社会关系网络与社会资本的关系；梳理社会资本的构成 |

续表

| 代表性人物 | 主要观点 | 派别划分 | 作用 |
|---|---|---|---|
| Lin, N. | 以经济学视角定义社会资本；社会结构式投资行动的嵌入背景；资源获得受网络地位、网络节点异质性、网络关系强度的影响；社会结构、资源、个体行动是社会资本理论体系的三个核心概念 | 资源论代表；以个人为中心 | 厘清社会关系网络与社会资本的关系；梳理社会资本的构成 |
| Burt, P. | 系统研究了"结构洞的社会资本" | 以个人为中心 | |
| Granovetter, M. | 提出"弱关系"理论；对"嵌入性"问题的研究；把权力关系概念引入社会资本 | 以个人为中心 | |

资料来源：根据文献研究整理所得。

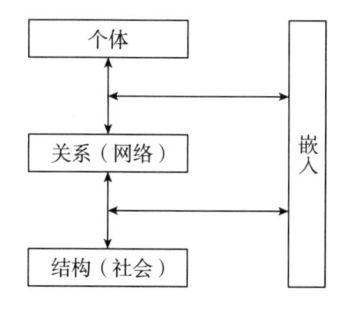

图 2-5 社会资本理论分析框架①

## 二 主要启示

社会资本理论同样为国家重点实验室创新资源捕获过程影响因素研究提供了重要理论支撑和启示：可以将资源基础理论、协同创新理论和创新网络理论中给予国家重点实验室创新资源捕获过程影响因素研究的启示全部纳入社会资本理论提供的分析框架中，即从国家重点实验室自身、国家重点实验室创新资源捕获过程依附关系的属性、国家重点实验室创新资源捕获过程所嵌入的环境、国家重点实验室创新资源捕获过程中嵌入的规范四大模块对国家重点实验室创新资源捕获

---

① 根据本书文献研究整理所得。

过程影响因素展开系统分析，也包括社会资本理论本身所独有的启示，如关系关联方式等。

## 第五节　本章小结

基于内源性视角的资源基础理论为国家重点实验室自主创新能力分析提供了全新研究视角，具体而言：首先，以资源观定义国家重点实验室的本质，这为本书基于资源视角探讨国家重点实验室创新资源捕获过程及其影响因素提供了独特的逻辑起点与理论铺陈。其次，资源基础理论中的一些核心观点，如能力周期理论、能力提升的内源性影响要素等都为本书具体问题的分析提供了重要启示与参考。创新网络理论也为本书国家重点实验室之间、资源之间以及国家重点实验室与资源之间各种关系的构建研究提供了理论基础，进而在为国家重点实验室创新资源捕获过程分析提供了关键切入点（关系）的同时，也为其具体阶段的分析提供了重要参考。创新网络理论中网络结构方面的研究成果也为国家重点实验室创新资源捕获过程影响因素分析提供了重要参考。此外，创新网络理论还为国家重点实验室创新资源捕获过程中的创新资源捕获状态提供了极有价值的启发，即国家重点实验室对创新资源的控制状态不仅表现为"拥有"，还表现为更具弹性的"可用"，这为研究国家重点实验室创新资源捕获过程具体阶段的构成提供了更加开阔的思路。协同创新理论为本书各种基本研究单元（如国家重点实验室、资源等）间的关系研究提供了更为实用的分析工具：在跨越内外等各种界限的基础上突破线性思维，以非线性理念揭示关系间更为一般化的互动"相态"。此理论中的"役使原理"也为厘清国家重点实验室创新资源捕获过程各阶段"相变"或"进迁"的内在规律提供了重要启示。最后，社会资本理论包含的个体、关系（网络）、结构和嵌入四个维度的分析框架在为资源基础理论、协同创新理论和创新网络理论中对国家重点实验室创新资源捕获过程影响因素带来的启示提供整合功能的同时，其本身也为这一问题的研究提供了重要启示。总之，资源基础理论、创新网络理论、协同创新理论和社会资本理论为本书相关研究奠定了坚实理论基础和有力理论分析工具的同时也提供了一系列重要和极具建设性的理论启发。

# 第三章

# 探索性案例分析

目前,尚无文献对国家重点实验室创新资源捕获过程及其影响因素给予系统研究。所以,通过探索性案例分析,从考察国家重点实验室创新资源捕获过程及其影响因素实际情况入手,在摸清具体情况的基础上进行理论提炼,无论对于这一问题的解决还是相应理论的拓展都不失为一条可行路径。

## 第一节 案例研究方法

### 一 案例研究的基本概念与分类

正如殷(1984)所言,案例研究是指在现实生活背景中暂时现象背景下,因为现象与其背景之间的界限不清晰而采用的一种大量运用事例证据(Evidence)来开展经验主义探究的方法。它可以在现象本身难以从背景中分离出来的研究情境中获得其他研究手段所不能获得的数据和经验知识,可以分析多因素影响的复杂现象,还可以满足以构建新理论或精练已有理论中的特定概念为目的的研究需要[①]。

根据不同研究目标,案例研究类型呈现多样性,其中殷(2004)和Eisenhardt(1989)的类型划分最具代表性。殷(2004)将案例研

---

① 余菁:《案例研究与案例研究方法》,《经济管理》2004年第20期。

究分为探索型（exploratory）、描述型（descriptive）和解释型（explanatory）三种；Eisenhardt（1989）将案例研究分为描述型（description）、理论检验型（testtheory）和理论构建型（generatetheory）三种，但是，两者对各自类型划分的依据仅给予了相应的案例或文献说明，均未通过案例研究论文对其划分进行更为深入的结构性揭示，更没有给出统计意义的实证。原长弘等（2011）在深入研究两者划分依据和比较两者优缺点的基础上，基于是否更好概括国内外案例研究文献研究类型，是否更全面和准确反映案例研究目的（理论构建和理论检验）两方面的考虑，认为 Eisenhardt 的分类方法更为妥当，同时详细论述了三种案例研究类型的具体内涵和目标，但并未给予实证支持。苏敬勤等（2011）在框架解构和统计31种期刊1325篇案例研究论文的基础上实证检验了案例研究的三种类型划分：检验型、描述型和探索型，同时也详细分析了这三种案例分析类型的具体内涵。综合以上研究成果，梳理和归纳了如表3－1所示的案例研究主要类型概况。可见，在三种案例研究类型中探索性案例研究侧重案例深度分析和提炼，以建构新理论体系或分析框架。由于本书尝试从新视角探索国家重点实验室创新资源捕获过程及其影响因素，且已有文献尚未形成确切理论假设，所以适合采用探索性案例研究，用以构建初步概念模型。

表3－1　　　　　　　　　案例研究的类型划分

| 案例类型 | 内涵或过程 | 目标 |
| --- | --- | --- |
| 描述型 | 翔实地、客观地描述案例，回答诸如何时、何地、参与者、做了什么、怎样、结果等问题* | 详细描述典型案例* |
| | 基于扎根理论，重点描述典型案例，揭示新问题和新现象** | 准确描述人、事或情景，以揭示新问题和新现象** |
| | 基于扎根理论，重点描述典型案例（回答诸如何时、何地、参与者、做了什么、怎样、结果等问题），揭示新问题和新现象*** | 准确描述案例概况，以揭示新问题和新现象*** |

续表

| 案例类型 | 内涵或过程 | 目标 |
|---|---|---|
| 理论检验型 | 实证、修正或补充所提出的理论框架等* | 说明所提出的理论框架等现实存在* |
| | 验证、补充或修正理论或命题** | 证明所提理论具有有效性** |
| | 验证、补充或修正理论或命题等*** | 证明所提理论等现实存在或有效*** |
| 理论构建型（探索型） | 运用一个或多个案例，根据案例研究中多方面、多渠道收集的实际数据创建新的理论构念、命题和/或中程理论的一种研究方法* | 提出崭新理论（fresh theory）和萌芽理论（nascent theory）* |
| | 围绕研究问题收集和整理相关文献和理论，以提出分析思路或找到切入点，在此基础上选取和收集案例（单个或多个）进行探索性分析、总结和提炼，之后基于案例的探索发现进行理论升华。该模式的另一方法是先用案例探索得出理论框架，后用统计调查法进行验证** | 挖掘出创新性理论** |
| | 围绕研究问题进行相关文献和理论的收集和整理，以提出分析思路或找到切入点，在此基础上选取和收集案例（单个或多个），根据案例研究中多方面、多渠道收集的实际数据进行探索性分析、总结和提炼，之后基于案例的探索发现再进行理论（或命题等）上的升华。该模式的另一方法是先用案例探索得出理论框架，后用统计调查法进行验证*** | 挖掘出创新性理论*** |

注：*指原长弘等（2011）的论述，**指苏敬勤等（2011）的论述，***指本书的归纳。

资料来源：根据文献研究整理所得。

## 二 案例研究的基本步骤与质量

Eisenhardt（1989）将案例研究分为启动、案例选择、拟定技术方法和计划（研究工具和方法的选取）、进入现场（数据收集）、数据分析、形成假设、文献对比、案例结束8个步骤，并在每一步骤中给出了提升研究质量的具体方法；殷（2004）将案例研究分为研究设计、数据收集的前期准备、数据收集、数据分析、撰写研究报告五个步骤，同时将定量分析方法引入其中，此外还分别从内部效度、外部效度、构念效度和信度四个方面入手提出了一系列提升研究质量的具体措施。毛基业等（2008）在总结两者研究结论，结合 Glaser 和 Strauss（1967）、Strauss 和 Corbin（1998）的扎根理论，Miles 和 Huberman（1994）的定性数据分析方法的基础上构建了基于案例研究过程的质量提升规范性指标。Gibbert 等（2008，2010）借鉴殷（2004）的效度和信度体系，也构建了一套基于案例研究过程的案例研究质量提升规范性指标体系。刘庆贤等（2010）在总结了 Eisenhardt（1989）、殷（2004）、毛基业等（2008）、Gibbert 等（2008）及其他研究者研究结论的基础上建立了更为全面、清晰的案例研究质量提升指标体系（也以案例研究过程为基本框架）。

通过对比分析毛基业等（2008）、Gibbert 等（2008，2010）、刘庆贤等（2010）构建的基于案例研究过程的三个案例研究质量提升体系后发现，三个体系的具体指标相似度极高，这说明研究内容已趋于"饱和"，大幅度增量改进空间极小，所以本书将采用刘庆贤等（2010）的研究成果，从案例研究过程和案例研究效度、信度三方面整合这三个体系——信度和效度的界定承继被学术界广泛接受和应用的殷（2004）的基本定义和 Gibbert 等（2008）对其定义的深化认识，见表 3-2。案例研究过程方面，整合 Eisenhardt（1989）、毛基业等（2008）、陈晓萍等（2008）、刘庆贤等（2010）的研究成果，分为研究设计、资料收集、资料分析、研究结论四个部分。整合上述研究成果，结合其他相关文献，本书采用的案例研究过程及其研究质量提升指标体系见附录1。

表 3-2　　　　　　　　案例研究效度和信度的界定

| 维度 | 基本定义（Yin，2004） | 深化认识（Gibbert 等，2008） |
|---|---|---|
| 建构效度 | 对所研究的概念形成一套正确、可操作性的测量 | 提高其效度的实质是提高案例研究中相关概念的概念化程度和定义操作化程度，实际调查所得变量数据能够在多大程度上反映要考察的内容，调查过程能够在多大程度上反映客观实在 |

续表

| 维度 | 基本定义（Yin，2004） | 深化认识（Gibbert 等，2008） |
|---|---|---|
| 内部效度 | 从各种纷乱的假象中找出因果联系，即证明某一特定的条件引起另一特定的结果 | 提高其效度的实质是尽量降低因果关系之外的其他解释，是案例作者通过因果关系、论证、逻辑推理准确导出结论的程度 |
| 外部效度 | 建立一个范畴，把研究结果归纳于该类项下 | 其实质是提高案例分析归纳的普适性，总结出更抽象、更具概括性的理论 |
| 信度 | 案例研究的每一步都具有可复制性，并且如果重复这一研究，就能得到相同的结果 | 其实质是提高案例研究过程的透明度和可靠性、他人重现案例研究结论的程度 |

资料来源：根据文献研究整理所得。

根据附录1，本章的研究步骤主要包括研究设计、数据收集、数据分析和研究结论4个部分，同时案例研究过程中也尽可能满足每个步骤的主要质量要求，以保证较高的研究质量。

**三 案例研究的数据收集**

在案例研究数据收集过程中，首先要确定案例研究的具体方法。实际操作过程中，案例研究方法主要分为两种：单案例研究（Single Case）和多案例研究（Multiple Case）。其中，单案例研究通常用于探索性研究，不适用于理论框架的系统性验证；多案例研究则"能够更好、更全面地反映案例背景的不同方面，尤其是在多个案例同时指向同一结论的时候，案例研究的有效性将显著提高"[①]。本书将综合使用两种方法，一方面借助单案例研究凝练理论模型，另一方面结合多案例研究验证理论模型的可信性，以增强案例研究的有效性。综上所述，本书将选择3个国家重点实验室进行典型性案例分析。其中典型性依据如下。

自1990年国家确立和实施国家重点实验室评估以来，评估制度已历经1996年、1999年、2003年、2008年和2014年5次修订，评

---

① 刘庆贤、肖洪钧：《案例研究方法严谨性测度研究》，《管理评论》2010年第5期。

估方法日益科学与完善,评估结果对国家重点实验室真实发展水平的反映逼近客观,成为相关主体与相关国家重点实验室开展合作的重要参考标准。此外,各领域近2—3次的评估结果显示,国家重点实验室获优连续性很强,出现激励正强化现象。将国家重点实验室获优次数作为案例选择的首要条件有利于确保案例选择的客观性与典型性。同时,还应参照国家重点实验室基础研究、应用基础研究和重大(关键)技术的整体布局,以确保国家重点实验室的结构代表性。此外,还应考虑案例研究"理论饱和"原则和信息、资料获得的可行性及可靠性。最终,在综合考虑以上因素的前提下确定了三个国家重点实验室作为本书的具体案例对象,见表3-3。

表3-3　　　　　　　三个国家重点实验室的基本情况

| 名称 | 研究侧重 | 评估优秀次数 | 依托单位属性 | 主管单位 |
| --- | --- | --- | --- | --- |
| L国家重点实验室 | 基础研究 | 连续6次 | A研究所 | 中国科学院 |
| C国家重点实验室 | 应用基础研究 | 连续4次 | H大学 | 教育部 |
| H国家重点实验室 | 工程关键技术研究与应用基础研究并重 | 连续2次 | T大学 | 教育部 |

注:基于上述三个国家重点实验室的保密化处理要求,三个国家重点实验室及其依托单位的具体名称全部用外文大写字母代替。

资料来源:根据中华人民共和国科学技术部网站(http://www.most.gov.cn/)公布的国家重点实验室评估结果整理所得。

以问题为中心,尽可能扩大资料来源而不事先做出主观判断是案例研究信息收集过程中的重要原则。本书对三个国家重点实验室开展了两轮调研:第一轮调研借助国家重点实验室网站、科技部网站或通过查阅、索取国家重点实验室内部文档和资料,收集和整理三个国家重点实验室的基本信息以及涉及国家重点实验室创新资源捕获过程及其影响因素的相关信息。第二轮调研以访谈为主,主要通过E-Mail、电话和座谈方式进行(为确保被访谈人熟知国家重点实验室,访谈对象定位于国家重点实验室主要负责人、骨干科研人员),聚焦于第一轮调研中无法获得或需要深入了解的相关信息。至于案例分析具体过程，根据 Eisenhardt（1989）建议，首先，单案例内分析（within-Case Analysis），即对每一个探索性案例进行独立的深入分析，揭示各个案例中蕴含的国家重点实验室创新资源捕获过程及其影响因素；其次，跨案例研究（Cross-Case Analysis），即比较和归纳所有案例，揭示国家重点实验室创新资源捕获过程及其影响因素更为一般的规律，提出初始研究假设。

## 第二节　L国家重点实验室[①]

### 一　L国家重点实验室创新资源概况

A 研究所是 L 国家重点实验室的依托单位。L 国家重点实验室的前身于 1985 年成立（同年 9 月正式对外开放，是中国科学院首批边建设、边开放的实验室之一），1990 年正式获批国家重点实验室建设，1992 年完成验收。L 国家重点实验室研究性质定位为基础研究，并不断向应用基础研究和应用研究拓展。总体定位确立后经学术委员会讨论最终确立了 4 个核心研究领域。经过近 30 年的发展[②]，L 国家重点实验室已经成为蜚声国内外的科研机构，并在 1988 年、1992 年、1996 年、2000 年、2005 年、2010 年国家重点实验室评估中成为该领域首个连续 6 次获得优秀的国家重点实验室。L 国家重点实验室在 1990 年被国家计委和中科院授予"先进集体称号"，1994 年获国家计委"金牛奖"，2004 年获科技部"国家重点实验室计划先进集体"，2011 年获科技部"'十一五'国家科技计划执行优秀团队奖"。2013 年，L 国家重点实验室主持或参与的"973 计划"、"863 计划"、国家科技重大专项和国家自然科学基金项目等国家任务近 100 项；被 EI 和 SCI 检索的文献数量共计 144 篇。截至 2013 年年底，L 国家重点实

---

① 若无特殊说明，本节及后两节案例分析中使用的所有原始数据均来源于相应国家重点实验室的官方网站或在调研中获取的内部资料。

② 本书将 1985 年作为 L 国家重点实验室的成立时间，因其从建室开始就以国家重点实验室的标准筹建与运营，并参加了历次国家重点实验室评估。

验室共荣获国家级和省部级奖励30项，其中自然科学二等奖3项、三等奖3项，科技进步奖一等奖1项、二等奖3项，中科院一等奖11项（自然科学奖6项，科技进步奖5项）。学生培养方面，2013年该实验室出站研究生22人，博士后2人，其中3人获得全国百篇优秀博士论文奖。上述成就离不开L国家重点实验室雄厚创新资源的支撑，下面主要从人力资源、财力资源、物力资源和知识资源四个方面深入分析L国家重点实验室的创新资源格局。

首先，人力资源。2013年L国家重点实验室科研人员共计109人，其中固定科研人员90人，流动科研人员19人，两者比率约为4∶1。研究人员中中国科学院院士5人、国家杰出青年基金获得者4人、中国科学院"百人计划"4人，即优秀人才共计12人（荣誉重复者视为1人），占固定科研人员总数的13.3%。此外，L国家重点实验室还拥有国家自然科学基金创新研究团队1个。固定科研人员与流动科研人员的年龄、职称、最高学位及其授予单位情况，分别见表3-4、表3-5、表3-6和表3-7。可见，L国家重点实验室科研人员以中青年、高级职称的博士学位获得者为主，且65.9%的最高学位授予单位是依托单位A研究所。从固定科研人员年龄和职称分布来看，L国家重点实验室形成了"金字塔"式的科研队伍结构。

表3-4　　　　L国家重点实验室科研人员年龄分布情况

| 年龄＼人员 | 固定科研人员 | | 流动科研人员 | |
| --- | --- | --- | --- | --- |
| | 人数（位） | 比例（%） | 人数（位） | 比例（%） |
| 29岁及以下 | 8 | 8.9 | 0 | 0 |
| 30—39岁 | 41 | 45.6 | 10 | 55.6 |
| 40—49岁 | 24 | 26.7 | 3 | 16.7 |
| 50—59岁 | 11 | 12.2 | 1 | 5.6 |
| 60岁及以上 | 6 | 6.7 | 4 | 22.2 |
| 总计 | 90 | 100 | 18 | 100.1* |

注：流动科研人员中一人年龄无法统计，故人数是18人；*处因取小数点后一位且采用四舍五入法，所以各分项百分比之和可能不等于100%。全书同。

资料来源：根据本书调研资料统计分析整理所得。

表3-5　　　L国家重点实验室科研人员职称分布情况

| 　　　　人员<br>职称 | 固定科研人员 | | 流动科研人员 | |
|---|---|---|---|---|
| | 人数（位） | 比例（％） | 人数（位） | 比例（％） |
| 正高级 | 29 | 32.2 | 7 | 36.8 |
| 副高级 | 21 | 23.3 | 4 | 21.1 |
| 中级 | 40 | 44.4 | 7 | 36.8 |
| 初级 | 0 | 0 | 1 | 5.3 |
| 总计 | 90 | 99.9* | 19 | 100 |

资料来源：根据本书调研资料统计分析整理所得。

表3-6　　　L国家重点实验室科研人员最高学位分布情况

| 　　　　人员<br>学位 | 固定科研人员 | | 流动科研人员 | |
|---|---|---|---|---|
| | 人数（位） | 比例（％） | 人数（位） | 比例（％） |
| 博士 | 79 | 87.8 | 17 | 89.0 |
| 硕士 | 5 | 5.6 | 2 | 10.5 |
| 本科 | 2 | 2.2 | 0 | 0 |
| 其他 | 4 | 4.4 | 0 | 0 |
| 总计 | 90 | 100 | 22 | 99.5* |

资料来源：根据本书调研资料统计分析整理所得。

表3-7　　　L国家重点实验室科研人员最高学位授予单位分布情况

| 　　　　人员<br>单位 | 固定科研人员 | | 流动科研人员 | |
|---|---|---|---|---|
| | 人数（位） | 比例（％） | 人数（位） | 比例（％） |
| A研究所 | 58 | 65.9 | 2 | 10.5 |
| 国内科研院所 | 13 | 14.8 | 1 | 10.5 |
| 国内高校 | 14 | 15.9 | 10 | 52.6 |
| 国外高校 | 3 | 3.4 | 4 | 21.1 |
| 国外科研院所 | 0 | 0 | 1 | 5.3 |
| 总计 | 88* | 100 | 19 | 100 |

资料来源：根据本书调研资料统计分析整理所得。

其次，财力资源。截至 2013 年，L 国家重点实验室建设经费累计投入 2141 万元。2008—2013 年，L 国家重点实验室专项经费年均保持 1300 万元左右（不包括仪器设备费）。如图 3-1 所示，L 国家重点实验室 2005—2013 年的科研经费出现明显波动（2011 年出现波峰），尽管如此，图 3-1 中的指数趋势线依然说明，从长时间跨度看，L 国家重点实验室科研经费总量增加趋势显著。

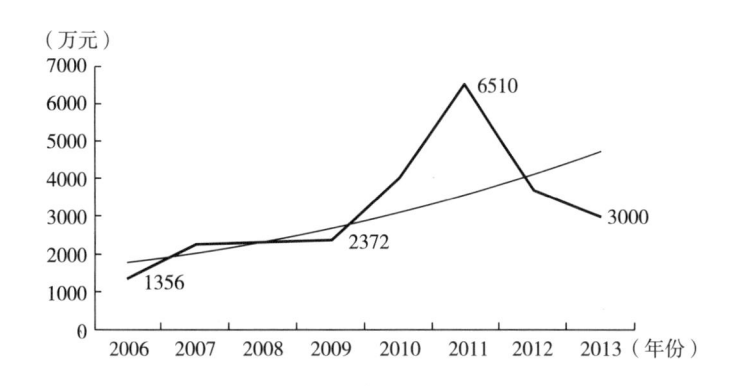

**图 3-1　L 国家重点实验室科研经费变化情况**①

再次，物力资源。科研仪器和设备、办公场所是 L 国家重点实验室物力资源的主要构成。截至目前，L 国家重点实验室拥有办公场所 3800 平方米，科研仪器、设备总价值已达 6514 万元，其中超过 30 万元的科研仪器设备 10 套。同时，L 国家重点实验室办公场所和几乎所有的科研仪器、设备都布局在依托单位 A 研究所。

最后，知识资源。一是 L 国家重点实验室与 A 研究所共享图书、文献等科研资料。A 研究所图书馆是目前国内拥有 L 国家重点实验室所在学科领域图书资料比较齐全的专业化图书馆，已成为国内这一专业的重要文献收藏与文献检索中心。目前，该馆馆藏书目有 3.5 万余册，期刊 115 种，其中一些 L 国家重点实验室核心研究领域的重要参考期刊馆藏周期很长，这为 L 国家重点实验室开展相关研究提供了重要知识支撑。

---

① 根据本书调研资料统计分析整理所得。

二是 L 国家重点实验室自身知识持续累积和扩充。2009—2013 年发表且被 EI 或 SCI 检索收录的论文已达 600 余篇。三是 L 国家重点实验室还拥有专业科学数据库，主要用于收集、整理该实验室科学研究的常用数据，并提供了进一步数据开发所需的网络化科研环境。目前这一数据库主要包括 4 个子数据库且系统数据总量已接近 1390GB，在线数据已达 600GB。四是学术交流活动为 L 国家重点实验室知识资源尤其隐性知识（Tacit Knowledge）的储备提供了有利条件。2013 年 L 国家重点实验室先后主办或承办 3 次全球性学术会议，实验室科研人员在全国大型学术会议上做特邀报告 14 次，在全球大型学术会议上做特邀报告 6 次，国内外来室、出室讲学分别达到 66 次和 28 次，参加国内外会议 184 次。五是 L 国家重点实验室依托项目或学术合作为自身补给知识资源。2013 年 L 国家重点实验室分别新增或在研省部级以上课题（项目）共计 93 项，开放性课题落实 8 项；同时，实验室还与中国国家超级计算天津中心建立"超算联合实验室"，为 L 国家重点实验室通过数值模拟获取科学结果提供了强大的技术支持。六是 L 国家重点实验室形成了独具特色的知识体系，为实验室开展相关研究提供了独一无二的知识储备，例如一些算法、定律、预测系统的提出、构建等。

## 二 L 国家重点实验室创新资源捕获过程的阶段性特征

建设 L 国家重点实验室源于国家战略与学科发展综合需求的驱动。从宏观国家战略需求来看，为加快我国社会主义现代化建设，增强我国基础研究与应用基础研究原始创新能力，在结合国家发展战略目标的前提下，我国于 1984 年正式启动国家重点实验室建设计划。从微观学科发展来看，A 研究所早在 1985 年就已成立 L 国家重点实验室前身，发展至今 L 国家重点实验室已经成为科研仪器先进、学术队伍精干、某些科研成果处于世界领先水平的具有重要国际影响力的科学研究和人才培养基地。创新资源的不断积累为 L 国家重点实验室取得目前一系列重大成就奠定了坚实的资源基础。L 国家重点实验室创新资源积累过程中的创新资源捕获过程阶段性特征明显，具体表现如下所述。

(一) 阶段一

1984年，我国正式开始国家重点实验室建设计划，并在教育部科技司组织对南京大学"固体微结构物理实验室"等5个实验室论证后统一了思想，认为通过筹建国家重点实验室提升我国科技创新能力的路径是可行的。在这一宏观背景下，中国科学院在A研究所下设了一个开放性实验室，即L国家重点实验室的雏形。1990年，L国家重点实验室正式成立。

L国家重点实验室正式成立之前，国家建设重点实验室的资源投入实践和L国家重点实验室雏形运行过程中的创新资源获取方法都为A研究所提供了诸多筹建国家重点实验室过程中捕获创新资源的重要经验参考，例如财力资源方面，国家计划供给是当时国家重点实验室筹建与运营的主要资金获取方式；人力资源方面，A研究所细致地分析了当时所内已有科研人员的基本概况；知识积累方面，A研究所的地转适应理论研究和数值模拟研究在国内外相关研究领域中处于领先地位。这些都为A科研院所筹建L国家重点实验室应该捕获哪些创新资源提供了重要信息参考。

随着我国宏观环境的变化，国家重点实验室创新资源聚集方式发生了重大改变：计划投入方式逐渐居于次要地位，竞争方式日益占据主导地位。以科研项目经费为例，L国家重点实验室建立之初由于科研单位数量较少，科研项目申请量不多，科研经费配置以国家计划分配为主，这使科研项目之间缺乏必要竞争，加之L国家重点实验室在该领域内优势明显，致使科研经费竞争并不激烈，并没有给L国家重点实验室造成竞争压力。发展至今，形势已然发生深刻改变，无论从科研单位数量还是科研单位间的研究水平上看L国家重点实验室都已面临激烈竞争，加之国家逐步淡化资金计划分配方式代之以科学的国家重点实验室管理规则尤其是其中的淘汰制度，使L国家重点实验室本身就已面临不进则有可能被淘汰的风险，在此背景下在激烈竞争中尽可能多地捕获创新资源成为L国家重点实验室健康、安全发展的关键。基于这一现实考虑，L国家重点实验室通过不断扩充创新资源信息来源来拓展创新资源捕获范围的方法实现了创新资源的增量发展，有效化解了创新资源激烈竞争与增量发展之间的张力。以L国家重点实验室财力资源捕获为例：L国家重点实验室一方面不断提升国家相关课题信息收集质量为尽可能获得国家课题、项目资助提供依据，另一方面不断扩充信息搜索范围，将横向课题甚至国际合作课题信息搜索也纳入进来，最终实现了创新资源的可持续性增长——2005年至今L国家重点实验室除了从国家科研项目中获取资金支持外，还从与其他科研单位合作和参与国际合作项目中捕获了额外科研经费，包括13项横向课题（约230万元）和10项国际合作课题（约280万元)[①]。此外，L国家重点实验室设置了"学术顾问委员会"，委员会成员由国内外知名专家组成，L国家重点实验室借助这一委员会不仅能在第一时间内了解本领域科研前沿信息，以确保实验室研究方向的先进性和前沿性，而且还通过这些知名学者为L国家重点实验室提供了丰富的室外研究人员信息，为实验室以全球视角招揽优秀人才提供了不可或缺的信息来源。

（二）阶段二

L国家重点实验室正式建室之前，几乎所有创新资源都由国家给予刚性配置，创新资源取舍问题并不突出，实验室专注于资源再分配。目前面对创新资源来源渠道多元和储量空前丰富的新背景，L国家重点实验室转变了创新资源捕获思维，实现了创新资源捕获由量到质的转变，这一转变主要体现在以下几个方面：

首先，财力资源。科研项目是国家重点实验室经费来源的主要渠道，然而固定有限的实验室人员设限了课题申请量的上限，进一步限制了实验室科研经费的可持续增长。如何在人员有限的情况下尽可能扩大科研经费成为L国家重点实验室面临的重要问题。统计分析L国家重点实验室2013年申请成功和在研科研项目（包括作为参与单位身份的科研项目）后发现：省部级以上课题占总课题量的98.2%，其中国家级课题又占省部级以上课题量的88.2%，且这些课题全部基于L国家重点实验室的研究特色与优势领域。可见，在解决人员申请

---

① 仅指资金来源于国外的合作项目。

课题量存在极限与尽可能扩展科研经费这一矛盾上，L国家重点实验室主要采取了以下举措：一是衡量不同类型课题后确定以省部级以上课题申请为主，其他课题申请为辅的务实策略；二是在省部级以上课题申请中以国家级课题申请为核心；三是申请项目突出L国家重点实验室的研究特色与优势以尽可能地增加中标率。

其次，人力资源。一是细致考察L国家重点实验室所需人才结构并以此作为选人、用人的依据，即使在人才匮乏的建室时期L国家重点实验室也是根据建室需求选拔人才，如曾教授、吴教授、黄教授、王教授都在这一时期进入实验室，并在L国家重点实验室的发展历程中切实起到了奠基人的作用。二是根据实验室发展趋势不断完善人员招聘规范，如《L国家重点实验室固定成员管理条例》明确规定了固定科研人员的聘任条件，主要包括：

固定成员应是在职的、具备高级职称的、对实验室发展有重要贡献的科研人员和技术管理人员。其中科研人员应了解和掌握本学科国内外最新动向和发展趋势，做出高水平研究工作，参与国际竞争；高级技术管理人员应是实验室技术管理支撑系统的骨干力量。从2001年起，增聘的固定科研人员必须具有博士学位，固定技术管理人员必须具有硕士以上学位。出国一年以上的固定成员，在出国期间仍有署名L国家重点实验室的研究成果发表将继续保留其固定成员资格，否则视为自动放弃L国家重点实验室固定成员资格。如果在研究所批准的时间内按时回国，将自动恢复其固定成员资格，否则将需重新申请……[①]

最后，知识资源方面。本书分析L国家重点实验室《X联合研究计划》相关文件后发现，L国家重点实验室提出新研究方向时考虑的主要标准包括：①学科发展前沿；②国外科研计划进展；③我国战略需求；④实验室已具备某一领域内的科研优势与特色；⑤拥有一定的学术积累。其中①④⑤都是对知识资源的考察，可见准确估量知识资源格局是L国家重点实验室确立科研方向的前提与基础。

---

① 根据本书调研资料整理所得。

(三) 阶段三

为尽可能捕获创新资源，L 国家重点实验室通过各种渠道与创新资源建立联系，目前来看 L 国家重点实验室与创新资源构建关联的方式总体上分为两种：正式渠道和非正式渠道。

正式渠道主要包括：一是科研项目（课题）的申请。申请科研项目一直是 L 国家重点实验室构建与财力资源联系的主要方式。二是人员公开选拔。L 国家重点实验室主要通过两种方式实现与人力资源的关联：一种是公布人员招聘或招生信息，以较为被动的方式与人力资源构建关联；另一种方式是通过 L 国家重点实验室在室人员（包括流动科研人员）的各种社会关系锁定 L 国家重点实验室所需人才，之后直接联系、招录这些人员。三是科研仪器、设备及办公场所基建项目的招标。科研仪器、设备与办公场所基建方面，国家有明确的文件予以规范和指导，所以在实践中公开招标一直是 L 国家重点实验室与这些物力资源构架联系的主要方式。四是学术交流、学术期刊任职和学术组织任职。2013 年，学术交流方面 L 国家重点实验室国内外来室、出室讲学分别达到 66 次和 28 次，参加国内外会议 184 次；期刊任职方面 17 位 L 国家重点实验室科研人员在国内 8 个、国外 5 个期刊担任副主编、编委、常务编委等职务；学术组织任职方面 9 位 L 国家重点实验室科研人员在国外 14 个学术组织担任主席、副主席、执行秘书长、委员等职务。频繁的学术交流活动和在国内外学术期刊、组织中的任职为 L 国家重点实验室在第一时间内获取最为前沿的知识资源提供了重要支撑。

非正式渠道主要是私人社会资本的运用：一是学术关系。例如，L 国家重点实验室设置的"学术顾问委员会"——学术顾问委员会不是 L 国家重点实验室的常规组织，是 L 国家重点实验室借助学术关系建立的一种松散组织，组织成员囊括了国内外相关领域的著名专家学者，L 国家重点实验室也正是借助这一组织充分发挥了国内外知名专家在确定、修正、调整或改变实验室研究方向上的建设性作用。二是归属情结。从 L 国家重点实验室现有固定科研人员最高学历授予单位来看，如表 3-7 所示，65.9% 是由 A 研究所授予，这说明母校情结无论对于应聘者的应聘结构还是招聘者都产生了显著影响。此外，师生关系进一步巩固和强化了这一情结，例如，在 L 国家重点实验室成立的各种创新团体中，原有师生关系是创新团体形成的重要原发力量和稳定器。总之，归属情结成为了 L 国家重点实验室人力资源捕获过程中关系关联的重要桥梁。

以上论述尽管明确划分了联系关联方式，但实践中这些方式混合产生作用。例如，学术交流对构建国家重点实验室与知识资源、人力资源的联系都产生了重要影响——某些固定科研人员通过学术交流活动了解 L 国家重点实验室，并最终成为该实验室的一员；看似刻板的科研仪器、设备招标过程也有很大的私人社会资本介入——这些私人社会资本可以让购买者在众多供应商面前较为容易地确定出哪套科研仪器、设备更好。

（四）阶段四

L 国家重点实验室与相关创新资源构建联系后有的直接进入该实验室，但仍有很大一部分游离于实验室之外，为方便称谓将这些不属于 L 国家重点实验室却被 L 国家重点实验室运用的创新资源命名为"裙带资源"。开放式创新成为目前主流创新模式的背景下，这些裙带资源为 L 国家重点实验室的各项发展提供了重要资源支撑，同时这些资源本身也成为 L 国家重点实验室捕获新创新资源的重要中介。目前，L 国家重点实验室利用这些裙带资源的方式主要包括以下几种：

一是开放课题。L 国家重点实验室借助开放性课题撬动了更为庞大的裙带资源：①聚集更多财力资源。L 国家重点实验室批准开放性课题后，课题申请人所在单位往往给予课题资金辅助，这间接为 L 国家重点实验室相关课题的延伸性研究补充了资金。②利用 L 国家重点实验室自身所不具备的科研仪器、设备。例如，L 国家重点实验室与中国国家超级计算机中心合作过程中可以借助该中心的"天河一号 A"超级运算设备开展大数据模拟运算，为实验室相关科研活动提供运算支撑。③利用国内外优秀人才。例如 L 国家重点实验室"学术顾问委员会"中国际著名学者助力于实验室研究方向的把控等。④建立广泛联系，进一步扩大 L 国家重点实验室的裙带资源存量。例如，《L

国家重点实验室开放课题管理办法》明文规定"开放课题申请人应为中科院 A 所以外的科研人员，申请人必须与 L 国家重点实验室的一名固定成员合作"，这为 L 国家重点实验室通过开放性课题强化、拓展与室外资源的关系提供了制度化规定与保障。

二是科研合作项目。以 L 国家重点实验室 2013 年申请或在研的"863 计划""973 计划""国家科技重大专项"和"国家科技支撑计划"为例，几乎全部由 L 国家重点实验室与其他单位合作申请与承担。国际合作项目更是如此，无论在资金方面还是在科研人员、科研仪器设备和知识资源等方面，以小资源带动大资源的资源聚集方式为 L 国家重点实验室科研活动提供了更为充足的资源支撑。此外，邀请国外知名科研人员来室讲学、授课、培训也成为 L 国家重点实验室利用室外人力资源、知识资源的重要途径，例如仅 2013 年就有 44 次国内外知名学者来室讲学。

（五）阶段五

L 国家重点实验室与创新资源构建联系后（或经过第四环节后），创新资源捕获进入下一阶段，此环节的表现较为直接和明显：

第一，经费划拨。课题或项目成功获批后大量经费资源依据申请书相关规定和程序不断注入 L 国家重点实验室。如前所述，科研项目获批带来的科研经费是 L 国家重点实验室获得财力资源的主渠道，几乎占到实验室所有经费总额的 70% 左右，这一经费的注入为 L 国家重点实验室的正常运转提供了最为核心的财力资源支撑。第二，人员招聘。基于前述人力资源关系构建方式，人力资源流入 L 国家重点实验室的方式主要分为两种：一是研究生招生；二是研究室固定科研人员聘用。两种人力资源引入方式及程序都比较成熟和固定。相较而言，科研人员尤其是固定科研人员的聘用渠道更为丰富，例如包括依托单位 A 研究所的公开招聘，依据该实验室课题负责人从事研究所需的人才推荐等。第三，办公场所的建设与使用。A 研究所给予了 L 国家重点实验室办公场所的大力支持，由图 3-2 可见从 2005—2013 年 L 国家重点实验室办公场所面积不断增加。第四，科研仪器、设备的购买。截至 2013 年 L 国家重点实验室拥有 30 万元以上各种科研仪器设备11套，其中9套购买自国内企业，2套购买自美国。第五，资料、数据库的共享。一是L国家重点实验室与A研究所共享图书馆文献资料数据库，截至2013年12月L国家重点实验室与A研究所共有馆藏书目约3.5万余册，期刊115种，国内外数据库31个；二是L国家重点实验室与A研究所共有10个大型数据共享平台，数据存储总量已接近1390GB，在线数据达到600GB，这为L国家重点实验室开展相关领域的前沿科学研究提供了丰富数据基础。

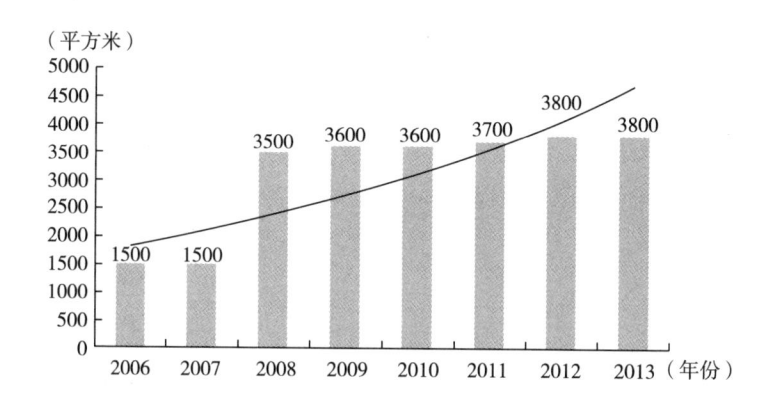

图3-2 L国家重点实验室办公场所面积趋势①

尽管上述不同创新资源引入方式之间存在明显差异，但源于创新资源间的粘连性使创新资源引入方式之间产生了显著叠加效应。例如，人力资源的引入不仅利于充实L国家重点实验室科研队伍，还有利于丰富以人力资源为载体的隐性知识，主要包括科研思维、视角、方法、手段、前沿知识储备等，这些隐性知识对优化知识生态，涵养知识驱动潜力具有不容忽视的重要作用；更为明显或直接的是科研经费与科研人员的同步性——有的科研人员携带科研项目入职L国家重点实验室，与之配置的财力资源也随之转移至该实验室。总之，L国家重点实验室创新资源的引入方式兼具针对性和叠加性。

---

① 根据本书调研资料统计分析所得。

## （六）阶段六

大量创新资源的涌入给L国家重点实验室提出了另一个重要问题，即如何发挥新引入创新资源的最大效能？L国家重点实验室主要通过以下几项措施实现了新引入创新资源的重组，使其更适合L国家重点实验室关注基础研究的实际需求。

首先，财力资源。依据财力资源核心用途，国家重点实验室引入的财力资源主要分为科研经费、建设费用和开放运行费用三类。其中，由于建设经费和开放运行费用主要涉及基建、设备仪器消耗、实验室日常运行消耗和实验室开放运行费用等实验室刚性消耗，且这些费用又有明确的国家文件予以指导和规范，所以这些费用的获得和使用比较固定和明确。尽管科研经费也有明确的规定予以规范，但由于科研属性的灵活性而使其具有了可调控性，例如，L国家重点实验室科研经费投入结构设置如下：一是布局自由探索类项目，用于实验室各类前沿性研究方向的初步探索；二是L国家重点实验室常规类科研项目（主要包括国家级项目、省部级项目、横向项目和国际合作项目），用于实验室传统和优势研究领域的巩固与发展，此类项目经费投入又细分为两大类：一类是完成项目所必需的经费投入；另一类是项目衍生费用投入，这一部分主要涉及申请项目衍生研究方向的探索。总之，L国家重点实验室科研经费分配具有以下特点：在保证相关项目顺利结题的同时，也要注重对实验室未来研究方向的探索。

其次，人力资源。如表3-8所示，L国家重点实验室为实现新引入人力资源的重组与整合主要采取了以下措施：首先，L国家重点实验室根据自身优势研究领域所需选拔固定科研人员，以进一步强化实验室研究特色与优势；其次，L国家重点实验室充分利用流动科研人员进一步增补实验室核心、优势研究领域的同时，也在与实验室4个核心研究领域相关的研究方向上展开布局，以更好地保持实验室研究领域和方向的开放性、前沿性和弹性。总之，L国家重点实验室通过合理布局科研人员，一方面凝练与巩固了实验室研究方向，另一方面也为实验室不断调整与升级研究内容与方向提供了弥足珍贵的前期探索。

表 3-8　　　L 国家重点实验室科研人员专业构成情况
（名称全部用字母表示）

| 固定科研人员 | | 流动科研人员 | |
|---|---|---|---|
| 专业 | 人数（位） | 专业 | 人数（位） |
| DW 学 | 8 | QX 学 | 8 |
| DL 学 | 7 | JS 学 | 3 |
| QH 学 | 39 | WH 学 | 2 |
| TD 学 | 21 | — | — |
| DQ 学、WH 学、HQ 学、JS 学、QB 学、QD 学、QM 学、SZ 学、TJ 学 | 15 | HG 学、DD 学、DW 学、DH 学、DL 学、JSJ 学 | 6 |

资料来源：根据本书调研资料统计分析所得。

最后，科研仪器、设备与基建方面。单价 30 万元以上的科研仪器、设备全部直接服务于实验室数据存储和计算；知识资源方面，L 国家重点实验室充分借助科研团队整合知识资源，使其更适合实验室实际所需，同时培育了 1 个国家级创新团队。

（七）阶段七

整合创新资源后 L 国家重点实验室进一步充分吸收这些创新资源，这一环节主要表现为：L 国家重点实验室全面掌握和有效利用各种新购买、引进科研仪器、设备，例如实验室仪器、设备及时率均值维持在 600% 左右；L 国家重点实验室充分理解和使用各种知识资源，例如实验室对其所拥有的大型数据库的超运算使用；L 国家重点实验室充分使用已注入财力资源，例如实验室 2012 年财务总收入为 5005 万元，支出为 4953 万元，结余为 52 万元，基本实现收支平衡。

（八）阶段八

历经上述阶段，创新资源基本实现了对 L 国家重点实验室各项科研创新工作的有效支撑，然而研究中发现创新资源捕获过程并未结束而是进入了下一捕获环节，主要表现在以下几个方面。

首先，人力资源。L 国家重点实验室对人力资源的吸收程度不仅可以通过论文发表量、课题申请量等指标来衡量，还可以通过科研人员在 L 国家重点实验室期间从一般人员向人才的转变得到更为全面的反映，因为从一般科研人员到人才的转变往往需要更长的时间，而这一时间本身就是对 L 国家重点实验室人力创新资源吸收完成及之后其相变能力更为客观和有力的证明。以下以较早进入 L 国家重点实验室且目前仍置身科研一线的 5 位科研人员为例予以佐证，见表 3-9。

表 3-9　　L 国家重点实验室人力资源荣誉称号的获得年份

| 人员编号 | 入室时间（年份） | 中国科学院院士荣誉获得时间（年份） |
| --- | --- | --- |
| H | 1985 | 1991 |
| W | 1985 | 1997 |
| L | 1987 | 2001 |
| S | 1991 | 2011 |
| M | 1993 | 2007 |

注："入室时间"指科研人员进入 L 国家重点实验室的时间。
资料来源：根据本书调研资料统计分析所得。

其次，财力资源。L 国家重点实验室 2013 年各项经费收入总和约 3997.5 万元，这些投入转化成了 218 篇被 EI、SCI 检索收录的论文，实现了科研仪器设备的更新升级。总之，L 国家重点实验室的财力资源在实验室吸收完成后转变为更为先进的科研设备、更为雄厚的科研知识储备和更为鲜明的研究特色。

最后，物力资源和知识资源。L 国家重点实验室的办公场所、科研仪器与设备在实验室充分吸收后相变为优良的科研硬件条件。至于知识资源方面，学术论文、学术专著等大批科研成果的涌现成为知识资源相变的重要体现，相变过程中知识资源实现了再创新甚至原创新，例如 L 国家重点实验室在引进 S 模式的基础上形成了独具我国特色的"D 过程模式"，还在研究某算法在某方程数值求解中作用的基础上原创性地提出了居于世界领先水平的 X 法等。

（九）阶段九

当 L 国家重点实验室创新资源捕获过程的第八个环节完成后，L 国家重点实验室创新资源出现"集聚"现象，主要表现在两个方面。

首先，创新资源出现自我累积现象。财力资源方面，L 国家重点实验室科研经费金额已从 2005 年的 1356 万元波动递增至 2013 年的 3000 万元（见图 3-1），这一变化仅指 L 国家重点实验室拥有的资金额，若将实验室占有的裙带财力资源考虑在内，财力资源规模将更为庞大。人力资源方面，由表 3-10 可见，L 国家重点实验室固定科研人员数量稳步增加，流动科研人员在 2010 年出现波峰，整体来看科研人员数量在增加到 110 名后趋于稳定。人才资源表现出逐年增加趋势，人才比率（人才数/固定科研人员数）虽在 2013 年出现较为明显的下降，但 2005—2012 年 L 国家重点实验室人才比率一直处于上升趋势。此外，尽管 L 国家重点实验室的人才比率处于同研究领域内国家重点实验室的下游水平，但从院士 5.6% 的比例来看（院士总数/固定科研人员数），L 国家重点实验室在 46 个同领域国家重点实验室中排名第 4。同样，科研仪器设备也呈现出显著自我累积效应，见图 3-3（以其价值总额进行计算）。若以学术论文发表（被 EI 或 SCI 检索收录）量佐证 L 国家重点实验室知识资源的自我累积情况，图 3-4 给出了较为翔实的刻画。总之，L 国家重点实验室的人力资源、财力资源、物力资源和知识资源都呈现出增量发展态势，进一步证实 L 国家重点实验室已然吸收、利用的创新资源不仅有利于实验室实现现有科研创新目标，而且以自我累积的方式为实验室捕获了更多创新资源。

表 3-10　　　　L 国家重点实验室人力资源的变化情况

| 年份 | 固定科研人员（位） | 流动科研人员（位） | 总计（位） | 院士（位） | 其他人才类型（位） | 总计（位） | 人才比例（%） |
|---|---|---|---|---|---|---|---|
| 2006 | 52 | 20 | 72 | 4 | 2 | 6 | 11.5 |
| 2007 | 55 | 32 | 87 | 5 | 3 | 8 | 14.5 |
| 2008 | 53 | 24 | 77 | 4 | 4 | 8 | 15.1 |
| 2009 | 60 | 30 | 90 | 4 | 5 | 9 | 15.0 |
| 2010 | 66 | 42 | 108 | 4 | 6 | 10 | 15.2 |
| 2011 | 78 | 32 | 110 | 5 | 7 | 12 | 15.4 |
| 2012 | 81 | 20 | 101 | 5 | 8 | 13 | 16.1 |
| 2013 | 90 | 19 | 109 | 5 | 8 | 13 | 14.4 |

资料来源：根据本书调研资料统计分析所得。

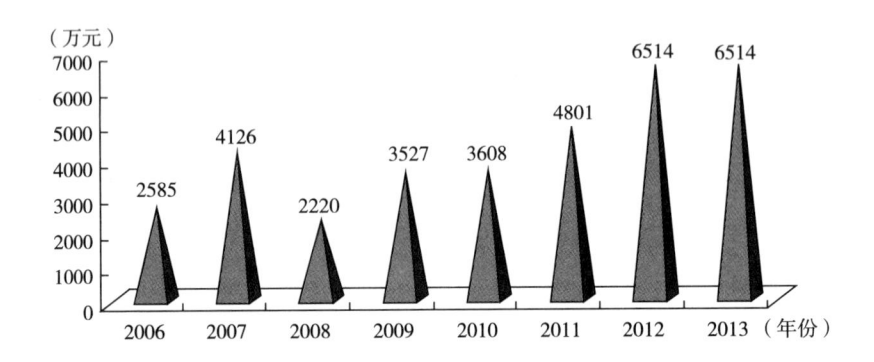

图 3-3　L 国家重点实验室科研仪器、设备总值变化①

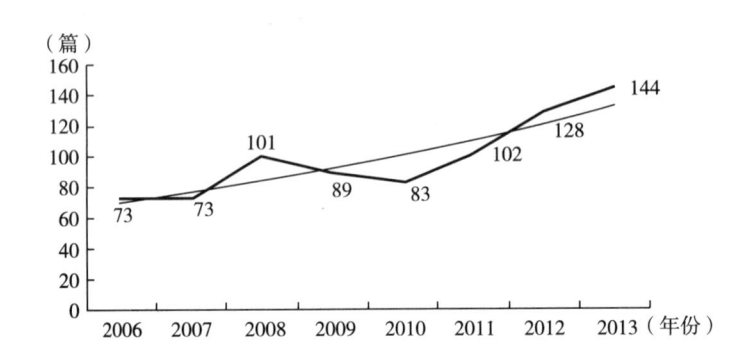

图 3-4　L 国家重点实验室学术论文数量变化②

其次,创新资源之间呈现相互牵引现象。例如,L 国家重点实验室科研经费不仅为顺利结项提供了财力保证,而且在这一过程中还牵引、升级甚至培育了其他创新资源,主要包括先进科研仪器、设备的购买,项目研究过程中优秀人才的引进与培养,项目研究过程中相关知识的积累等;人力资源质量的不断提升进一步带动了科研经费的一路攀升和知识资源的加速积累;蕴含"资源效能发挥—评估获得优秀—追加资源投入"运行逻辑的实验室专项基金激励机制体现了创新资源的衍生功能——L 国家重点实验室自建室至今的 6 次评估中均

---

①　根据本书调研资料统计分析所得。
②　根据本书调研资料统计分析所得。

获得优秀,相应的专项基金获得数量明显高于其他在评估中获得一般等级的实验室,以 L 国家重点实验室 2009—2013 年 5 年间获得的专项经费来看,每年的专项经费获得量维持在 1300 万元(不包括设备更新费用),这比一般实验室高出约 300 万元(该室所属学科领域内)。总之,L 国家重点实验室创新资源之间具有较强的相互牵引性,这为实验室保持创新资源的可持续增量发展提供了另一重要保障。

综上所述,L 国家重点实验室创新资源捕获过程主要经历了以上 9 个细分阶段,但随着更高科研水平对创新资源需要质量的提升,L 国家重点实验室创新资源捕获进入了新一轮更高层次的循环——L 国家重点实验室创新资源捕获过程如图 3-5 所示。

### 三 影响 L 国家重点实验室创新资源捕获过程的因素

综合案例分析,影响 L 国家重点实验室创新资源捕获过程的因素主要包括以下几个方面:

第一,领导重视。L 国家重点实验室是我国启动国家重点实验室计划的先锋团队之一,作为开拓者在核心领导带领下不断探索是 L 国家重点实验室构建、完善创新资源捕获过程的核心支撑要素,具体体现为 L 国家重点实验室建室之初面对创新资源匮乏境地时,国家层面主要负责人通过各种政策倾斜尽可能增加国家重点实验室创新资源获取基数,依托单位层面领导统筹配置单位创新资源以尽可能保障实验室顺利运行,实验室领导通过开拓多样化捕获渠道增加创新资源捕获范围;实验室后续发展中实验室领导更加注重优化创新资源捕获过程,以尽可能实现创新资源"又多又好的"获得。

第二,多样化创新资源捕获渠道。如案例中所示无论是项目申请、人员招聘、设备购买、学术会议等各种制度化正式渠道,还是人际关系等各种非正式渠道都对 L 国家重点实验室建立与创新资源间的关联产生了重要作用,这也为 L 国家重点实验室创新资源捕获过程的顺利实现提供了重要支撑。同时,这些多样化创新资源捕获渠道也成为 L 国家重点实验室建室后不断优化创新资源捕获过程以尽可能提升创新资源捕获质量的核心内容之一。

第三,创新资源捕获经验。L 国家重点实验室自 1985 年建室至今

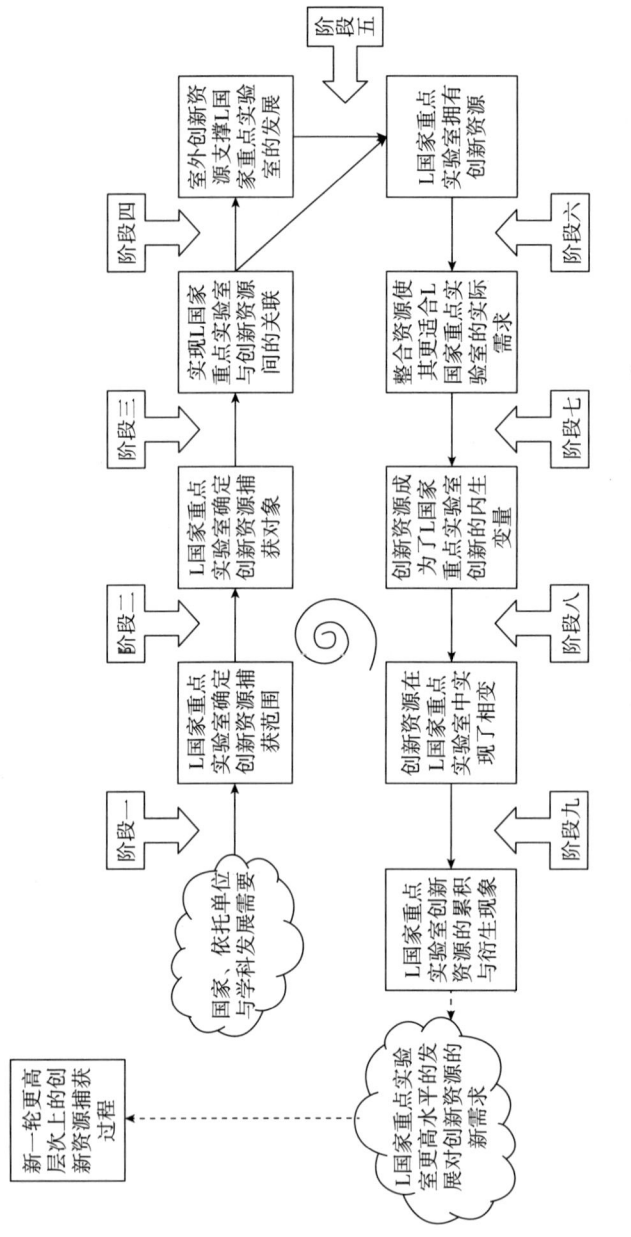

图 3-5 L 国家重点实验室创新资源捕获过程①

---

① 根据本书探索性案例研究整理所得。

近30年的发展过程中不断积累创新资源捕获经验,这为实验室不断完善、优化创新资源捕获过程提供了重要的依据与参考。

## 第三节 C国家重点实验室

### 一 C国家重点实验室创新资源概况

C国家重点实验室的依托单位是H大学,1992年由国家批准建设并于1994年通过国家验收正式对外开放。实验室以应用基础研究为主,不断向基础研究和应用研究延伸,分别从4个不同层次对其所关注的学科前沿展开深入研究,以期为相关领域提供新理论、新技术、新途径、新材料和新方法。C国家重点实验室在确立其总体定位的同时确立了5个核心研究方向及目标,进一步凝练了实验室研究方向和特色,为实验室持续健康发展指明了方向。仅2013年当年C国家重点实验室主持或参与的"973计划""863计划"、国家科技重大专项和国家自然科学基金项目等国家任务近100项,国际合作项目3项,被EI和SCI检索的文献数量共计达到127篇,授权专利突破了30项。截至目前,C国家重点实验室荣获了包括国家自然科学奖、国家科技进步奖和国家技术发明奖在内的各种奖项70多项。全国百篇优秀博士论文6篇,提名奖2篇。C国家重点实验室更是在建室至今参与的4次国家重点实验室评估中均被评为优秀。以上C国家重点实验室的健康发展及其取得一系列成就离不开该实验室雄厚的创新资源支撑,下面主要从人力资源、财力资源、物力资源和知识资源4个方面深入分析C国家重点实验室创新资源现状。

首先,人力资源。C国家重点实验室科研人员共计87人,其中固定科研人员65人,流动科研人员22人,两者的比例约为3∶1。固定科研人员中研究人员60人、技术人员3人、专职管理人员2人。研究人员中中国科学院院士1人、中国工程院院士1人、教育部长江学者奖励计划3人、国家杰出青年基金获得者3人、"千人计划(中组部)"4人、"青年千人计划"2人,即共有优秀人才13人(荣誉重复者视为1人），占固定科研人员总数的20%。此外，C国家重点实验室还拥有国家自然科学基金创新研究团队1个、教育部创新基金研究团队2个、所在省创新研究团队3个。实验室常年在读研究生800余人，在站博士后6—9人。固定科研人员与流动科研人员的年龄、职称、最高学位及其授予单位情况分别见表3－11、表3－12、表3－13和表3－14。可见，C国家重点实验室科研人员以中青年、高级职称的博士学位获得者为主，且72.7%的最高学位授予单位是其依托单位H高校。

表3－11　　C国家重点实验室科研人员年龄分布情况

| 人员<br>年龄 | 固定科研人员 | | 流动科研人员 | |
|---|---|---|---|---|
| | 人数（位） | 比例（%） | 人数（位） | 比例（%） |
| 29岁以下 | 0 | 0 | 2 | 9.1 |
| 30—39岁 | 21 | 32.3 | 9 | 40.9 |
| 40—49岁 | 21 | 32.3 | 9 | 40.9 |
| 50—59岁 | 19 | 29.2 | 2 | 9.1 |
| 60岁及以上 | 4 | 6.2 | 0 | 0 |
| 总计 | 65 | 100 | 22 | 100 |

资料来源：根据本书调研资料统计分析所得。

表3－12　　C国家重点实验室科研人员职称分布情况

| 人员<br>职称 | 固定科研人员 | | 流动科研人员 | |
|---|---|---|---|---|
| | 人数（位） | 比例（%） | 人数（位） | 比例（%） |
| 正高级 | 42 | 64.6 | 8 | 36.4 |
| 副高级 | 18 | 27.7 | 6 | 27.3 |
| 中级 | 4 | 6.2 | 7 | 31.8 |
| 初级 | 1 | 1.5 | 1 | 4.5 |
| 总计 | 65 | 100 | 22 | 100 |

资料来源：根据本书调研资料统计分析所得。

表 3-13　　C 国家重点实验室科研人员最高学位分布情况

| 人员<br>学位 | 固定科研人员 | | 流动科研人员 | |
|---|---|---|---|---|
| | 人数（位） | 比例（%） | 人数（位） | 比例（%） |
| 博士 | 54 | 83.1 | 18 | 81.8 |
| 硕士 | 7 | 10.8 | 2 | 9.1 |
| 本科 | 3 | 4.6 | 2 | 9.1 |
| 无学位 | 1 | 1.5 | 0 | 0 |
| 总计 | 65 | 100 | 22 | 100 |

资料来源：根据本书调研资料统计分析所得。

表 3-14　C 国家重点实验室科研人员最高学位授予单位分布情况

| 人员<br>单位 | 固定科研人员 | | 流动科研人员 | |
|---|---|---|---|---|
| | 人数（位） | 比例（%） | 人数（位） | 比例（%） |
| H 大学 | 44 | 67.7 | 16 | 72.7 |
| 国内其他单位 | 11 | 16.9 | 5 | 22.7 |
| 国外高校 | 10 | 15.4 | 1 | 4.5 |
| 总计 | 65 | 100 | 22 | 99.9* |

注：*百分比计算时取小数点后一位且采用四舍五入法，所以最终值可能不等于100%。

资料来源：根据本书调研资料统计分析所得。

其次，财力资源。C 国家重点实验室拥有雄厚财力支持，截至2013 年，C 国家重点实验室建设经费已累计投入10965 万元。每年实验室专项经费投入保持在1100 万元左右（不包括仪器设备费），若加上仪器、设备费等经费总额会更高——2013 年加上仪器设备费等，C 国家重点实验室的专项经费额度达到了2202 万元，这些经费源于政府部门的固定划拨，配置刚性较强、变动较小。源于项目申请的竞争性和限制性，科研经费每年变动较大，统计分析 C 国家重点实验室2005—2013 年科研经费变化可见（如图 3-6 所示），C 国家重点实验室科研经费额度虽然波动明显但整体趋于上涨。

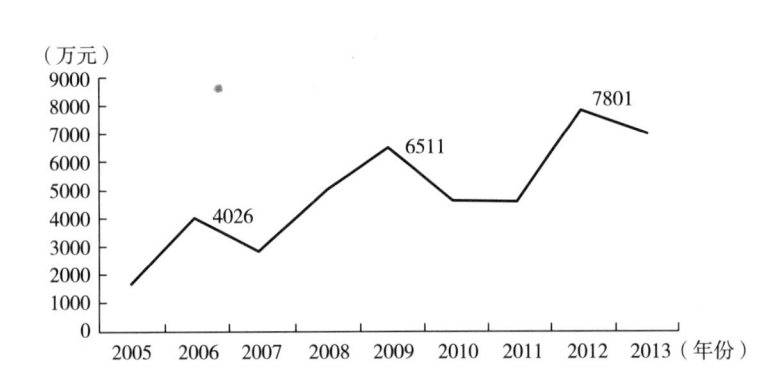

(万元)
9000
8000　　　　　　　　　　　　　　　　7801
7000
6000　　　　　　　　　6511
5000
4000　　4026
3000
2000
1000
0
　2005 2006 2007 2008 2009 2010 2011 2012 2013（年份）

图3-6　C国家重点实验室科研经费变化情况①

再次，物力资源。截至2014年，C国家重点实验室拥有办公场所1万多平方米，仪器、设备总价值突破1亿元，其中超过30万元的科研仪器设备近60套。总体来看，C国家重点实验室拥有的物力资源量在目前所有国家重点实验室物力资源拥有量分级中处于"第一集团"（办公场所破万平方米且仪器、设备价值总额破亿元），这为C国家重点实验室高效运行提供了雄厚的物力资源支撑。

最后，知识资源。一是C国家重点实验室与依托单位实现了图书、文献等科研资料共享。截至2014年，H高校图书馆馆藏书目138万册，数据库109个，科技文献涵盖了C国家重点实验室科研所需的主要知识资源。二是C国家重点实验室自身知识不断累积和扩充。近五年来发表SCI检索论文600多篇，其中影响因子9以上的论文近50篇，影响因子5以上的论文近130篇，仅2013年一年的总发文量达到了153篇；授权国家发明专利90项；省级以上审定成果28个。三是以各种交流为主渠道的隐性知识（Tacit Knowledge）储备也呈现增量发展态势。2013年先后主办和承办了2次双边学术会议，国内外来室、出室讲学分别达到56次和17次，参加国内外会议83次，各种学术交流活动频繁；此外，19人在16个国内外学术组织中任职，16人在15个国内外学术期刊任职。四是以项目或基地为载体的"知识

---

① 根据本书调研资料统计分析所得。

池"日益扩张。目前，C 国家重点实验室已与美国、英国、法国等国家的知名学术机构建立了 2 个联合实验室（合作中心），在黑龙江、河北和云南建立了 3 个开放合作基地；2013 年 C 国家重点实验室分别获得省部级以上课题（项目）和国际合作课题（项目）共计 86 项，实验室开放性课题落实 19 项，这些科研基地和科研项目为 C 国家重点实验室供给了丰富的知识资源。五是 C 国家重点实验室形成了独具特色且成体系的知识储备，有的研究领域位居世界科技创新前沿。

**二　C 国家重点实验室创新资源捕获过程的阶段性特征**

C 国家重点实验室同样源于国家战略与学科发展综合需求的驱动。从国家宏观层面来看，当时我国启动了国家重点实验室建设计划，从微观学科发展来看 H 高校早在 1987 年就根据基层教师建议和世界科技发展潮流筹建了"H 大学 S 技术研究中心"（C 国家重点实验室的雏形）。1992 年 H 高校在国家大力支持和整合三个学科的优秀人才队伍的基础上建立了 C 国家重点实验室。建室之初经费匮乏，没有实验场所，缺少基本仪器设备，水电供应也无法保障，发展至今 C 国家重点实验室已然建成了科研设备、设施精良，优秀科研人员云集，学术水平国际一流的科学研究基地。创新资源的不断积累为 C 国家重点实验室一系列辉煌成就的取得奠定了坚实的资源基础，这一过程也表现出了较为明显的阶段性特征。

（一）阶段一

一方面，自国家启动国家重点实验室建设计划至 C 国家重点实验室正式成立时，已有 100 个左右的国家重点实验室处于运营状态且取得了卓有成效的结果，同时国家持续完善国家重点实验室申请制度，这些均为后续国家重点实验室的筹建工作提供了经验参考。另一方面，H 高校已经系统收集和掌握了筹建国家重点实验室的创新资源背景境况，例如，国家供给是国家重点实验室筹建与运营的主要资金来源，H 高校三个学科领域内人才储备可以为国家重点实验室筹建提供人力资源补给，与其他高校或科研院所相比 H 高校 20 世纪 80 年代中期发展起来并取得长足进步的 S 技术成为了实验室的优势和特色研究领域，H 高校能够提供并用于 C 国家重点实验室筹建的只有相应学科所在的实验室及其所拥有的科研仪器设备等。

目前，国家重点实验室的资金投入尽管仍以国家计划投入为主，但与之前相比具有了更强的竞争性，在此背景下 C 国家重点实验室采取了与 L 国家重点实验室类似的应对措施——扩大资源来源搜索范围。以财力资源捕获为例：2013 年 C 国家重点实验室资金来源除了从国家科研项目中获取绝大部分科研经费外（约 7000 多万元），企业、国际合作项目也实现了重要突破，分别有 5 项横向课题和 3 项国际合作课题为 C 国家重点实验室注入了总计约 380 万元的科研经费。此外，文献数据库成为 C 国家重点实验室以全球化视角获取知识资源和人力资源信息的重要来源，例如，在实验室每年发表的 SCI 类论文中，每篇论文的引文文献几乎都是实验室与 H 高校共享文献数据库获得；C 国家重点实验室邀请来室讲学或进行其他学术活动的邀请对象很多都是通过"文献搜索—建构联系—合作对象"的方式"捕获"。

（二）阶段二

C 国家重点实验室主要通过以下措施提升了创新资源捕获质量。首先，财力资源。和 L 国家重点实验室一样，科研项目也是 C 国家重点实验室科研经费的主要来源，2013 年 C 国家重点实验室申请成功和在研科研项目（包括作为参与单位身份的科研项目）构成如下：在总科研项目中国家与省部级项目占比 93.9%，其中国家级项目又占了省部级以上项目总量的 97.8%，且全部项目来源于 C 国家重点实验室的特色与优势研究领域。可见，C 国家重点实验室主要借助以下举措实现了该室财力资源质量的全面提升：第一，在国家与省部级项目、横向项目和国际合作项目间确定了以国家级与省部级项目申请为主，国际合作项目为辅，横向项目作为补充的务实策略；第二，在国家与省部级项目申请中以国家级项目申请为核心；第三，项目申请突出 C 国家重点实验室的研究特色与优势以尽可能增加中标率。

其次，人力资源方面。一是考察 C 国家重点实验室所需人才结构。建室之初虽然人才匮乏，但是没有出现滥竽充数现象，而是根据实验室实际所需选拔人才，从源头上保障了 C 国家重点实验室人力资源的高质量，进而为 C 国家重点实验室后续快速发展奠定了人才基础，例如章×教授、孙×教授、刘×教授、谢×教授等都在这一时期进入实验室。二是科学化实验室人员考评方法，这在研究生招生上表现明显。例如，实验室刚开始招收研究生时，以初试成绩为主，尽管有复试环节，但是其对最终录取结果产生的影响极为有限，甚至可以忽略不计。然而，实验室的老师慢慢发现，许多高考分学生的实验动手能力很差，且思考问题的主动性很低，这给在有限的时间内培养一批高水平科研人员和有效推进实验室课题进展方面增加了难度。基于这一问题，实验室迅速调整了研究生招生考核方法，在保持初始成绩硬性条件不变的情况下提升复试成绩比例，丰富复试方法和内容，以通过复试观察考生的实验能力、思考能力和可塑性，以尽可能地筛选出一批高质量研究生。招考方法调整后研究生质量确有明显改善。①

最后，知识资源方面。与其他高校一样 H 高校的学科范围远超出 C 国家重点实验室核心研究内容，如何依托 H 高校凝练出 C 国家重点实验室独具特色且兼具优势的研究领域和方向成为实验室健康发展的关键。C 国家重点实验室借助实验室学术委员会反复考察和评估，最终确定了5个核心研究方向，主要选择标准包括：①学科发展国际前沿；②契合国家战略发展需求；③拥有一批学术造诣较高的学术带头人；④具备某一领域内的科研优势与特色；⑤某些工作居于国内甚至达到世界领先水平；⑥拥有一定学术积累，可见其中的①④⑤⑥都是对知识资源的考察。总之，C 国家重点实验室5个核心研究领域的确定同样基于对已有知识资源的客观估量。

（三）阶段三

正式渠道和非正式渠道也成为 C 国家重点实验室与创新资源建立关联的两大主要渠道。正式渠道主要包括：一是课题项目的申请。这一渠道具有很强的程式化，无论纵向、横向还是国际合作型课题，C 国家重点实验室都必须按照固定模式和标准操作开展工作，其在 C 国家重点实验室与财力资源的关系关联中占据主导地位。二是人员的公

---

① 根据调研资料整理所得。

开选拔。这种方式同样具有模式化特征，其在C国家重点实验室与人力资源尤其是固定科研人员构建关联方面占据绝对主导地位。三是科研仪器、设备及办公场所基建项目的招标。根据H高校及C国家重点实验室的科研仪器采购及管理规定，C国家重点实验室的科研仪器、设备购买必须严格遵循采购流程，其中公开招标成为C国家重点实验室与物力资源构架联系的主要方式——C国家重点实验室与其办公场所基建及日常维护承接单位之间关系的关联也采取了同样方式。四是学术交流、学术期刊任职和学术组织任职。2013年，C国家重点实验室国内外来室、出室讲学分别达到56次和17次，参加国内外会议83次；10位C国家重点实验室科研人员在国内9个、国外5个期刊中担任副主编或编委；11位C国家重点实验室科研人员在国内15个、国外5个学术组织中担任董事会成员、科学顾问、副理事长、常务理事、委员、理事等职务。这些国内外学术交流活动的开展和学术期刊、组织的任职，为C国家重点实验室在第一时间内把握相关领域内的发展动向和获取最为前沿的知识资源提供了重要信息渠道。

非正式渠道主要是私人社会资本的运用：一是学术关系。C国家重点实验室所有科研人员都与国内外某一甚至多名知名学者保持密切学术联系，这些联系无论对锚定项目问题、推动项目获批，还是获取相关领域内最新知识资源都产生了重要影响。二是母校情结。就C国家重点实验室现有固定科研人员最高学历授予单位来看，如表3-14所示近70%由H高校授予，说明母校情结无论对应聘者的应聘结构还是招聘者的招聘偏好都产生了重要影响，也成为C国家重点实验室人力资源捕获过程中关系关联的重要方式。同样，C国家重点实验室利用上述方式构建与创新资源之间的关系时也表现出较强的综合性。

（四）阶段四

C国家重点实验室同样拥有丰富的"裙带资源"。目前，C国家重点实验室利用这些裙带资源的主要方式包括以下几种。

首先，建立实体合作基地。截至2014年，C国家重点实验室与美国建立了H—D联合创新中心和H—U中心，与英国建立了H—R联合实验室。通过与国外高水平科研机构构建合作交流基地，C国家重点实验室获得了以下成果：借助国外科研机构雄厚师资力量举办各种科研前瞻培训课程，丰富了C国家重点实验室的知识储备；充分利用国外科研机构先进科研仪器、设备推进实验室自身科研进展，并习得了一系列先进研究技术、方法和手段；依托实体合作基地派生的一系列合作项目为实验室自身相关科研项目的启动和实施补充了更为雄厚的财力支持。此外，C国家重点实验室分别在黑龙江、河北和云南三地建设了三个开放合作基地，这些基地在为C国家重点实验室提供了更为多样化的科研地理区位外，也为实验室提供了更为广泛、丰富的人财物和知识等裙带资源。总之，C国家重点实验室通过与国内外相关机构建立联合实验室，探索出了一条"基地—项目—资源"的裙带资源利用模式。

其次，开放性课题。C国家重点实验室充分利用实验室开放性课题撬动了更为庞大的裙带资源，其主要体现在以下几个方面：一是撬动了更多的财力资源，例如，C国家重点实验室公布、受理、评审、批准开放性课题后，申请人所在单位往往给予相应课题资金辅助，这为相关课题的深入、系统研究提供了更为充足的资金；二是开放性课题可以充分利用申请人所在单位的科研仪器设备，弥补了C国家重点实验室科研仪器、设备的不足，也为C国家重点实验室相关科研问题的解决提供了尖端仪器、设备支撑；三是C国家重点实验室通过开放性课题可以充分利用国内外优秀人才，为实验室相关问题的解决提供更为多样化的智力支持；四是通过开放性课题研究，C国家重点实验室与室外创新资源建立了更为广泛的联系，进一步扩大了实验室裙带资源存量。

最后，科研合作项目。C国家重点实验室依托大量科研合作项目为实验室自身发展提供了庞大裙带资源，例如，2013年C国家重点实验室申请或在研的"973计划""863计划""国家科技支撑计划"和"国家科技重大专项"几乎全部由C国家重点实验室与其他单位合作申请与承担，国际合作更是为C国家重点实验室提供了高质量的资金、科研人员、科研仪器设备和知识资源。

## （五）阶段五

引进创新资源成为 C 国家重点实验室创新资源捕获过程中的第五阶段，其表现如下：一是划拨科研经费。从实验室资金来源来看，科研项目获批带来的科研经费投入是 C 国家重点实验室财力资源引入的主渠道，占该实验室所有经费总额的 70% 左右。二是人员招聘。主要分为实验室研究生招生和实验室固定科研人员聘用两种，且过程趋于固定，其中固定科研人员聘用渠道更为多样，主要包括基于公开招聘的人员聘用①，基于开放性课题合作升级的人员聘用②，该实验室推荐的人员聘用等。三是办公场所及其实验场所的建成、使用与共享。H 高校大力支持 C 国家重点实验室建设，例如，由 H 高校支持的两栋实验大楼已投入使用，最近由 H 高校投入 1000 多万元的第三座实验楼也已基本落成并准备投入使用；H 高校为 C 国家重点实验室提供了充足的实验基地，为实验室科研工作走出办公室融入实践环境提供了条件；C 国家重点实验室办公场所和几乎所有的科研仪器、设备都设置在 H 高校，为双方共享基础设施提供了便利。四是先进科研仪器设备的购买。就目前而言，C 国家重点实验室拥有价值 30 万元以上的各种科研仪器、设备 57 套，其中购买来源主要包括美国（31 套）、日本（8 套）、德国（7 套），4 套购买自国内企业（其中只有 1 家本土企业，其他三家为国外企业的中国分公司），其他 7 套购买自芬兰、意大利、丹麦、印度和瑞典。五是资料与数据库的共享。截至 2013 年 12 月 H 高校图书馆收藏纸质图书 138 万册，电子图书 136 万册，纸质期刊 11 万余册，电子期刊（全文）6 万余种，数据库 109 个，C 国家重点实验室均可共享这些资源和数据库，能够满足实验室 5 大核心研究领域的科研所需。与 L 国家重点实验室类似，C 国家重点实验室创新资源的引入方式也兼具针对性和叠加性。

---

① 主要依附于依托单位 H 高校的二级学院，其中 C 国家重点实验室固定人员全部在相应的学院担任科研或教学职务。

② 该实验室的开放课题基金申请指南中明文规定，在开放课题结题后实验室可择优将课题负责人引进为本室固定人员。

## (六) 阶段六

实验室成功引入创新资源后借助以下措施实现了新引入创新资源的重组,使其更适合C国家重点实验室以"应用基础为中心,并不断向基础研究和技术开发延展"的科研所需。

首先,人力资源方面。C国家重点实验室固定科研人员与流动科研人员的专业构成情况如表3-15所示。一是C国家重点实验室固定科研人员专业分布契合该实验室的5个核心研究方向;二是C国家重点实验室流动科研人员的专业结构不仅顾及了该实验室的核心研究内容,也顾及了该实验室的相关研究领域,为该实验室的开放性发展提供了条件。

表3-15　　　　C国家重点实验室科研人员专业构成情况
（专业全部用字母代替）

| 固定科研人员 | | 流动科研人员 | |
| --- | --- | --- | --- |
| 专业 | 人数（位） | 专业 | 人数（位） |
| SF学 | 24 | ZY学 | 6 |
| ZY学 | 28 | SF学 | 3 |
| ZG学、ZYY学、JY学、NY学、FH学、SW学、ZS学、ZSJ学 | 13 | FS学、GS学、HX学、KD学、SJ学、SC学、ZB学、ZW学、ZYY学、ZSJ学 | 13 |

资料来源:根据本书调研资料统计分析所得。

其次,财力资源方面。一是C国家重点实验室的自主类课题经费分为自由探索类课题经费、人才培育类课题经费和团队重点课题经费三种。2013年C国家重点实验室在三类课题上的经费投入分别达到130万元、120万元和160万元。二是C国家重点实验室的常规类课题(主要包括国家级课题、省部级课题、横向课题和国际合作课题)经费内部结构由两部分构成:一是完成课题所必需的经费投入;二是课题衍生性费用投入,这一部分主要涉及申请课题衍生性研究方向的探索,人才培养费用(主要涉及研究团队中个体研究兴趣与研究方向的支持）。总之，C国家重点实验室在科研经费上的布局具有如下特点：一是注重培育实验室后备人才；二是注重培育实验室未来发展方向。

再次，科研仪器、设备与基建方面。直接服务于C国家重点实验室核心研究领域且单价30万元以上的科研仪器、设备占了总科研仪器、设备量的70%左右，其余也间接为核心研究领域或相关研究领域提供服务，这为C国家重点实验室在5个核心研究方向上形成科研优势和特色提供了坚实的设备保障。此外，C国家重点实验室根据实际发展需求，自2012年开始筹建第三座科研办公大楼，同时将建设地址布局在已有办公大楼附近，实现了行政办公空间极大节约、科研办公空间极大利用、科研资源集群分布的高效空间结构格局。

最后，知识资源方面。C国家重点实验室借助科研团队整合知识资源，使其更适合实验室实际需要，并由此形成了1个国家级创新团队——此团队由13人组成，其中11名教授，2名副教授，团队成员专业背景主要包括SH学、FS学、FY学，这在进一步巩固了C国家重点实验室特色、优势研究领域的同时，也为整合不同专业间的异质性知识提供了条件（尤其是其中的隐性知识），C国家重点实验室借此探索出了一条"科研团队—知识整合—优势发挥"的知识资源整合路径。C国家重点实验室已经形成了课题级、校级、省级、部级和国家级梯次演进的科研团队结构，为不同层次、不同专业领域间的知识整合提供了多维度可能。

（七）阶段七

C国家重点实验室实现了创新资源整合后随即进入了创新资源吸收环节，这一环节表征为C国家重点实验室系统掌握和熟练使用各种新购买、引进的科研仪器、设备，例如实验室科研仪器、设备及时率均值维持在89%左右；C国家重点实验室充分理解和使用各类知识资源，如实验室对各种作物基因库的建设与使用等；C国家重点实验室充分使用已注入的财力资源，例如，2013年C国家重点实验室资金总收入16195万元，支出16171万元，结余24万元，收支基本保持平衡。

## (八) 阶段八

随着创新资源被 C 国家重点实验室吸收,这些资源开始在该实验室中不断发生相变。例如,2013 年 C 国家重点实验室各项经费收入总和约 1.6 亿元,这些投入转化成了各项课题有条不紊地进行,形成了 127 篇被 EI 或 SCI 检索收录的论文,31 项成功申请的专利,第三座科研大楼的落成以及科研仪器设备的再次更新升级等。如表 3-16 所示的人力资源"相变之道"——较早进入 C 国家重点实验室且目前仍身处科研一线的 4 位科研人员由人员向人才的转变。C 国家重点实验室办公场所、科研仪器、设备在实验室吸收过程中相变为优良的科研硬件条件,为 C 国家重点更高水平的科学研究提供了坚实的物质保障,也成为吸引优秀人才入职实验室的重要诱因。C 国家重点实验室知识资源相变具体体现为:显性知识相变为大批科研成果的涌现,如学术论文、学术专著、专利、研发的新品种等,此外基于引进、消化的科研仪器、设备 C 国家重点实验室与依托单位的其他学院积极开展合作,实现了相关科研仪器、设备的自我改善和升级,包括对实验工具的不断创新并形成了自己的创新专利;隐性知识相变为支撑 C 国家重点实验室 5 个核心研究领域持续发展的新理论、新思路和新机遇,例如 C 国家重点实验室整合自身长期知识生产实践经验和各种学术交流所获信息的基础上认为,DX 学、DBZZ 学可以为实验室后续科学研究提供新思路和新机遇,据此 C 国家重点实验室已开始在两个领域中布局科研力量,以期为实验室后续发展提供更多可能。

表 3-16　　C 国家重点实验室人力资源荣誉称号的获得年份

| 人员编号 | 入室时间 | 院士 | 杰青 | 长江学者 | 中组部万人计划 |
| --- | --- | --- | --- | --- | --- |
| Z1 | 1992 年 | 1999 年 | 1996 年 | 1999 年 | — |
| F | 1992 年 | 1995 年 | — | — | — |
| Z2 | 1992 年 | — | — | — | 2013 年 |
| X | 2002 年 | — | 2007 年 | — | — |

资料来源:根据本书调研资料统计分析所得。

## （九）阶段九

通过上述阶段，C国家重点实验室创新资源捕获过程进入了最后一个捕获环节，具体表现在：首先，创新资源出现自我累积现象。例如C国家重点实验室科研经费金额已从2005年的1720万元增至2013年的7043万元（见图3-6）。无论从量上还是质上，C国家重点实验室人力资源均表现出了非常明显的累积效应——如表3-17所示，C国家重点实验室固定科研人员数量稳步增加，流动科研人员浮动较大；人才资源停滞一段时间后迅速增加，人才比率（人才数/固定科研人员数）不断上升，目前处于所属专业领域国家重点实验室组内的上游水平。如图3-7（以其价值总额进行计算）所示，科研仪器设备也呈现出显著的自我累积效应。若以学术论文发表（被EI或SCI检索收录）和专利申请数量来衡量C国家重点实验室知识资源自我累积情况，结果如图3-8所示，尽管C国家重点实验室的学术论文发表和专利获批量呈现波动现象，但从长时间尺度来看两者总体上均呈现不断增加趋势。总之，无论从人力资源、财力资源、物力资源还是知识资源的逐年变化情况来看，C国家重点实验室的创新资源都呈现出增量发展趋势。

表3-17　C国家重点实验室人力资源的变化情况

| 年份 | 固定科研人员（位） | 流动科研人员（位） | 总计（位） | 院士（位） | 其他人才类型（位） | 总计（位） | 人才比率（%） |
| --- | --- | --- | --- | --- | --- | --- | --- |
| 2006 | 41 | 4 | 45 | 2 | 5 | 7 | 17.1 |
| 2007 | 44 | 6 | 50 | 3 | 7 | 10 | 22.7 |
| 2008 | 48 | 10 | 58 | 3 | 7 | 10 | 20.8 |
| 2009 | 55 | 27 | 82 | 3 | 7 | 10 | 18.2 |
| 2010 | 56 | 32 | 88 | 3 | 7 | 10 | 17.9 |
| 2011 | 54 | 23 | 78 | 2 | 7 | 9 | 16.7 |
| 2012 | 64 | 14 | 78 | 2 | 7 | 11 | 17.2 |
| 2013 | 65 | 22 | 87 | 2 | 14 | 16 | 24.6 |

资料来源：根据本书调研资料统计分析所得。

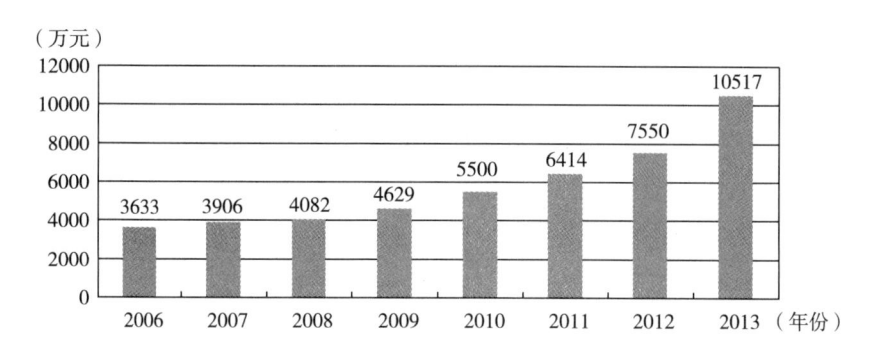

图 3-7 C 国家重点实验室科研仪器、设备总值变化①

其次，创新资源之间呈现相互牵引现象。例如，C 国家重点实验室科研经费在为顺利结题提供财力支持的同时，也带来了该实验室先进科研仪器、设备的购买与升级，优秀人才的引进与培养，相关创新知识、技术、方法与经验的积累。若从 C 国家重点实验室所获得的专项经费来看，因自建室至今 4 次评估中 C 国家重点实验室均获得了优秀，所以该实验室每年专项经费获得量维持在 1100 万元（不包括设备更新费用），这比同领域内一般国家重点实验室高出 400 万元左右。

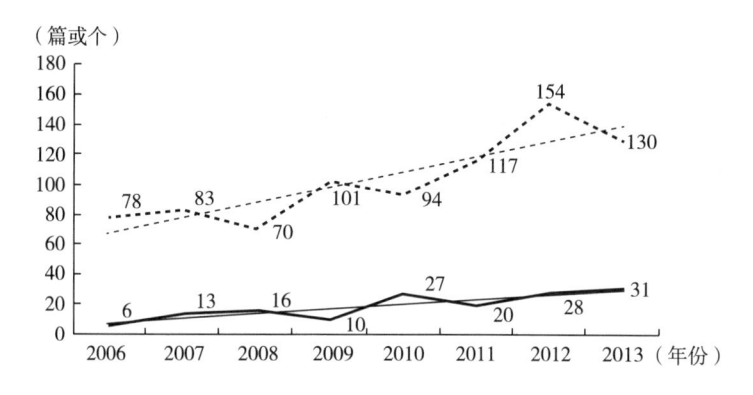

图 3-8 C 国家重点实验室学术论文与专利变化②

综上所述，C 国家重点实验室创新资源捕获过程同样经历了 9 个细分阶段，但随着 C 国家重点实验室更高科研水平对创新资源需求层

---

① 根据本书调研资料统计分析所得。
② 根据本书调研资料统计分析所得。

次的提升，C国家重点实验室的创新资源捕获也进入了新一轮更高层次的循环。

### 三 C国家重点实验室创新资源捕获过程的影响因素

归结上述案例分析，显著影响C国家重点实验室创新资源捕获过程的因素主要包括：一是特色鲜明且实力雄厚的研究领域。C国家重点实验室构建起来的研究方向与研究内容，不仅特色鲜明而且研究成果居于世界领先水平，为实验室在尽可能短的时间内借助创新资源捕获过程聚集尽可能多的优质创新资源提供了优良条件。二是到位的支持政策。C国家重点实验室科研内容不仅需要大量先进科研仪器、实验区与配套设备等硬件条件的支持，还需要从国家层面上予以明确的法律、法规等背书性软件条件的支持，这些都需要系统性政策予以涵盖，目前无论中央政府、地方政府还是依托单位，都给予了C国家重点实验室强有力的政策支持，包括资金、设备与舆论环境的支持，例如，在面对颇有争议的研究领域时，国家基于科学研究角度予以明确支持，这些都对C国家重点实验室建构、选择、调整、优化创新资源捕获过程产生了重要影响。三是创新资源的自我积累。C国家重点实验室无论从财力资源、物力资源、人力资源还是知识资源方面，自我累积现象非常明显，这对于实验室创新资源捕获过程尤其是后半程产生了深刻影响。

## 第四节 H国家重点实验室

### 一 H国家重点实验室创新资源概况

T高校是H国家重点实验室的依托单位，实验室于2006年由科技部发文批准建设，2008年通过科技部验收。H国家重点实验室将研究性质定位为"坚持应用基础研究和工程关键技术研究并重"。总体定位确立后，H国家重点实验室在广泛征集意见的基础上确立了5个核心研究方向，进一步明确了实验室的研究方向。截至目前，H国家重点实验室建设、发展历史仅有8年，但已取得令人瞩目的成绩，并日渐成为国内外知名研究机构。例如，2008年成功验收的同时H国家重点实验室于当年的国家重点实验室评估中位列优秀行列，并将这一态势保持到了2013年。获奖方面，2006—2012年H国家重点实验室获得了16项国家科技进步奖、54项省部级获奖、12项其他奖项。科研方面，2013年以H国家重点实验室为署名单位被EI或SCI检索收录的论文达到258篇，专利获批量达到39项，承担（包括参与）国家"973计划""863计划"、国家科技支撑计划、国家科技重大专项、国家自然科学基金项目共计75项。人才培养方面，2013年H国家重点实验室培养了42名硕士、31名博士和19名博士后。尽管H国家重点实验室目前尚未培育出全国优秀博士论文获得者，然而已有2名博士生因科研成绩突出受到了国务院表彰。总之，8年中H国家重点实验室获得了快速发展，这离不开该实验室雄厚的创新资源支撑，以下同样从人力资源、财力资源、物力资源和知识资源4个方面分析H国家重点实验室的创新资源概况。

首先，人力资源。2013年H国家重点实验室固定科研人员58人，流动科研人员38人，两者比率约为1.5∶1。研究人员中中国科学院院士2人、中国工程院院士1人、国家杰出青年基金获得者8人、国家优秀青年基金获得者1人、教育部长江学者奖励计划7人、中国科学院"百人计划"5人、千人计划（中组部）2人、万人计划（中组部）1人，即共有优秀人才18人（荣誉重复者视为1人），占固定科研人员总数的31.1%，比同学科国家重点实验室人才比率均值21.8%高出近10个百分点。H国家重点实验室拥有国家自然科学基金创新研究团队1个、教育部创新团队1个。固定科研人员与流动科研人员的年龄、职称、最高学位及其授予单位情况如表3-18、表3-19、表3-20和表3-21所示。可见，H国家重点实验室科研人员以中青年、高级职称的博士学位获得者为主，其中H国家重点实验室固定科研人员年龄分布呈现明显倒金字塔形（20—59岁为主的科研团队），流动科研人员年龄分布呈现显著哑铃形；链球形是H国家重点实验室固定科研人员和流动科研人员职称、学位结构的标准型；H国家重点实验室依托单位和国外高校是实验室固定科研人员和流动科研人员最高学位的主要获取组织。

表3-18　　　　H国家重点实验室科研人员年龄分布情况

| 人员<br>年龄 | 固定科研人员 | | 流动科研人员 | |
| --- | --- | --- | --- | --- |
| | 人数（位） | 比例（%） | 人数（位） | 比例（%） |
| 29岁及以下 | 0 | 0.0 | 0 | 0.0 |
| 30—39岁 | 9 | 15.5 | 15 | 39.5 |
| 40—49岁 | 27 | 46.6 | 4 | 10.5 |
| 50—59岁 | 19 | 32.8 | 7 | 18.4 |
| 60岁及以上 | 3 | 5.2 | 12 | 31.6 |
| 总计 | 58 | 100.1* | 18 | 100 |

资料来源：根据本书调研资料统计分析所得。

表3-19　　　　H国家重点实验室科研人员职称分布情况

| 人员<br>职称 | 固定科研人员 | | 流动科研人员 | |
| --- | --- | --- | --- | --- |
| | 人数（位） | 比例（%） | 人数（位） | 比例（%） |
| 正高级 | 38 | 65.5 | 16 | 42.1 |
| 副高级 | 19 | 32.8 | 13 | 34.2 |
| 中级 | 1 | 1.7 | 8 | 21.1 |
| 初级 | 0 | 0.0 | 1 | 2.6 |
| 总计 | 58 | 100 | 38 | 100 |

资料来源：根据本书调研资料统计分析所得。

表3-20　　　　H国家重点实验室科研人员最高学位分布情况

| 人员<br>学位 | 固定科研人员 | | 流动科研人员 | |
| --- | --- | --- | --- | --- |
| | 人数（位） | 比例（%） | 人数（位） | 比例（%） |
| 博士 | 56 | 96.6 | 27 | 71.1 |
| 硕士 | 2 | 3.4 | 6 | 15.8 |
| 本科 | 0 | 0.0 | 5 | 13.2 |
| 无学位 | 0 | 0.0 | 0 | 0.0 |
| 总计 | 58 | 100 | 38 | 100.1 |

资料来源：根据本书调研资料统计分析所得。

表3-21　H国家重点实验室科研人员最高学位授予单位分布情况

| 单位 \ 人员 | 固定科研人员 | | 流动科研人员 | |
|---|---|---|---|---|
| | 人数（位） | 比例（%） | 人数（位） | 比例（%） |
| H高校 | 29 | 50.0 | 25 | 65.8 |
| 国内科研院所 | 6 | 10.3 | 2 | 10.5 |
| 国内高校 | 6 | 10.3 | 4 | 5.3 |
| 国外高校 | 17 | 29.3 | 7 | 18.4 |
| 国外科研院所 | 0 | 0 | 0 | 0 |
| 总计 | 58 | 99.9① | 19 | 100 |

资料来源：根据本书调研资料统计分析所得。

其次，财力资源。8年来H国家重点实验室建设经费已累计投入5878万元。自2008年H国家重点实验室被评为优秀实验室开始，该室专项经费年均保持在1000万元左右（不包括仪器设备费）。此外，如图3-9所示，H国家重点实验室科研经费在2006—2008年出现停滞，2008年后呈现迅速攀升趋势，到2013年H国家重点实验室科研经费总量已达到7042万元，是2008年之前年均科研经费量的3倍多。总之，8年来H国家重点实验室年均总经费不断增加。

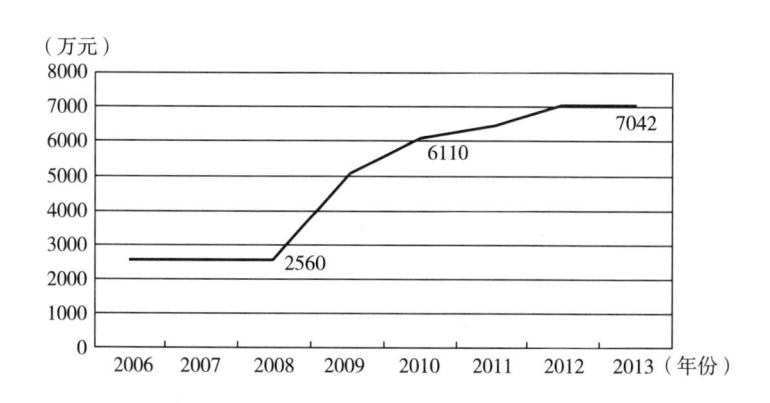

图3-9　H国家重点实验室科研经费变化情况①

① 根据本书调研资料统计分析所得。

再次，物力资源。从科研仪器、设备价值总量来看，至2013年H国家重点实验室累计科研仪器、设备价值总额达到6050万元，其中单价30万元以上的科研仪器、设备37台。从办公场所面积来看，至2013年H国家重点实验室办公场所面积已达9800平方米。此外，H国家重点实验室还拥有两个实验平台和多个野外实验基地（站点），为实验室获取原始科研数据提供了重要平台。

最后，知识资源。H国家重点实验室与T高校共享图书、文献等科研资料。至2013年年底，T高校图书馆拥有全学科图书457.7万册，国内外数据库共计159个，期刊文献涵盖了H国家重点实验室所有核心研究领域。丰富的图书、期刊、文献等知识资源为H国家重点实验室顺利开展各项科研活动提供了充裕的知识储备，此外H国家重点实验室自身知识积累也在不断增加，例如，2006—2013年H国家重点实验室共计发表EI或SCI检索收录论文近1200篇，所获专利近120个，还获得了近30个软件著作权。基于野外或实验平台而获取的观测数据为H国家重点实验室开展原始创新提供了重要数据支撑。频繁、高层次的学术交流也为H国家重点实验室提供了丰富前沿知识，例如，2013年H国家重点实验室先后主办或承办了2次全球性学术会议，在全国性大型学术会议上做特邀报告2次，在全球性大型学术会议上做特邀报告1次，国内外来室、出室讲学分别达到210次和110次，参加国内外会议共计160次。以科研项目为依托的知识产出也为H国家重点实验室发展提供了不竭知识源泉，例如，2013年H国家重点实验室获得或在研省部级以上项目（课题）共计118项，开放课题落实13项，这些科研项目产出了一系列重要科研成果，进一步丰富了实验室的知识储备。同时，H国家重点实验室也形成了独具特色的知识体系，例如XZ模型的提出、ZY模型系统的建立、DFFG理论的构建等。

## 二　H国家重点实验室创新资源捕获过程的阶段性特征

基于全球W环境方面的现实困境与我国在W环境改造方面的国家重大战略需求，结合当前国际研究热点和主流，H国家重点实验室最终在2006年获得科技部批准，依托T高校开始筹建。目前，经过8

年的建设与发展，如上所述，H 国家重点实验室已在各个方面取得了一系列重要成就，而这些成就的获取离不开 H 国家重点实验室这 8 年来对创新资源的不断积累，其中捕获过程的阶段性特征依然表现明显。

（一）阶段一

自 1984 年我国正式开始实施国家重点实验室建设计划至 2006 年，近 200 个国家重点实验室相继筹建并投入正常运营。一方面，这为 H 国家重点实验室筹建提供了重要经验借鉴，例如，依托单位 T 在实验室成立之前就已经成功承接了多个国家重点实验室的筹建与运营，这无疑为 H 国家重点实验室获批后在尽可能短的时间内获取足够多的创新资源以支撑实验室的快速发展提供了重要经验。另一方面，由于国家重点实验室数量日渐增多，相互间的竞争也日趋激烈，在此背景下如何在质与量上保证创新资源持续供给成为该实验室自筹建起就面临的重要问题。通过对 H 国家重点实验室 2013 年科研项目所获经费分析后发现，实验室借助"扩充课题信息搜寻范围，丰富资金来源渠道"的方式努力化解经费问题：2013 年 H 国家重点实验室经费来源主要包括省部级以上课题、国际合作课题、横向课题等。同时，H 国家重点实验室以 T 依托单位相关研究领域内的精华力量为依靠从中选拔实验室所需、紧缺人才，以解决实验室面临的人才不足问题。此外，H 国家重点实验室与 T 高校充分共享图书馆资源的同时借助该实验室的"学术委员会"实现了知识搜索范围不断向前沿方向上的拓展，确保了实验室科研活动所需知识的充盈度和引领性。

（二）阶段二

获取创新资源相关信息为 H 国家重点实验室锁定捕获对象提供了条件。在创新资源捕获对象确定方面，H 国家重点实验室采取的策略主要包括以下几种。

首先，财力资源。统计分析 H 国家重点实验室 2013 年申请成功和在研项目（包括作为参与单位身份的科研项目）后发现：省部级以上项目经费占了项目总经费的 52.5%；国家级项目经费占了省部级以上项目总经费的 81.6%；横向项目占了项目总经费的 41.5%，其中如表 3-22 所示，企业投入成为 H 国家重点实验室横向项目经费的主要来源；以上项目均以 H 国家重点实验室的特色与优势研究领域为基础。可见，在解决财力资源捕获对象锁定的问题上，H 国家重点实验室主要采取了如下举措：一是权衡不同类型项目后为其确定了不同申请策略——省部级以上项目申请中 H 国家重点实验室更加注重质量，即通过提高单项项目经费的方式助推总经费量的提高；横向项目申请中 H 国家重点实验室更加强调数量，即以数量的增加实现经费总量的扩充。二是 H 国家重点实验室努力拓展经费来源渠道，以尽可能提升和增加实验室经费累积速度和质量，纵向项目经费和横向项目经费比例几近持平有力佐证了这一点。三是基于项目申请质量的考虑（每项项目带来的科研经费额度），H 国家重点实验室偏好国家级（纵向）项目。四是所有申请项目突出 H 国家重点实验室的研究特色与优势，增加了该实验室项目中标率。

表 3-22　　　　H 国家重点实验室横向课题来源单位占比

| 来源组织 | 企业 | 科研院所 | 高校 | 政府 | 协会 |
| --- | --- | --- | --- | --- | --- |
| 项目比例（%） | 50 | 34.3 | 3.7 | 11.2 | 0.8 |
| 经费比例（%）* | 47.3 | 25.2 | 4.4 | 23.1 | 0 |

注：* 仅指 2013 年的实到金额。
资料来源：根据本书调研资料统计分析所得。

其次，人力资源。为了在尽可能短的时间内实现实验室人才集聚，H 国家重点实验室根据实际情况权衡室内外人才引进、直接利用和逐步培养后选择了如下策略：在人才引进方面采用了"以依托单位现有资源为主，从其他单位引进为辅"的策略，例如，从 H 国家重点实验室固定科研人员最高学位授予情况来看，实验室的一半科研人员直接来自依托单位；在人员使用方面采用了以"拿来主义为主，逐步培养为辅"的策略，例如，实验室固定科研人员年龄结构的倒金字塔形表明，目前大多数 H 国家重点实验室科研人员已处于科研成熟期，可以直接满足实验室各项科研工作所需。总之，H 国家重点实验室人才选用策略更多体现了应急性，然而为确保实验室更长远、更具持续性的发展，H国家重点实验室也在不断调整人员招聘标准，例如，H国家重点实验室最近发布的《H国家重点实验室管理办法》中明确规定了以下固定科研人员的聘任条件：实验室对各类人员实行全员聘任制，一年一聘，末位淘汰。……公认对实验室建设和发展有突出贡献的中国科学院院士、中国工程院院士，国家级有突出贡献的专家、老一辈学术带头人、博士生导师；近三年内获得过国际或国内省部级以上学术个人成就奖或荣誉、或入选省部级以上优秀中青年人才计划者；近三年内获得过国家级或省部级二等以上科研成果奖励的主要获奖人；近三年内承担过或正在承担国家级面上或省部级重点以上科研课题的课题主持人或名副其实的具体承担者（学术骨干、主要研究者）；近两年内在国际重要学术刊物上以第一作者或以第二作者但第一作者是其所指导的研究生的身份发表过学术研究论文的人员……①

最后，知识资源方面。H国家重点实验室5个核心研究领域的选择标准如下：一是传统科研优势；二是国际前沿；三是国家重大战略需求。其中前两个都是对知识资源的考察，可见基于实验室知识资源的评估也是H国家重点实验室确立重大科研方向的主要依据。

（三）阶段三

锁定创新资源为H国家重点实验室构建与创新资源之间的关系提供了条件，实践中实验室也主要通过正式渠道和非正式渠道两种方式实现关系链接。

正式渠道主要包括：一是科研项目的申请。如前所述，科研项目一直是H国家重点实验室与财力资源构建关联的主要方式，例如2013年H国家重点实验室申请科研项目量达到100项左右。二是人员公开选拔。目前，H国家重点实验室人力资源公开选拔主要面向与实验室、依托单位有科研关联的科研人员，主要方式包括自我申请、专家推荐和实验室主任邀请。三是科研仪器、设备及办公场所基建项目的招标，其中公开招标是H国家重点实验室与这些物力资源构架联系的主要方式。四是学术交流、学术期刊任职和学术组织任职。2013

---

① 根据本书调研材料整理所得。

年 H 国家重点实验室开展国内外来室、出室学术讲学交流活动分别达到 210 次和 110 次，参加国内外会议共计 160 次；23 位 H 国家重点实验室科研人员在国内 16 个、国外 14 个期刊中担任执行主编、副主编、特邀编委、专家、编委等职务；37 位 H 国家重点实验室科研人员在国外 19 个、国内 37 个学术组织中担任主席、执行主席、副主席、主任、副主任、理事长、秘书长、理事、会员、委员、副主席、执行秘书长、委员、特邀研究员等职务。这为 H 国家重点实验室获取前沿知识资源提供了重要支撑。

非正式渠道具体体现在：一是学术关系。大多数 H 国家重点实验室学术委员会成员与实验室主任及相关科研人员保持紧密学术关系，此外，H 国家重点实验室每年申请的科研项目中合作者均与项目主持人有着十分密切的学术往来。同时在实验室举办的重要学术会议上，大多数参会国内外知名学者都与实验室成员有着紧密的学术关系。二是归属情结。H 国家重点实验室一半固定科研人员的最高学历授予单位来自 T 高校，并且如图 3-10 所示，这一比例在 2006—2013 年年呈现稳步上升趋势，这进一步说明归属情结成为当前 H 国家重点实验室实现与急需人才资源快速关联的重要方式。

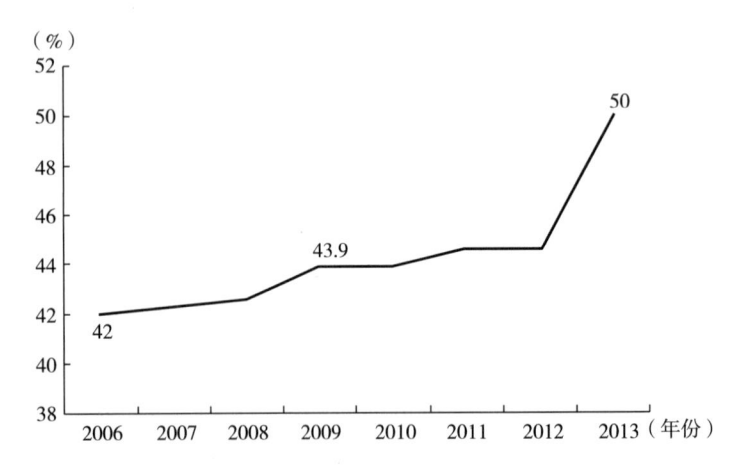

图 3-10 H 国家重点实验室固定科研人员最高学位来自依托单位的比率①

---

① 根据本书调研资料统计分析所得。

## （四）阶段四

创新资源捕获过程中 H 国家重点实验室聚拢、利用"裙带资源"的方式表现明显，具体包括以下几种。

一是开放性课题。申请人所在单位往往在申请人从 H 国家重点实验室获批开放性课题后给予课题经费补贴或奖励，这间接为 H 国家重点实验室相关课题的研究提供了额外资金。通过开放性课题，H 国家重点实验室还可以利用其他单位的先进科研仪器、设备，以完成在实验室自身无法完成的科研活动。H 国家重点实验室也可以充分利用国内外优秀人才，例如，2013 年 H 国家重点实验室实际落实 13 项开放性课题，这些课题申请者信息（负责人）如表 3-23 所示，可见课题申请负责人中的高级职称获得者占总负责人的 84.6%，以这些研究人员为载体的知识应用和生产无疑为 H 国家重点实验室相关研究提供了更为宽泛和扎实的知识储备。此外，《H 国家重点实验室开放基金管理办法》中明确规定"实验室接收国内外研究人员自带课题和经费，到本实验室来利用已有设备条件开展科学研究；同时，也根据学科发展的需要，由实验室主任批准，邀请有专长的国内外学者参加本实验室已获批准课题的研究工作"。这一规定将利用"裙带资源"的方式明文规定下来，为 H 国家重点实验室构筑更为丰富的裙带资源指明了方向。

表 3-23　　H 国家重点实验室 2013 年开放性课题负责人信息

| 国家 | 负责人编号 | 职称 | 负责人单位 |
| --- | --- | --- | --- |
| 中国 | W | 副高级 | 中山大学 |
| | Y1 | 中级 | 中国石油大学（北京） |
| | Y2 | 副高级 | 浙江大学 |
| | C1 | 副高级 | 山东理工大学 |
| | D | 正高级 | 浙江理工大学 |
| | H1 | 中级 | 京都大学防灾研究所地盘灾害研究部门 |
| | G | 副高级 | 厦门大学 |
| | H2 | 副高级 | 中国水利水电科学研究院 |
| | M1 | 副高级 | 华北电力大学 |

续表

| 国家 | 负责人编号 | 职称 | 负责人单位 |
|---|---|---|---|
| 中国 | C2 | 副高级 | 华南理工大学 |
| | M2 | 正高级 | 新疆农业大学 |
| | Y3 | 副高级 | 北京理工大学 |
| 美国 | J | 正高级 | 新泽西理工学院 |

资料来源：根据本书调研资料整理所得。

二是科研合作项目。统计分析H国家重点实验室申请的省部级以上项目、国际合作项目和横向项目后发现，几乎所有项目均包括大量合作者。系统梳理这些项目的实际运行时又发现，项目实际参与者要比申请中罗列的参与者要多，多出人员主要是各参与者所招收的研究生。同时，更为多样、异质的知识也在项目合作过程中被H国家重点实验室利用。此外，在双边或多边合作项目中，H国家重点实验室往往会撬动更多资金——以实验室与英国从2012年启动的一项双边合作项目为例，截至2013年英国方面已在该项目中累计投入了124万元。

（五）阶段五

此阶段中创新资源由室外流入室内是其主要特征，具体表现如下：一是经费划拨。科研项目成功获批后根据申请书中的相关规定和程序将科研经费划拨至H国家重点实验室，例如2013年H国家重点实验室实际资金收入近9000万元，其中约7042万元由科研经费划拨所得。二是人员招聘。基于前述不同的人力资源关系构建方式，人力资源通过不同的渠道流入H国家重点实验室，例如2013年H国家重点实验室通过公开招聘新增2名固定科研人员。三是办公场所的建设与使用，例如依托T高校的大力支持，H国家重点实验室的办公场所面积从2006年的7500平方米增加到了2013年的9800平方米。四是科研仪器、设备的购买，例如至2013年H国家重点实验室拥有30万元以上的各种科研仪器、设备37台，其中大部分从国外购买。五是数据库共享，例如，H国家重点实验室2013年发表论文的文献搜索大多基于与T高校共享的文献数据库，同时H国家重点实验室设置的实验平台（站点）、野外基地为该实验室开展科学前沿探索提供了丰富的一手数据。此外，与前两个国家重点实验室类似，H国家重点实验室创新资源引入方式同样兼具针对性和叠加性特点。

（六）阶段六

面对创新资源流入室内，H国家重点实验室通过以下措施实现了新引入创新资源的重组，使其更适合H国家重点实验室"应用基础研究和关键技术研发并重"的科研定位和实际需求。

首先，人力资源方面。如表3-24所示，H国家重点实验室固定科研人员与流动科研人员的专业构成具备如下特点：一是H国家重点实验室固定科研人员紧紧围绕实验室5个核心研究方向展开布局；二是H国家重点实验室借助流动科研人员丰富了实验室的研究方向。总之，依据实验室的发展需求，通过科研人员的合理布局，H国家重点实验室不仅实现了实验室核心研究领域的巩固，也附加了实验室研究内容的开放性和灵活性。

表3-24　　H国家重点实验室科研人员专业构成情况
（专业名称全部用字母代替）

| 固定科研人员 | | 流动科研人员 | |
| --- | --- | --- | --- |
| 专业 | 人数（位） | 专业 | 人数（位） |
| LJG学 | 6 | LJG学 | 5 |
| SGJ学 | 9 | SGJ学 | 7 |
| SHD学 | 14 | SHD学 | 8 |
| SSZ学 | 8 | SSZ学 | 3 |
| YT学 | 9 | YT学 | 4 |
| CG学、GJ学、GX学、GL学、HJ学、JG学、GKG学、LL学、SD学、SL学、SS科学、SG学 | 12 | DG学、GL学、GL学、HD学、HS学、JS学、LL学、STG学、SD学、SG学、YSL学 | 11 |

资料来源：根据本书调研资料统计分析所得。

其次，财力资源。一是H国家重点实验室自主类课题经费分为团队重点课题经费和自由探索课题经费。2013年H国家重点实验室在自由探索课题上新增1项，资金总投入为100万元，当年投入40万元；团队重点课题新增5项，资金总投入600万元，当年投入260万元。二是H国家重点实验室常规类科研项目经费配置也分为两类：一类是课题顺利结题所必需的经费投入；另一类是课题衍生费用投入，这一部分主要涉及申请课题衍生性研究方向的探索与年轻科研人员的自由探索。总之，H国家重点实验室在财力资源配置上具有如下特点：一是保证科研任务顺利结项；二是灵活统筹安排财力资源，注重对实验室未来研究方向的探索和新一代科研人员的培养；三是保证财力资源结构布局适合实验室现有发展格局——充分发挥现有资源效能，尽可能在短时间内实现实验室各项工作的稳步推进，为实验室进一步发展奠定基础。

再次，科研仪器、设备与基建方面。H国家重点实验室单价30万元以上的科研仪器、设备全部直接服务于实验室相关科研活动，办公场所在T高校的支持下不断改善，至2013年达到9800平方米。

最后，知识资源方面。H国家重点实验室依据实验室研究方向设置了5个科研团队，并据此组建了1个国家级创新团队，此团队由8人组成，其中正高职称7人，专业构成包括SL学、HD学、HJ学、SS学，达到了整合实验室知识资源的目的。

（七）阶段七

H国家重点实验室不仅实现了对创新资源的整合，也实现对这些创新资源的吸收，主要表现为：全面掌握和有效利用各种新购买、引进科研仪器、设备，例如实验室仪器、设备研究时间均值为786.47小时、服务时间均值为408小时、及时率均值维持在66.37%左右、共享率维持在39.1%；充分理解和使用各种知识资源，例如，H国家重点实验室对大量科研文献资料的掌握，对借助观测点或实验基地获得的一手数据的整合等；充分使用已注入的财力资源，2013年H国家重点实验室总收入8979万元，总支出8952万元，结余27万元，基本实现了收支平衡。

（八）阶段八

与前两个实验室类似，H国家重点实验室对创新资源的充分吸收并不是创新资源捕获过程的最后阶段，而是进入了下一捕获环节，主要体现在以下方面。

2013年H国家重点实验室各项经费收入总和约8979万元，这些投入转化成了各项科研项目的顺利推进和结项，同时形成了258篇被EI、SCI检索收录的论文，39项专利，还实现了科研仪器、设备的升级改造等。H国家重点实验室办公场所、科研仪器、设备被实验室充分吸收后转变为优良的科研硬件条件，其中H国家重点实验室还实现了5台科研仪器、设备的自制，这无疑是对已有科研设备的再创新。学术论文、学术专著的涌现成为知识资源投入的重要产出，其中不乏知识再创新甚至是原创新成果。此外，2006年后获得国家级各种荣誉称号的人员概况如表3-25所示，说明H国家重点实验室不仅实现了人力资源的成功吸收，还实现了人力资源由人员向人才的重大转变。

表3-25　　H国家重点实验室人力资源荣誉称号的获得年份

| 人员编号 | 入室时间 | 获得荣誉称号及获得年份 |
| --- | --- | --- |
| W | 2006 | 中国科学院院士（2009年） |
| L1 | 2006 | 中国科学院院士（2007年） |
| Y1 | 2006 | 国家杰出青年科学基金获得者（2010）<br>教育部长江学者奖励计划（2013年） |
| Y2 | 2006 | 国家杰出青年科学基金获得者（2009年） |
| J | 2006 | 教育部长江学者奖励计划（2011年） |
| C | 2006 | 教育部长江学者奖励计划（2008年） |
| F | 2006 | 教育部长江学者奖励计划（2012年） |
| L2 | 2006 | 教育部长江学者奖励计划（2009年） |
| T | 2006 | 国家优秀青年科学基金获得者（2012年） |
| Z | 2006 | 中组部万人计划（2013年） |
| L3 | 2010 | 中组部千人计划（2011年） |
| H | 2013 | 中组部千人计划（2013年） |

注："入室时间"指科研人员进入H国家重点实验室的时间。
资料来源：根据本书调研资料统计分析所得。

（九）阶段九

H国家重点实验室创新资源捕获过程中也出现了明显的"集聚"

现象，主要表现在：首先，创新资源出现自我累积现象。如图3-9所示，H国家重点实验室科研经费金额不断增加。如表3-26所示，H国家重点实验室固定科研人员、流动科研人员、人才资源的数量都表现出逐年增加趋势，且H国家重点实验室的人才比率在41个同领域重点实验室中处于上游水平。如图3-11所示（以科研仪器、设备价值总额计算），科研仪器、设备表现出了较为显著的自我累积走势。如图3-12所示，学术论文发表（被EI或SCI检索收录）量和专利申请获批量也深刻反映了H国家重点实验室的知识资源自我累积趋势。总之，无论从H国家重点实验室的人力资源、财力资源、物力资源还是知识资源的逐年变化来看，都呈现出了创新资源增量发展趋势。

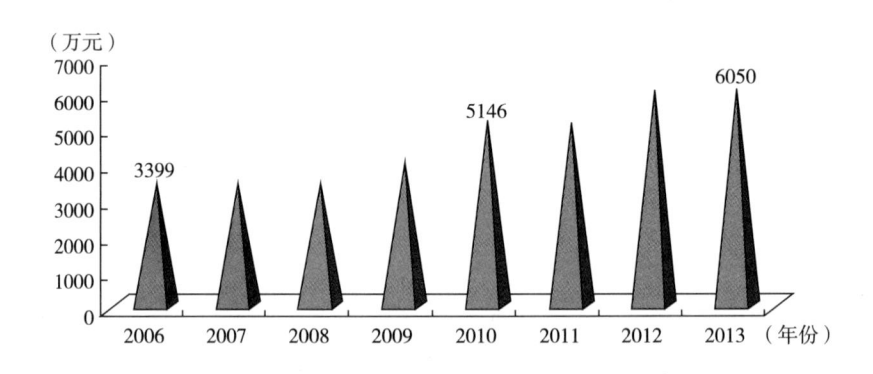

图3-11 H国家重点实验室科研仪器、设备总值变化①

表3-26　　H国家重点实验室人力资源的变化情况

| 年份 | 固定科研人员（位） | 流动科研人员（位） | 总计（位） | 院士（位） | 其他人才类型（位） | 总计（位） | 人才比例（%） |
|---|---|---|---|---|---|---|---|
| 2006 | 50 | 28 | 78 | 3 | 13 | 16 | 20.5 |
| 2007 | 52 | 28 | 80 | 3 | 13 | 16 | 20.0 |
| 2008 | 54 | 26 | 80 | 3 | 13 | 16 | 20.0 |

① 根据本书调研资料统计分析所得。

续表

| 年份 | 固定科研人员（位） | 流动科研人员（位） | 总计（位） | 院士（位） | 其他人才类型（位） | 总计（位） | 人才比例（%） |
|---|---|---|---|---|---|---|---|
| 2009 | 57 | 28 | 85 | 4 | 15 | 19 | 15.0 |
| 2010 | 57 | 33 | 90 | 4 | 16 | 20 | 22.4 |
| 2011 | 56 | 33 | 89 | 4 | 18 | 22 | 24.7 |
| 2012 | 56 | 40 | 106 | 4 | 20 | 24 | 22.6 |
| 2013 | 58 | 38 | 106 | 3 | 24 | 27 | 25.5 |

资料来源：根据本书调研资料统计分析所得。

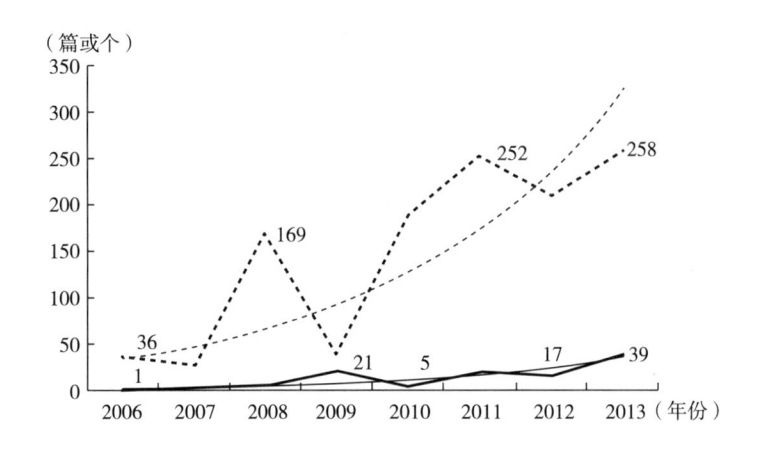

图3-12 H国家重点实验室学术论文数量和专利申请获批量变化①

其次，创新资源之间呈现相互牵引现象。例如，H国家重点实验室科研经费为已有设备的升级或购买新设备提供了资金支持；人力资源不仅带来了更多科研经费和知识储备，而且还为H国家重点实验室研制了5台科研仪器、设备；H国家重点实验室充裕的资金支持、先进的科研设备、前沿的科研活动为实验室吸引高端人才提供了重要条件；前沿知识的大胆探索和应用则为实验室带来了更多科研经费和科

---

① 根据本书调研资料统计分析所得。

研仪器、设备的升级和自制。同样，以 H 国家重点实验室专项基金获得情况为例，2009—2013 年，实验室每年专项经费获得量维持在 1000 万元（不包括设备更新费用），这比同领域内的一般实验室高出约 200 万元。

综上所述，与前两个国家重点实验室类似，以上 9 个阶段也是 H 国家重点实验室创新资源捕获过程的主要环节，随着 H 国家重点实验室更高科研水平对创新资源质量要求层次的提升，H 国家重点实验室创新资源捕获同样进入了新一轮更高层次的循环。

### 三 H 国家重点实验室创新资源捕获过程的影响因素

综合案例分析，影响 H 国家重点实验室创新资源捕获过程的主要因素包括以下两个方面：一是激烈的竞争环境。H 国家重点实验室与前述两个国家重点实验室的区别在于从建室开始就面临激烈的竞争环境，这给 H 国家重点实验室各项建设施加了很大压力。面对这些压力，H 国家重点实验室将其转化为动力，反映到资源获取上，表现为实验室为尽可能高质量获取创新资源所做出的市场化努力。二是国家重点实验室自身特点的影响。H 国家重点实验室定位于"应用基础研究与关键技术研发并重"，这为实验室捕获创新资源提供了更为多样化的渠道，同时也使创新资源捕获过程环节的侧重点与 C 和 L 两个国家重点实验室有所不同，例如 H 国家重点实验室更强调对实验室外部创新资源的维持与利用。

## 第五节 跨案例比较

### 一 国家重点实验创新资源捕获过程的阶段性构成

（一）基于案例研究的国家重点实验室创新资源捕获过程的阶段细分

通过前述三个案例的探索性深入分析可见，国家重点实验室创新资源捕获过程具有很强的阶段性特征，如表 3-27 所示。

表 3-27  三个探索性案例的跨案例比较

| 阶段 | 国家重点实验室创新资源捕获过程的阶段性特征 | | | 实现途径 |
|---|---|---|---|---|
| | L 国家重点实验室 | C 国家重点实验室 | H 国家重点实验室 | |
| 源起 | 实验室的筹建与发展 | 实验室的筹建与发展 | 实验室的筹建与发展 | |
| 阶段一 | 筹建期：通过国家需求和该实验室前身已有运行，了解创新资源的基本信息；当前：与 H 国家重点实验室一致 | 筹建期：通过国家需求和其他实验室的已有运行经验，掌握创新资源的基本信息；当前：与 H 国家重点实验室一致 | 通过国家需求、其他实验室已有运行经验、国家重点实验室群体现有格局等，掌握该室所需创新资源基本现状 | 国家科技计划或政策导向；市场对科技成果的需求导向 |
| 阶段二 | 改变创新资源捕获思维，目标转向"优质"资源 | 在保证创新资源"量"上不断扩充的同时，开始在"质"上下功夫 | 尽可能地获取更多创新资源 | 确定捕获对象范围；确定选择标准与策略等 |
| 阶段三 | 主要通过两种渠道构建与创新资源间的联系 | 主要通过两种渠道构建与创新资源间的联系 | 主要通过两种渠道构建与创新资源间的联系 | 正式渠道、非正式渠道 |
| 阶段四 | 主要通过开放性课题、合作项目（偏向于基础研究）方式利用"裙带资源" | 主要通过合作基地、开放性课题、合作项目方式利用"裙带资源" | 主要通过开放性课题、合作项目（偏向于关键技术的开发与应用）方式利用"裙带资源" | 开放性课题、合作项目、合作基地等 |
| 阶段五 | 引入室内的创新资源主要来源于政府、科研院所 | 引入室内的创新资源主要来源于政府、高校 | 引入室内的创新资源来源于政府、企业、高校、科研院所、协会 | 政府计划划拨；市场契约 |
| 阶段六 | 根据关注基础研究的需求整合引入的创新资源 | 根据"以应用基础为中心，并不断向基础研究和技术开发延展"的需求整合引入的创新资源 | 根据"应用基础研究和关键技术研发并重"的需求整合引入的创新资源 | 经费分类使用；构建研究团队等 |

续表

| 阶段 | 国家重点实验室创新资源捕获过程的阶段性特征 | | | 实现途径 |
|---|---|---|---|---|
| | L国家重点实验室 | C国家重点实验室 | H国家重点实验室 | |
| 阶段七 | 了解、掌握和使用仪器、设备、知识、资金 | 了解、掌握和使用仪器、设备、知识、资金 | 了解、掌握和使用仪器、设备、知识、资金 | 了解、掌握和使用 |
| 阶段八 | 创新资源的各种相变 | 创新资源的各种相变 | 创新资源的各种相变（比较有特色是自制仪器设备能力的提升） | 各种创新资源向创新能力的转化 |
| 阶段九 | 创新资源的正向激化 | 创新资源出现正向激化 | 创新资源的正向激化 | 自我累积；相互牵引 |
| 之后 | 更高层次的循环 | 更高层次的循环 | 更高层次的循环 | — |

资料来源：根据探索性案例研究结论整理所得。

　　作为本位主体，促进自身更好地建设与发展是国家重点实验室创新资源捕获的原始、核心驱动力，据此国家重点实验室创新资源捕获过程才具有更好的延展性和创新型，国家重点实验室的发展才具有更好的耐力和潜力。以此为出发点，国家重点实验室创新资源捕获过程的第一阶段是要掌握国家重点实验室创新资源相关信息，以厘清自身所处的创新资源格局。无论L国家重点实验室、C国家重点实验室还是H国家重点实验室都在这一阶段投入了必要精力，尤其H国家重点实验室（自筹建开始即处于激烈竞争环境之中），对掌握所处创新资源环境格局表现得更为积极和迅速。掌握创新资源信息成为这一阶段的核心目标或特征，据此可将其界定为国家重点实验室创新资源捕获过程的创新资源信息搜索阶段。

　　信息搜索阶段为国家重点实验室提供了创新资源捕获的大体范围，至于哪些是国家重点实验室所需要的资源，哪些是国家重点实验室着重关注的资源，这一阶段并未给出答案。基于此，三个国家重点实验室都采取了相似策略回应这一问题，即在评估已有创新资源相关信息基础上不断调整捕获对象范围、选择标准和选择策略等，并逐步锁定国家重点实验室最终所需捕获的具体创新资源。总之，基于不断评估锁定国家重点实验室创新资源捕获对象是此阶段的核心特征，据此可将这一阶段界定为国家重点实验室创新资源捕获过程的创新资源评估阶段。

锁定对象使捕获有了针对性，然而没有关联的对象也仅仅是对象而已，无法被实验室切实使用。三个国家重点实验室都借助正式渠道（包括课题申请、人员选拔、仪器购买、学术交流、学术组织或期刊任职等）和非正式渠道（包括学术关系、归属情结等）实现了自身与创新资源之间关系的链接，为国家重点实验室创新资源的真正获取和使用提供了可能，所以链接国家重点实验室与创新资源之间的关系成为此阶段的核心特征，据此可将此阶段界定为国家重点实验室创新资源捕获过程的创新资源关系关联阶段。

国家重点实验室与创新资源关系的搭建并非意味着创新资源已经被国家重点实验室所捕获，很多创新资源尽管与国家重点实验室建立了联系但自始至终处于室外游离状态，所以利用这部分"裙带资源"成为国家重点实验室创新资源捕获过程中不可或缺的一环。更为重要的是，这部分裙带资源后续可能转化为国家重点实验室拥有的资源，例如三个国家重点实验室某些固定科研人员就来源于那些曾经与实验室开展合作但并不属于实验室的流动科研人员。实践中三个国家重点实验室采取构建合作基地、设置开放课题、开展项目合作、进行学术互动等方式以维持、利用和加强与这些裙带资源的关系，实现了创新资源"不为所有，但为所用"的目的。保持与裙带创新资源的关系成为此阶段的核心特征，据此可以将此阶段界定为国家重点实验室创新资源捕获过程的创新资源附着阶段。

如前所述，很多裙带资源后来转化为国家重点实验室所拥有的资源，这一阶段即为创新资源流入实验室的阶段。正如在三个案例分析中所见，财力资源主要通过课题经费划拨，人力资源主要通过公开招聘，科研仪器、设备主要通过购买，知识资源主要通过与依托单位共享图书、文献数据库等方式实现了这些创新资源流入实验室。此阶段中，创新资源与实验室的关系发生了重要转变，即国家重点实验室获得了创新资源的所有权，所以创新资源的流入及与实验室关系的变化构成了此阶段的核心特征，据此可将此阶段界定为国家重点实验室创新资源捕获过程的创新资源引进阶段。

对创新资源的所有并不意味着这些创新资源适合国家重点实验室的实际需求，只有真正被消化的创新资源才能真正助力于实验室的发展，所以消化成为创新资源引入后至真正被实验室所运用过程中的重要过渡环节。三个国家重点实验室虽然采取的具体措施有所不同，例如，在财力资源中L国家重点实验室更加强调国家级课题，且财力配置以探索未来研究方向为侧重点；C国家重点实验室虽然也强调国家级课题，但横向课题与国际合作课题也开始受到重视，且财力配置目标定位于人才培养和探索未来研究方向两个方面；H国家重点实验室更为开放，更加强调财力资源来源的广泛性，以期为实验室发展提供充裕的物质保障，所以纵向课题和横向课题几乎处于同等重要的地位，但其核心目标极为一致：紧紧围绕实验室发展需求（无论是实验室的总体定位，还是核心研究方向的定位），逐步消化创新资源，力求创新资源最大效能的发挥，所以创新资源的消化成为此阶段的核心特征，据此可将此阶段界定为国家重点实验室创新资源捕获过程的创新资源消化阶段。

创新资源消化阶段的完成为国家重点实验室吸收创新资源奠定了基础。无论掌握与使用科研仪器、设备，理解与借鉴知识资源，还是积极开发人力资源，都说明三个国家重点实验室实现了创新资源的吸收，所以创新资源的吸收成为此阶段的核心特征，据此可将其界定为国家重点实验室创新资源捕获过程的创新资源吸收阶段。

随着创新资源吸收任务完成，创新资源随之在国家重点实验室内部发生相变，例如，财力资源转变为科研成果，人力资源除了转变为科研成果外还实现了自身由人员向人才的质变，物力资源转变成更好的科研硬件条件，知识资源转变成大量显性知识的同时隐性知识也得到了持续更新、拓展与涵养，可见创新资源的相变本质上是创新资源的再创新，并成为此阶段的核心特征，据此可将此阶段界定为国家重点实验室创新资源捕获过程的创新资源再创新阶段。

创新资源再创新不仅起到了支撑国家重点实验室各项建设预期目标实现的功能，也起到了创新自我累积的作用，还起到了提升国家重点实验室吸引新创新资源能力的作用，在三个案例中具体呈现为创新资源的自我累积和相互牵引现象，总之创新资源的自发集聚构成了此阶段的核心特征，据此可将此阶段界定为国家重点实验室创新资源捕获过程的创新资源集聚阶段。

创新资源集聚阶段的结束并不意味着国家重点实验室创新资源捕获过程的结束，而是进入了新一轮更高层次的循环。至此，基于三个案例研究的国家重点实验室创新资源捕获过程可细分为9个具体环节，即创新资源的搜索、评估、关联、附着、引进、消化、吸收、再创新和集聚。此外，表3-27还蕴含了国家重点实验室创新资源捕获过程实现途径具有明显"计划—市场"二元性，如表3-27"实现途径"一栏所示，"国家科技计划或政策导向"、纵向"课题项目申请"、经费的"政府计划划拨"等体现出明显的计划性，但依然有市场的影子，例如，其中"课题项目申请"体现出的激烈"竞争性"，其他"实现途径"直接以市场契约为基础高效捕获人、财、物与知识创新资源等。总之，国家重点实验室创新资源捕获过程实现途径形成了"市场—计划"二元驱动的新格局[①]。

（二）基于理论整合的国家重点实验室创新资源捕获过程的阶段划分

尽管目前尚无文献对国家重点实验室创新资源捕获过程问题展开系统研究，但资源基础理论、创新网络理论、协同创新理论为这一问

---

① 以H国家重点实验室为例做一具体说明：H国家重点实验室借助政府提供的课题项目经费、科研仪器购置费顺利筹建与成立，体现了计划启动功能。之后，H国家重点实验室积极参与竞争，充分借助市场资源配置功能实现H国家重点实验室创新资源短时间内的迅速集聚——至2013年运行8年的H国家重点实验室经费总额达到7042万元，其中52.7%的经费通过市场技术交易捕获，C和L国家重点实验室达到这一水平分别用了11年和25年。基于来自"计划—市场"二元驱动下创新资源捕获过程效能的充分发挥，H国家重点实验室在短时间内吸附了雄厚创新资源，据此H国家重点实验室迅速构建自主创新能力，最终取得了自建立至今历次评估中均获"优秀"的骄人成绩。

题的分析提供了重要理论视角与启示。基于前述案例分析研究结论，结合资源基础理论、创新网络理论、协同创新理论与国家重点实验室创新资源捕获过程（尚不涉及影响因素）的关联，提炼理论化的国家重点实验室创新资源捕获过程模型，具体有以下四个方面。

首先，协同创新理论指出，要素在协同创新中发挥作用需要相应机制的支持，其中过程机制主要通过搜寻、合作、共享和结网四个环节发挥具体作用，其中搜寻环节的核心功能是在一定范围内筛选协同要素并确定合适协同对象。创新网络理论也指出，网络形成过程中节点的选择关乎整个创新网络的规模、结构和绩效，所以此理论认为强化节点评估对网络形成具有重要意义。结合前述三个案例，创新资源搜索阶段和评估阶段与两个理论的上述观点契合。综上所述，根据协同创新理论中关于要素协同过程和创新网络理论中关于节点评估给予的启发，结合前述案例研究结论，将创新资源的搜索与评估合并为一个阶段，即创新资源"搜寻阶段"。

其次，创新网络理论指出，网络的形成以节点间关系的桥架为基础，而节点间的桥架及其状态（包括疏密、强弱）通过结构洞的不同而对整个创新网络绩效产生影响。协同创新理论将创新要素的关注范围拓展至游离于组织之外的要素，且认为"全面协同创新"的实现需要组织内外所有要素的全面、系统支持。资源基础理论也认为，提升组织竞争力的资源不仅包括那些产权属于组织的资源，还包括那些产权不属于组织但能够被组织控制或使用的资源。总之，三个理论的共性启发是：构建、维持、强化和利用组织外部资源对组织的发展具有重要意义。在前述三个案例研究结论中，创新资源与国家重点实验室间的关联和附着两个环节与这三个理论契合度较高，两个阶段可合并为一个阶段，加之无论是创新资源的关联还是附着都是以国家重点实验室与创新资源之间关系的构架、维持、强化和利用为中心，所以在此将创新网络理论中的"桥架"（仅包括关系构架）一词改为"桥化"（定义为国家重点实验室与创新资源之间关系的构架、维持、强化和利用现象），以界定国家重点实验室创新资源捕获过程理论化的第二阶段，即创新资源"桥化阶段"。

再次，资源基础理论的最大突破在于从组织内部探究组织之间的竞争力差异问题，包括因资源引进、整合、吸收能力差异引致的竞争力差异，即组织（企业）竞争优势源于知识"快速的、即兴的学习机制"产生的"创新、吸收和整合优势"。创新网络理论和协同创新理论中的 SECI 模型是知识转换的经典模型，其中的"内部化"环节更是将知识转化描述得恰到好处。整合这三个理论，借用"内部化"一词来描述创新资源由实验室外部转入实验室内（引进），历经整合（消化）以适应实验室实际需求，最终转化为实验室可用资源（吸收）的整个过程。前述案例研究结论中的创新资源引进、消化和吸收三个阶段与之对应，进而可以合并为一个阶段，即国家重点实验室创新资源捕获过程的"内化阶段"。

最后，资源基础理论和创新网络理论都对资源在某一时空上的聚集现象做出了解释，从形成过程视角切入来看，一方面源于资源通过自身再创新实现了自身再积累，另一方面则是不同资源之间的相互牵引。此外，协同创新理论也明确指出，要素之间的相互作用也是协同效应产生的关键因素。总之，三个理论无论对创新资源纵向上自身的再积累还是横向上的相互牵引现象的揭示，共同刻画了创新资源本身无论在质上还是量上都得到了提升和增加的要旨，前述三个案例研究结论中的创新资源再创新和集聚阶段与之契合，所以可以合并为一个阶段。根据此阶段以创新资源显著提升自身质量的显著特征可将其定义为"增值阶段"。随着这一阶段的结束和国家重点实验室进一步发展对创新资源质量新要求的提出，创新资源捕获过程进入了新一轮更高层次的循环。

综上所述，如表 3 - 28 所示，基于探索性案例研究结论，结合资源基础理论、创新网络理论、协同创新理论，国家重点实验室创新资源捕获过程可以理论化为搜寻（Searching）、桥化（Bridging）、内化（Internalizing）和增值（Propagating）四个阶段，即国家重点实验室创新资源捕获过程的 SBIP 模型，见图 3 - 13。

表3-28　基于理论整合的国家重点实验室创新资源捕获
过程的阶段划分

| 主要理论基础 | 探索性案例研究结论 | 整合结果 |
|---|---|---|
| 协同创新理论、创新网络理论 | 搜索阶段、评估阶段 | 搜寻阶段 |
| 协同创新理论、创新网络理论、资源基础理论 | 关联阶段、附着阶段 | 桥化阶段 |
| 协同创新理论、创新网络理论、资源基础理论 | 引进阶段、消化阶段、吸收阶段 | 内化阶段 |
| 协同创新理论、创新网络理论、资源基础理论 | 再创新阶段、集聚阶段 | 增值阶段 |

资料来源：根据本书研究结论整理所得。

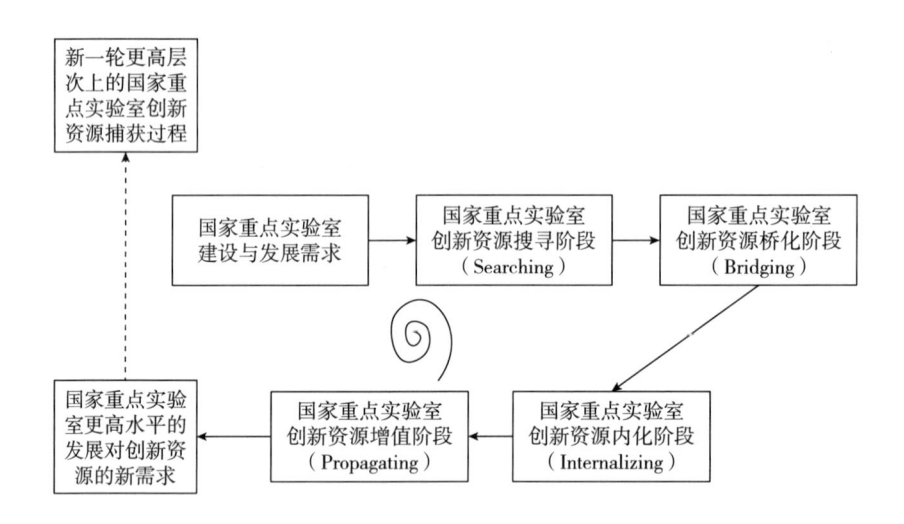

图3-13　国家重点实验室创新资源捕获过程模型[①]

## 二　国家重点实验创新资源捕获过程的影响因素

综合上述探索性案例研究结论，影响国家重点实验室创新资源捕获过程的因素主要包括领导的重视、多样化的创新资源捕获渠道、创新资源捕获经验、特色鲜明且实力雄厚的研究领域、到位的支持政策、创新资源的自我累积、激烈的竞争环境、国家重点实验室的自身特点等。此外，出于全面性考虑，实施一次开放式问卷调查，问卷内容设置了一个开放性问题，即"您认为影响贵实验室创新资源捕获过程

---

① 根据本书研究结论整理所得。

（创新资源的搜索、评估、关联、附着、引进、消化、吸收、再创新和集聚过程）有效实现的因素有哪些？"归纳 51 份回收的有效问卷后发现，国家重点实验室创新资源捕获过程影响因素不仅包括探索性案例研究中的相关结论，还包括了许多其他因素，具体见表 3-29。

表 3-29　　国家重点实验室创新资源捕获过程的影响因素

| 影响因素 | 具体表现 |
| --- | --- |
| 研究领域 | 研究方向的凝练；实验室的自身定位；学术特色 |
| 创新资源捕获渠道 | 政府、企业和国外科研项目的争取；与其他科研单位构建合作基地 |
| 信息平台 | 高水平的信息平台建设；对于信息的整合与分享；畅通的信息沟通 |
| 文化氛围 | 自由公正的学术氛围；学术影响力；实验室成员间的关系是否和谐；实验室内部的合作 |
| 资源环境 | 优秀研究生的支持 |
| 机制构建 | 激励机制：科学的绩效考核机制，合理的激励机制，具有激励效果的创新机制，实验室本身的考核体制；开放机制：与国外科研院所保持紧密的联系，与国外科技、国内经济建设保持密切关联，与国内外其他科研单位间保持紧密的联系与沟通，灵活的数据资源共享机制；评估机制：中科院评估体系的改进，实验室与学校对科研人员评价体系的协调性，以学术评价为主；管理机制：管理方法，实验室对科研工作的管理力度，民主化管理 |
| 领导、政府、依托单位及其政策支持 | 领导的视野；政府重视及支持；政策支持；政府科技政策；政府与依托单位在科研项目、物力资源、人才引进等方面的政策及支持力度；依托单位在用人政策方面的倾斜；主要负责人的责任感和使命感；实验室领导的能力与品格 |
| 实验室自身特点 | 地理位置的影响 |
| 竞争 | 外部强大的竞争压力 |

资料来源：根据本书研究结论和问卷调查归纳所得。

## 第六节　本章小结

本章基于 L 国家重点实验室、C 国家重点实验室和 H 国家重点实验室三个探索性案例分析，结合资源基础理论、协同创新理论、创新网络理论和社会资本理论，构建了理论化的国家重点实验室创新资源捕获过程SBIP模型，并综合问卷调查汇总、析出了可能影响这一过程实现的影响因素。

首先，对L国家重点实验室、C国家重点实验室和H国家重点实验室开展单案例研究，分别详细且深入地分析了这三个国家重点实验室各自的创新资源捕获过程及其影响因素。其次，在单案例分析的基础上进行跨案例比较研究。在比较、归纳三个探索性案例研究结论的基础上提炼出了国家重点实验室创新资源捕获过程的搜索、评估、关联、附着、引进、消化、吸收、再创新和集聚九个细分阶段。最后，结合资源基础理论、创新网络理论和协同创新理论，对这九个细分阶段进行理论化整合，最终形成了包括搜寻（Searching）、桥化（Bridging）、内化（Internalizing）和增值（Propagating）四个阶段的国家重点实验室创新资源捕获过程理论化模型——SBIP模型。同时，基于探索性案例分析和问卷调查，析出了领导、政府、依托单位及其政策支持，实验室自身特点与所处资源环境等一系列影响国家重点实验室创新资源捕获过程有效实现的可能因素。

# 第四章

# 问卷调查分析

基于探索性案例研究,结合理论分析,第三章提出了国家重点实验室创新资源捕获过程的 SBIP 模型,同时也初步给出了影响这一模型实现的因素,然而此理论模型及其影响因素的规律性却需要进一步检验。在接下来的第五章和第六章,将基于样本调查获取的一手数据对国家重点实验室创新资源捕获过程模型及其影响因素展开实证检验、修正与完善。由于实证所需数据主要通过问卷调查方式获取,进而问卷调查过程的科学性、合理性将直接关系到本书研究的信度与效度,因此本章将从问卷设计、样本选择、问卷发放与回收、问卷内容的描述性统计入手对本书研究的问卷调查过程(信度与效度情况)及其初步结论展开详细论述。

## 第一节 问卷调查的准备

### 一 调查问卷的设计

(一)调查问卷设计的目的

尹慧丽(2008)指出,调查目的是问卷设计过程中首先要明确的问题。根据本书研究内容将本书研究中的问卷设计的具体目标界定为以下三个方面。

一是验证国家重点实验室创新资源捕获过程 SBIP 模型。

二是验证国家重点实验室创新资源捕获过程 SBIP 模型影响因素。

三是为进一步完善国家重点实验室创新资源捕获过程 SBIP 模型和深化其影响因素认识提供实证参考。

(二) 调查问卷设计的基本内容

根据调查问卷设计具体目标,结合研究内容具体框架,调查问卷主要包括三个方面的内容 [详细内容请参见附录 2:国家重点实验室 (SKL) 创新资源捕获过程影响因素调研问卷]。

一是关于国家重点实验室创新资源捕获过程的判断。

二是关于国家重点实验室创新资源捕获过程影响因素的判断。

三是关于国家重点实验室创新资源来源的判断。

调查问卷中有些理应设置的问题并未出现,原因在于:这些数据通过前期数据与资料收集已经获得,并且可靠性更高,例如,国家重点实验室创新资源捕获过程绩效数据,包括国家重点实验室年度经费额度、年度论文与专利数量、年度固定科研人员与流动科研人员数量、科研仪器与设备价值总额等;国家重点实验室的基本信息,包括国家重点实验室所在领域、依托单位、管理单位、研究定位等。总之,调查问卷中的问题设置,既涵盖了本书研究所需的必要信息,也实现了尽可能的"瘦身",以充分照顾调查问卷填写者的回答耐力。

(三) 调查问卷设计的基本过程

在研读大量已有研究文献、梳理国家重点实验室访谈结果、归纳国家重点实验室探索性案例分析结论和总结国内外一些成功调查问卷设计经验的基础上结合本书研究的具体研究目标和内容设计了本书所使用的调查问卷,基本设计过程如下。

第一,根据第三章探索性案例分析得出的一系列结论,进行第一次变量设计,初步界定调查问卷设计所要依循的主要变量,即调查问卷设计的概念化处理。

第二,大量研读国内外与本书相关的实证文献,初步归纳这些文献中涉及的过程机制与影响因素、绩效指标,达到如下目的:一是基于文献研究进一步优化第一阶段界定的主要变量;二是基于文献研究,结合研究内容,完善变量体系,以确保调查问卷设计目的的实现；三是准确且翔实地界定变量体系中的各个变量；四是依据变量体系进行第一次题目设定，即调查问卷设计的操作化处理。在完成这些目标过程中初步构建起了设计调查问卷所依附的原始指标体系，之后结合第三章探索性案例分析得出的一系列结果对原始指标体系进行第一次修订，并据此形成初始调查问卷。

第三，在武汉区选取创新资源捕获质量较好的国家重点实验室开展实地访谈。访谈对象主要包括国家重点实验室固定科研人员，职称限定为副高级及以上且在实验室至少供职3年以上，以此确保访谈对象了解与熟知国家重点实验室。访谈内容主要涉及以下问题：一是国家重点实验室创新资源捕获过程的阶段性问题；二是影响国家重点实验室创新资源捕获过程的因素；三是国家重点实验室创新资源捕获过程中的一些典型事例；四是创新资源环境与来源等其他问题。实地访谈的主要目的包括：一是验证初步设想；二是进一步修正和丰富研究内容；三是修改和完善调查问卷。通过实地访谈，完成了调查问卷的第二次调整与修改。

第四，邀请专家学者对第二次调整、修改的调查问卷提出修改意见。专家学者分为两类：一类是本领域内的相关专家学者，主要依靠华中科技大学公共管理学院科技管理研究领域内的博士生导师；第二类是非本领域内的专家学者，主要依靠个人学术关系结识的科研人员，专业背景包括社会学、教育学等。通过两类人员的再建议，在调查问卷内容和设计形式上做出了进一步的调整与改善，完成了调查问卷的第三次调整与修改。

第五，预调查。2014年7—8月。分别向8个学科领域内的8所国家重点实验室发放40份调查问卷。问卷预调查的目的在于检验调查问卷质量（包括内容表述准确度、问卷长度、问题设置合理性等）。根据预调查反馈的信息与建议，对调查问卷进行了第四次调整与修改，形成了本书研究最终所使用的调查问卷。

（四）调查问卷设计的可靠性说明

调查问卷的可靠性是保证数据收集科学性的前提，已有研究给出了一系列提高调查问卷设计质量的措施，例如，艾尔·巴比

(2010)提出调查问卷中的"问题设置要尽量精炼和清楚、避免双重问题、避免问题的倾向性等"[①];劳伦斯·纽曼(2007)也指出调查问卷中题目的设置要尽量"避免行话、俚语和简写,避免模棱两可、混淆和模糊不清,避免情绪化的语言和声望偏见,避免双重负载,避免诱导性问题,避免问题超过被访者的能力,避免双重否定"等[②];此外,佟立纯等(2011)、袁方等(2013)也从调查问卷设计的原则与步骤、问题设计注意事项等方面详述了提升调查问卷质量的若干措施。

根据已有文献提供的理论参考和已有调查问卷设计的实践经验,本书通过以下几个方面确保调查问卷的可靠性:基于调查问卷设计目标和内容,从宏观上把握调查问卷设计的内在逻辑关系和体系,按照"过程判断—因素判断—来源判断"的逻辑关系设置题目序列,在保证调查问卷结构逻辑严密、清晰的同时也便于问卷回答者保持填写思路的连续性;在保证调查问卷题目充分涵盖研究内容、目标的基础上,力争问题设置遵循客观、必要、具体、通俗、简明、准确、非否定等原则,确保应答者准确理解和填写;题目设置以封闭式问答为主,保证调查问卷的严谨性;调查问卷编码进行了数据保密化处理,在保证调查问卷可追溯性的同时兼顾了填写者信息的保密性;回答方式根据不同研究目的而定,以确保调查问卷内容的针对性;采用李克特5级量表,便于填写者准确理解和回答问题;调查问卷设计历经理论设计与预调查,并在实践检验过程中逐项解决了调查问卷暴露出的问题,进一步提升了调查问卷质量。

## 二 调查问卷发放样本的选择

本书研究样本选择倾向于非概率抽样,具体过程如下:首先,确定填写调查问卷的国家重点实验室总数。至2013年年底,批准开放和筹建的国家重点实验室共计266个(不包括企业类、省部共建类、

---

① [美]艾尔·巴比:《社会研究方法基础》,邱泽奇译,华夏出版社2013年版,第137—151页。
② [美]劳伦斯·纽曼:《社会研究方法——定性和定量的取向》,郝大海译,中国人民大学出版社2007年版,第339—364页。

港澳台伙伴类和国家实验室），其中有的国家重点实验室仍处于筹建阶段，有的刚批准对外开放尚未历经国家评估，这些实验室并不成熟或未经历应有检验，其回复的问卷及其信息会对调查结果产生严重干扰，折损研究信度和效度，故此类实验室予以剔除，剔除之后剩余224个，即为填写调查问卷的国家重点实验室总数。其次，确定调查问卷填写个体。在224个国家重点实验室中选择调查问卷填写个体，填写个体的选择标准是副高级职称及以上的实验室固定科研人员（包括实验室科研、技术和管理人员），以保证填写个体对所在实验室有较为熟知的了解，之后在这些副高级职称以上的实验室固定科研人员中采用概率抽样方法随机抽取个体，作为调查问卷的具体填写者。

综上所述，本书研究样本选择以立意抽样（Purposive Sampling）为主，以概率抽样（Probability Sampling）为辅，原因在于：对国家重点实验室整体布局、单个实验室及其科研人员的统计性认知较为熟悉，利用立意抽样的方法可以使最终确定的样本更具代表性；以概率抽样的方法做辅助可以使最终确定的样本更可靠、可信。

## 第二节 问卷调查的实施

### 一 调查问卷的发放

在调查问卷设计完毕和问卷填写样本确定的基础上实施问卷发放。本书主要采用电子邮件发放方式。主要步骤包括：首先，根据确定的224所国家重点实验室名称在线查找官方网址。其次，在完成第一步工作的基础上确定调查问卷填写个体。由于某些实验室科研内容特殊，科研人员信息不对外公布，针对这种情况通过与这些实验室电话联系获得其相应联系方式；还有的实验室虽然对外公布科研人员姓名，但没有标注联系方式，针对这种情况采取三种解决措施：一是在依托单位网站上寻找；二是通过百度、Google等搜索引擎查找；三是向实验室咨询。尽管采取了以上弥补措施，但仍有一些实验室人员的联系方式无法获得，类似国家重点实验室包括2个地学领域国家重点实验室、9个医学领域国家重点实验室、2个信息领域国家重点实验室、3个材料领域国家重点实验室、2个工程领域国家重点实验室，共计18个，出于调研成本考虑从调研对象中剔除了这18个国家重点实验室，即最终实际能够发放调查问卷的国家重点实验室共计206个。基于这206个国家重点实验室，在其副高级职称以上的固定科研人员中通过概率方式抽取调查问卷填写个体。最后，通过电子邮箱将调查问卷发放到填写个体，发放工作在2014年9月完成。

**二 调查问卷的回收与数据化处理**

由于不同的问卷发放方式对问卷回收产生不同影响，所以问卷回收率难以判断问卷回收质量[①]。本书选取更有参考价值的有效问卷率作为问卷可用性衡量指标。至2014年10月31日，共回收问卷121份，剔除填写错误、无填写等无效问卷11份，剩余有效问卷110份，问卷有效率90.9%。可见，无论是回收有效问卷总量还是有效问卷率都达到了开展数据统计分析与挖掘的基本要求，所以在回收有效调查问卷的基础上，借助SPSS统计软件对调查问卷进行了数据化处理，完成了数据的录入、整理等工作，最终形成了支撑本书开展相关验证研究的原始数据库。

## 第三节　问卷调查结果的描述性统计分析

**一 有效调查问卷来源的描述性统计分析**

我国国家重点实验室所属学科领域分为8类，分别是化学、地质、数理、生物、医学、信息、材料、工程。110份有效调查问卷的学科领域分布如表4-1所示。可见，尽管化学领域与材料领域的位次排序不一致，但两者仅仅是相邻位次的变化，除此之外，有效调查问卷分布在各学科领域内的比例与各学科领域内国家重点实验室数占总实验室数的比例保持了很高的一致性，例如，基础研究类国家重点

---

① 陈振明：《社会研究方法》，中国人民大学出版社2012年版，第232页。

实验室填写的有效调查问卷占总有效调查问卷的30.9%，这与基础研究类国家重点实验室在总实验室中约占35%的比例形成了高度一致性①。总之，有效调查问卷的代表性非常好，达到了回收预期。下面将对这些有效调查问卷填写国家重点实验室的具体情况做进一步的描述性统计分析。

**表4-1　　　　　110份有效调查问卷的学科领域分布**

| 学科领域 | 化学 | 地质 | 数理 | 生物 | 医学 | 信息 | 材料 | 工程 | 总计 |
|---|---|---|---|---|---|---|---|---|---|
| 份数① | 9 | 22 | 3 | 18 | 5 | 15 | 13 | 25 | 110 |
| 问卷比例（%）② | 8.2 | 20.0 | 2.7 | 16.4 | 4.5 | 13.6 | 11.8 | 22.7 | 99.9④ |
| SKL比例（%）③ | 11.7 | 17.0 | 5.8 | 15.5 | 7.3 | 14.6 | 9.2 | 18.9 | 100 |

注：①有效调查问卷份数；②各领域内有效调查问卷份数占110份有效调查问卷的比例；③各学科领域内国家重点实验室数占206个样本国家重点实验室的比例；④因取小数点后一位且采用四舍五入法，所以最终值有可能不等于100%。

资料来源：根据本书调研资料统计分析所得。

## 二　有效调查问卷填写国家重点实验室的描述性统计分析

（一）有效调查问卷填写国家重点实验室的学科领域描述性统计

对有效调查问卷填写国家重点实验室开展进一步的描述性统计分析之前首先进行"唯一化"处理，即将填写了两份问卷的国家重点实验室叠合为一个国家重点实验室，最后统计结果如表4-2所示，可见有效调查问卷填写国家重点实验室总数占问卷实际发放国家重点实验室总数的37.9%，且各学科领域内有效调查问卷填写国家重点实验室的分布与各领域内国家重点实验室在国家重点实验室总体布局中（特指按本书研究中筛选的224个国家重点实验室，如无特殊说明下同）的结构具有高度一致性，总之从学科领域分布来看，有效调查问卷填写国家重点实验室的代表性非常好，进而确保了有效调查问卷的

---

① 依据国家重点实验室对自身定位的表述进行归类，分为以下几种情况：自己定位有明确表述的则归为相应类属，如"以基础研究为主"等类似的表述；自己定位较为模糊的，如"实验室定位于基础研究和应用基础研究"类似表述，则根据实验室的研究方向、研究内容、科研成果三个指标归类；侧重关键技术的归于应用基础研究类，因为统计中发现，关键技术往往视为应用基础研究的应有之义或其延伸。所需资料主要通过两个渠道获取：一是国家重点实验室网站；二是中国科技资源共享网。

高代表性。

表4-2　有效调查问卷填写国家重点实验室学科分布

| 学科领域 | 化学 | 地质 | 数理 | 生物 | 医学 | 信息 | 材料 | 工程 | 总计 |
|---|---|---|---|---|---|---|---|---|---|
| 个数① | 7 | 15 | 3 | 13 | 4 | 12 | 9 | 15 | 78 |
| 个数比例（％）② | 9.0 | 19.2 | 3.8 | 16.7 | 5.1 | 15.4 | 11.5 | 19.2 | 99.9④ |
| SKL比例（％）③ | 11.7 | 17.0 | 5.8 | 15.5 | 7.3 | 14.6 | 9.2 | 18.9 | 100 |

注：①有效调查问卷填写国家重点实验室的个数；②各领域内有效调查问卷填写国家重点实验室数占有效调查问卷填写国家重点实验室总数的比例；③各学科领域内国家重点实验室数占国家重点实验室总数的比例；④因取小数点后一位且采用四舍五入法，所以最终值有可能不等于100%。

资料来源：根据本书调研资料统计分析所得。

（二）有效调查问卷填写国家重点实验室的地域描述性统计

截至2013年年底，至少经历一次国家评估的国家重点实验室分布于全国22个省级区域，如表4-3所示。90.9%的国家重点实验室分布省份回复了有效调查问卷。此外，从大区范围来看，各大区中的有效调查问卷回收比例与各大区中国家重点实验室的分布也具有很高的一致性，所以从地域上看无论是有效调查问卷填写国家重点实验室还是有效调查问卷本身都具有很好的代表性。

表4-3　有效调查问卷填写国家重点实验室的地域分布①

| 大区划分 | 省（直辖市、自治区） | 个数 | 总数 | 比例1（％）① | 比例2（％）② |
|---|---|---|---|---|---|
| 华北区 | 北京 | 19 | 23 | 29.5 | 33.9 |
| | 河北 | 1 | | | |
| | 天津 | 3 | | | |

---

① 根据我国传统大区划分方法，各省的具体分布如下：华北区包括北京、天津、河北、内蒙古和山西，华东区包括山东、江苏、上海、安徽、浙江、福建和江西，华南区包括广东、广西和海南，西南区包括贵州、云南、四川、重庆和西藏，西北区包括新疆、青海、陕西、甘肃和宁夏，东北区包括黑龙江、吉林和辽宁，华中区包括湖北、湖南和河南，港、澳、台单独设置。

续表

| 大区划分 | 省（直辖市、自治区） | 个数 | 总数 | 比例1（%）① | 比例2（%）② |
|---|---|---|---|---|---|
| 华东区 | 山东 | 3 | 22 | 28.2 | 28.1 |
| | 江苏 | 5 | | | |
| | 上海 | 8 | | | |
| | 浙江 | 4 | | | |
| | 福建 | 1 | | | |
| | 安徽 | 1 | | | |
| 华南区 | 广东 | 2 | 2 | 2.6 | 4.0 |
| 西南区 | 四川 | 4 | 7 | 9.0 | 7.4 |
| | 重庆 | 2 | | | |
| | 云南 | 1 | | | |
| 西北区 | 陕西 | 4 | 6 | 7.7 | 7.6% |
| | 甘肃 | 2 | | | |
| 东北区 | 黑龙江 | 3 | 7 | 9.0 | 10.3 |
| | 吉林 | 3 | | | |
| | 辽宁 | 1 | | | |
| 华中区 | 湖北 | 9 | 11 | 10.1 | 8.9 |
| | 湖南 | 2 | | | |
| 总计 | | 20 | 78 | 100.1 | 99.9 |

注：①各大区有效调查问卷填写国家重点实验室数占有效调查问卷填写国家重点实验室总数的比例；②各大区国家重点实验室总数占国家重点实验室总数的比例。

资料来源：根据本书调研资料统计分析所得。

（三）有效调查问卷填写国家重点实验室的依托单位和管理单位描述性统计

如表4-4所示，从有效调查问卷填写国家重点实验室的依托单位和管理单位分布来看，有效调查问卷填写国家重点实验室和有效调查问卷本身同样具有非常好的代表性。

表4-4　　　　有效调查问卷填写国家重点实验室的
依托单位和管理单位分布

| 依托单位 | 个数① | 比例1(%)② | 比例2(%)③ | 管理单位 | 个数④ | 比例1(%)⑤ | 比例2(%)⑥ |
|---|---|---|---|---|---|---|---|
| 高校 | 46 | 59.0 | 58.5 | 教育部 | 43 | 55.1 | 54.0 |
| 科研院所 | 29 | 37.2 | 33.9 | 中科院 | 27 | 34.6 | 30.4 |
| 其他 | 3 | 3.8 | 7.6 | 其他 | 8 | 10.3 | 15.6 |
| 总计 | 78 | 100 | 100 | 总计 | 78 | 100 | 100 |

注：①和④指按依托单位划分，有效调查问卷填写国家重点实验室在不同依托单位中的分布个数；②和⑤分别指①和④中国家重点实验室个数占有效调查问卷填写国家重点实验室总数的比例；③和⑥指按依托单位划分，国家重点实验室在不同依托单位中个数占总实验室数量的比例。

资料来源：根据本书调研资料统计分析所得。

（四）有效调查问卷填写国家重点实验室成立至今的时间描述性统计

如表4-5所示，从国家重点实验室的运行时间来看，有效调查问卷填写国家重点实验室运行时间上的结构占比与整体国家重点实验室运行时间上的结构占比之间也表现出了很高的一致性。

表4-5　有效调查问卷填写国家重点实验室成立至今的时间分布①

| 年度 | 1—5年 | 6—10年 | 11—15年 | 16—20年 | 21—25年 | 26—30年 | 总计 |
|---|---|---|---|---|---|---|---|
| 比例1(%)① | 9.0 | 30.8 | 11.5 | 0.0 | 32.1 | 16.7 | 100.1 |
| 比例2(%)② | 6.3 | 28.6 | 9.8 | 0.0 | 36.6 | 18.8 | 100.1 |

注：①指根据有效调查问卷填写国家重点实验室成立至今时间的划分，落在各区间内的有效调查问卷填写国家重点实验室的数量占有效调查问卷填写国家重点实验室总数的比例；②指根据国家重点实验室成立时间的划分，落在各区间内的国家重点实验室的数量占国家重点实验室总数的比例。

资料来源：根据本书调研资料统计分析所得。

---

① 出于审批筹建的国家重点实验室最后都成功质变为正式国家重点实验室的现实考虑，本书将国家重点实验室的成立时间确定为国家重点实验室获得批准筹建的时间。

（五）有效调查问卷填写国家重点实验室主要创新资源的描述性统计

以下将从人力资源、财力资源、物力资源和知识资源（显性）四个方面对有效调查问卷填写国家重点实验室的创新资源状况展开描述性统计分析。

首先，人力资源方面。有效调查问卷填写国家重点实验室固定科研人员人数在38—75人、76—113人和114人以上的国家重点实验室分别有44个、30个和4个，占78个有效填写调查问卷国家重点实验室的比例分别是56.4%、38.8%和5.1%，其中固定科研人员最多的实验室达到148人。流动科研人员方面，1—19人、20—39人、40—59人和60人以上的国家重点实验室分别有27个、31个、13个和7个，分别占78个有效填写调查问卷国家重点实验室的比例是34.6%、39.7%、16.7%和9.0%，其中流动科研人员最多的实验室达到242人。人才方面，1—5人、5—10人、11—15人、16—20人、21—25人、26—30人和30人以上的国家重点实验室个数分别是7个、13个、25个、18个、8个、3个和4个，分别占78个有效填写国家重点实验室的比例是9.0%、16.7%、32.1%、23.1%、10.3%、3.8%和5.1%，其中人才总数最多的实验室达到58人。至于固定科研人员和流动科研人员的比例，1∶1—2∶1的国家重点实验室有23个，3∶1—4∶1的国家实验室有28个，5∶1—6∶1的国家重点实验室有12个，7∶1—8∶1的国家重点实验室有6个，9∶1以上的有5个，还有4个国家重点实验室的固定科研人员要比流动科研人员少，所以比值小于1。如图4-1所示，人才比例方面（人才数/实验室人员总数）有24个国家重点实验室的人才比例落在11%—15%，19个国家重点实验室的人才比例落在16%—20%。

其次，物力资源方面。有10个国家重点实验室办公面积小于5000平方米，40个国家重点实验室办公面积落在5001—9999平方米，15个国家重点实验室办公面积在10000—14999平方米，办公面积在15000平方米以上的国家重点实验室有13个，最大面积有30000平方米。如图4-2所示，有效调查问卷填写国家重点实验室的科研仪器、设备价值主要集中在 5001 万—1 亿元，最大值是 3.1 千万元。

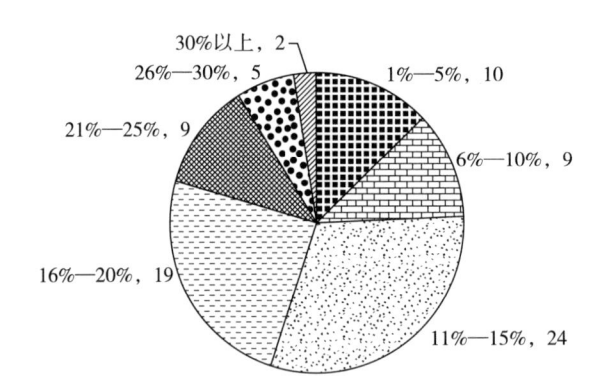

**图 4-1** 有效调查问卷填写国家重点实验室人力资源的统计性描述①

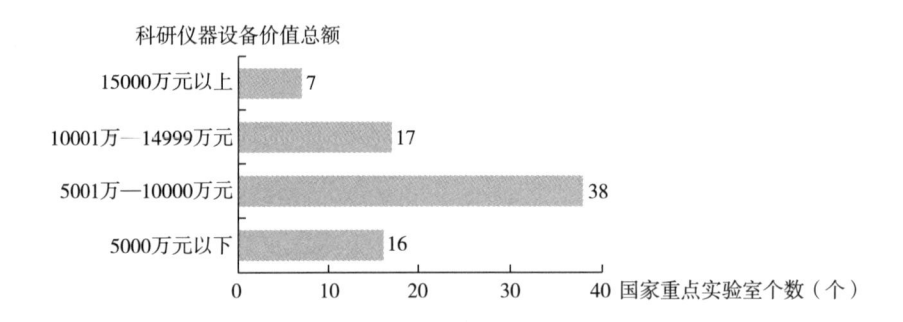

**图 4-2** 有效调查问卷填写国家重点实验室科研仪器、设备价值分布②

再次，财力资源方面。如图 4-3 所示，29 个国家重点实验室经费总额在 4001 万—7000 万，20 个国家重点实验室经费总额在 7001 万—10000 万元，其中最大值是 26819 万元。

最后，知识资源方面。如图 4-4 和 4-5 所示，2013 年论文发表量在 61—180 篇的有效调查问卷填写国家重点实验室共计 44 个，其中文章数量极值是 674 篇。2013 年专利获得量在 1—39 个的有效调查

---

① 根据调研资料整理所得。
② 根据本书调研资料统计分析所得。

问卷填写国家重点实验室共计 50 个，其中专利量极值是 363 个。

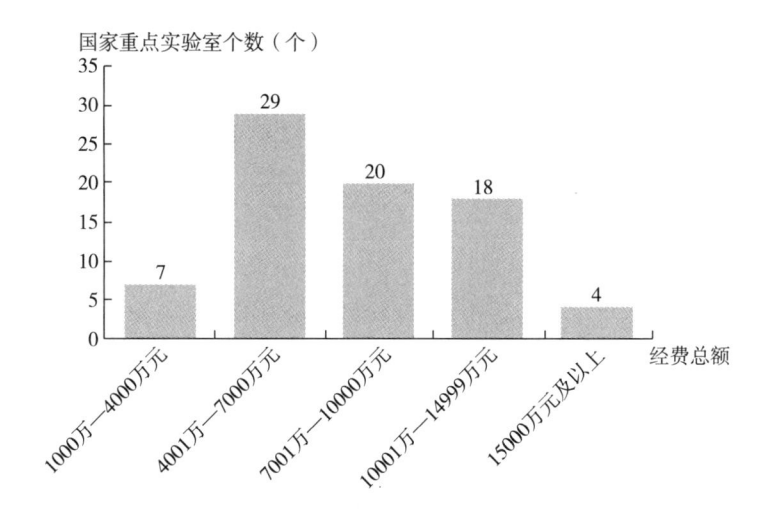

**图 4-3　有效调查问卷填写国家重点实验室经费总额分布①**

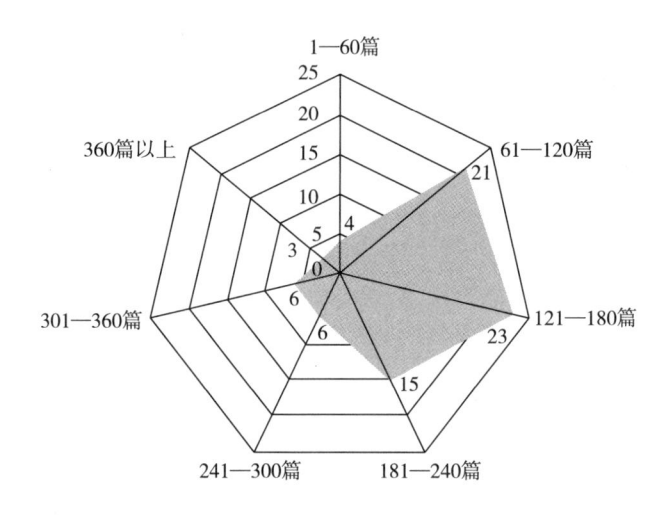

**图 4-4　有效调查问卷填写国家重点实验室论文分布②**

---

① 根据本书调研资料统计分析所得。
② 根据本书调研资料统计分析所得。

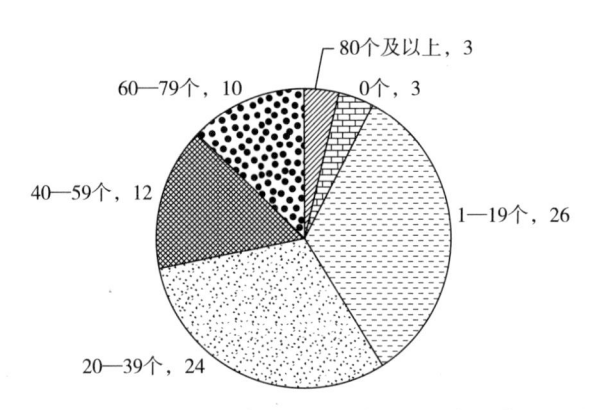

图4-5 有效调查问卷填写国家重点实验室专利获得分布①

（饼图数据：80个及以上，3；0个，3；1—19个，26；20—39个，24；40—59个，12；60—79个，10）

### 三 调查问卷内容的描述性统计分析

以下将按照调查问卷的国家重点实验室创新资源捕获过程、影响因素和其他三个模块分别进行描述性统计分析。

（一）国家重点实验室创新资源捕获过程的描述性统计分析

问卷中国家重点实验室创新资源捕获过程部分各题目回答情况如表4-6所示，可见尽管大部分回答趋于肯定但各题目间的具体差异明显。单项比较来看，1、2、9、10、11题目回答"一般"的比例要比回答其他选项的比例高。若从累计比例来看，各题目回答"很符合"和"较符合"的累计百分比都超过了40%。其中3、6、7、8和Z6题项值得注意，其回答"较符合"的比例超过了30%，有的题目甚至达到了48.2%，已接近整个回答百分比的一半。

表4-6 国家重点实验室创新资源捕获过程题目回答情况

| 编号 | 题目 | 回答比例（%） | | | | |
|---|---|---|---|---|---|---|
| | | 很符合 | 较符合 | 一般 | 较不符合 | 很不符合 |
| 1 | 实验室创新资源情报搜索能力很强 | 17.3 | 26.4 | 34.5 | 20.0 | 1.8 |
| 2 | 实验室评估识别创新资源价值的能力很强 | 20.9 | 23.6 | 35.5 | 19.1 | 0.9 |

---

① 根据本书调研资料统计分析所得。

续表

| 编号 | 题目 | 回答比例（%） | | | | |
|---|---|---|---|---|---|---|
| | | 很符合 | 较符合 | 一般 | 较不符合 | 很不符合 |
| 3 | 实验室特色研究领域对创新资源具有很强的吸引力 | 15.5 | 35.5 | 18.2 | 28.2 | 2.7 |
| 4 | 实验室构建与创新资源联系的能力很强 | 21.8 | 30.0 | 19.1 | 28.2 | 0.9 |
| 5 | 实验室利用外部创新资源开展科研的能力很强 | 23.6 | 28.2 | 18.2 | 29.1 | 0.9 |
| 6 | 实验室引入新创新资源的能力很强 | 22.7 | 37.3 | 24.5 | 14.5 | 0.9 |
| 7 | 实验室重组新增创新资源，使其更适合贵实验室实际需求的能力很强 | 13.6 | 42.7 | 29.1 | 13.6 | 0.9 |
| 8 | 实验室新增的创新资源得到了很好的利用 | 15.5 | 40.0 | 29.1 | 14.5 | 0.9 |
| 9 | 实验室用新增创新资源增加科研成果的能力很强 | 20.0 | 22.7 | 28.2 | 25.5 | 3.6 |
| 10 | 实验室利用内部已有创新资源吸附更多创新资源的能力很强 | 23.6 | 14.5 | 33.6 | 28.2 | 0.0 |
| 11 | 实验室用新增创新资源吸附更多创新资源的能力很强 | 15.5 | 24.5 | 33.6 | 25.5 | 0.9 |
| Z6 | 实验室已有创新人力资源、财力资源、物力资源、知识资源间有很强的相互衍生作用 | 36.4 | 48.2 | 13.6 | 0.9 | 0.9 |

资料来源：根据本书调研资料统计分析所得。

（二）国家重点实验室创新资源捕获过程影响因素的描述性统计

问卷中国家重点实验室创新资源捕获过程影响因素部分各题目的回答情况如表4-7所示，可见各题目趋向肯定回答。除了第16、19、23题目外，其他各题回答"较符合"选项的百分比优势明显。第12、13、14和15题目中第13题回答"较符合"的问卷占了总回答量的45.5%，这与最初设想回答"一般"占较大百分比的假设有明显差异。第15题的回答与捕获过程题目3形成了较高的交互验证性。题目16、17、18中,第16题的回答与初始设想差异明显,因为从探索性案例分析来看,政府政策支持应该趋于正面,而第16题回答"一般"的百分比达到了30.9%。第19、20和21题中第19题的回答出乎意料,因为根据集聚理论,资源捕获应该趋向于就近,甚至会产生距离或时间上的集聚,然而第19题回答"一般"的百分比达到了45.5%,这暗示距离并没有对国家重点实验室创新资源捕获产生重要影响,但是否真实如此需要做进一步的检验。第20题同样如此,由探索性案例分析可得,国家重点实验室创新资源的来源渠道较为多样,如人力资源主要通过自身培育,财力资源主要通过政府基金,科研仪器设备主要通过购买,知识资源主要通过实验室自身积累等,然而第20题的回答趋于类似。第21、22、23题中,第22题的回答结果较为意外,其回答"较符合"的百分比达到48.2%,尽管探索性案例已经说明非正式渠道对国家重点实验室创新资源捕获过程产生了影响,但其重要性程度却并未预计如此之大。尽管第24、25、26、27题以"机制均等重要"的思路设计,但从回答结果来看表现出了一定的序列性,即从回答"较符合"以上的累计百分比可见,流动机制以56.4%占据首位,开放机制和竞争机制分别以53.6%共同占据第二席位,最后是联合机制(47.3%)。

表4-7 国家重点实验室创新资源捕获过程影响因素题目回答情况

| 编号 | 题目 | 回答比例(%) | | | | |
|---|---|---|---|---|---|---|
| | | 很符合 | 较符合 | 一般 | 较不符合 | 很不符合 |
| 12 | 实验室捕获创新资源的动力很强 | 27.3 | 33.6 | 21.8 | 16.4 | 0.9 |
| 13 | 实验室有较为丰富的创新资源捕获经验 | 20.0 | 45.5 | 23.6 | 10.9 | 0.0 |
| 14 | 实验室相关领导对创新资源捕获非常重视 | 25.5 | 30.9 | 20.9 | 21.8 | 0.9 |
| 15 | 实验室所处的外部环境储备了丰富的创新资源 | 32.7 | 36.4 | 23.6 | 2.7 | 4.5 |

续表

| 编号 | 题目 | 回答比例（%） | | | | |
|---|---|---|---|---|---|---|
| | | 很符合 | 较符合 | 一般 | 较不符合 | 很不符合 |
| 16 | 政府对实验室捕获创新资源的相关支撑政策很到位 | 26.4 | 29.1 | 30.9 | 10.9 | 2.7 |
| 17 | 实验室创新资源来源组织的持续供给能力非常强 | 23.6 | 34.5 | 23.6 | 17.3 | 0.9 |
| 18 | 实验室新捕获的创新资源与已有创新资源很相似 | 20.0 | 44.5 | 28.2 | 5.5 | 1.8 |
| 19 | 实验室新捕获的创新资源主要来源于实验室所在地 | 1.8 | 22.7 | 45.5 | 25.5 | 4.5 |
| 20 | 实验室新捕获的创新资源的主要来源单位具有相似性 | 38.2 | 40.0 | 6.4 | 10.0 | 5.5 |
| 21 | 项目申请、学术会议等各种制度化的正式渠道对贵实验室建立与创新资源间的关联具有重要作用 | 48.2 | 37.3 | 12.7 | 1.8 | 0.0 |
| 22 | 人际关系等各种非正式渠道对贵实验室建立与创新资源间的关联具有重要作用 | 10.9 | 48.2 | 23.6 | 12.7 | 4.5 |
| 23 | 实验室与创新资源建立关联的技术多样，如各种资源管理软件、论坛、BBS等IT技术以及普通的电话沟通等 | 11.8 | 18.2 | 37.3 | 25.5 | 7.3 |
| 24 | 实验室的开放机制为创新资源的捕获提供了重要前提 | 21.8 | 31.8 | 26.4 | 17.3 | 2.7 |
| 25 | 实验室的流动机制为创新资源的捕获提供了重要支撑 | 25.5 | 30.9 | 22.7 | 16.4 | 4.5 |
| 26 | 实验室的联合机制为创新资源的捕获提供了重要途径 | 27.3 | 20.0 | 24.5 | 20.9 | 7.3 |
| 27 | 实验室的竞争机制为创新资源的捕获提供了重要动力 | 23.6 | 30.0 | 27.3 | 16.4 | 2.7 |

资料来源：根据本书调研资料统计分析所得。

### (三) 调查问卷中其他问题的描述性统计

作为调查问卷第三部分的题目实际上涉及了两方面的内容：一是国家重点实验室创新资源捕获来源；二是国家重点实验室不同创新资源间的重要性比较。

首先，国家重点实验室创新资源来源单位的描述性统计。如图4-6所示，国家重点实验室人力资源的主要来源是实验室自己培养（76.4%的问卷在Z1题目中选A），其次是依托单位（18.2%的问卷在Z1题目中选B），此外选择"其他"选项的两份问卷在相应位置填写的内容是"国外引进"。如图4-7所示，政府是国家重点实验室财力资源的主要来源单位（85.5%的问卷在Z2题目中选C），企业和依托单位位列第二、第三（分别有9.1%和4.5%的问卷在Z2题目中选B或A）。如图4-8所示，国家重点实验室科研仪器、设备的主要获取来源是实验室购买（80.9%的问卷在Z3题目中选B），而来源于依托单位或自己制造分列第二、第三。如图4-9所示，依托单位是国家重点实验室办公场所的主要供给单位（98.2%的问卷在Z4题目中选A）。如图4-10所示，国家重点实验室知识资源主要来源于实验室自身（86.4%的问卷在Z5题目中选A），依托单位和其他高校或科研院所位列第二和第三。

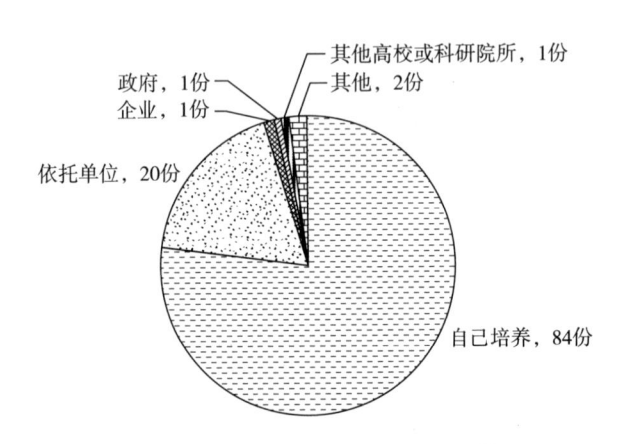

**图4-6 人力资源来源单位分布**①

---

① 根据本书调研资料统计分析所得。

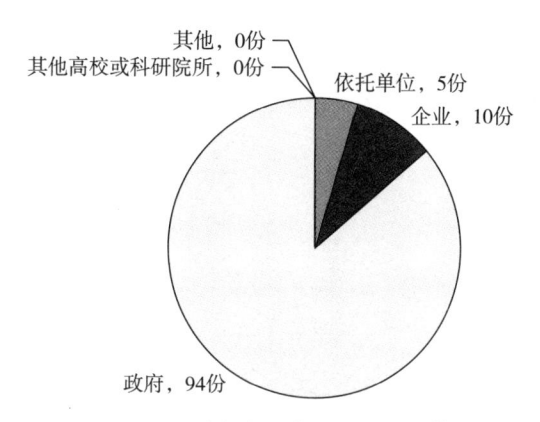

图 4-7 财力资源来源单位分布①

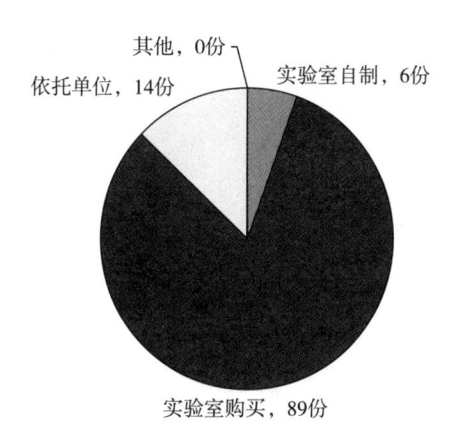

（饼图数据：其他，0份；其他高校或科研院所，0份；依托单位，5份；企业，10份；政府，94份）

图 4-8 科研仪器来源单位分布②

（饼图数据：其他，0份；依托单位，14份；实验室自制，6份；实验室购买，89份）

此外，此问题的描述性统计分析结果一方面进一步验证了探索性案例研究中国家重点实验室"不同创新资源—不同来源"的结论，另一方面也对调查问卷第20题的回答结果提供了一种较为合理的解释：从国家重点实验室的四个主要创新资源来源看，人力资源和知识资源主要来源于实验室自身，物力资源中的办公场所主要来源于依托单位（高校或科研院所），尽管财力资源和物力资源中的科研仪器、设备分

---

① 根据本书调研资料统计分析所得。
② 根据本书调研资料统计分析所得。

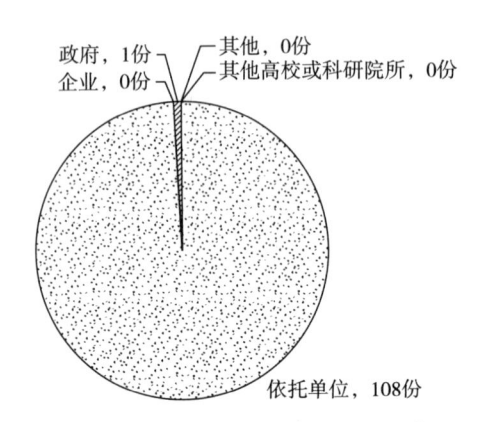

政府，1份 — 其他，0份
企业，0份 — 其他高校或科研院所，0份
依托单位，108份

**图4-9　办公场所来源单位分布**①

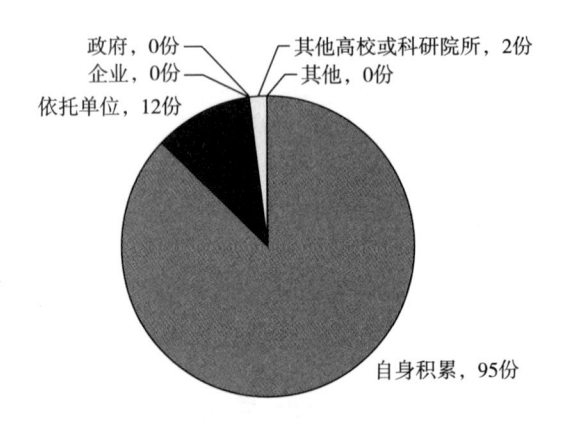

政府，0份 — 其他高校或科研院所，2份
企业，0份 — 其他，0份
依托单位，12份
自身积累，95份

**图4-10　知识资源来源单位分布**②

别主要来源于政府和实验室购买，但都有依托单位的影子，所以若从总体描述性统计分析来看，国家重点实验室创新资源的来源单位的确与实验室本身具有较强的相似性。尽管如此，以上解释仍不能对20题的回答给予充分说明，因为创新资源间的不同重要性也会对20题的回答产生重要影响——一种重要创新资源会对其他创新资源产生间接覆盖作用，调查问卷中Z7题的统计结果将有助于对这一现象做进

---

① 根据本书调研资料统计分析所得。
② 根据本书调研资料统计分析所得。

一步的解释和证明。

其次,国家重点实验室不同创新资源间重要性的描述性统计。如表4-8所示,在人力资源、财力资源、物力资源和知识资源重要性比较中人力资源占据首位,概率达到82.6%,知识资源则以9.2%成为第二个有可能排在首位的创新资源;财力资源和知识资源分别以42.2%最有可能成为次重要性的创新资源;财力资源以45.9%最有可能成为再次重要性的创新资源,知识资源则以36.7%第二个有可能成为再次重要性的创新资源;物力资源则以79.8%的概率成为四种创新资源中最不重要的资源。

如表4-8所示,国家重点实验室四种创新资源间的重要性排序对问卷第20题的回答结果给出了补充性解释,即在前两位重要性排序概率中,人力资源和知识资源占据绝对优势,这说明在回答20题时这两种资源对财力资源和物力资源产生了一定程度的覆盖效应,加之前述缘由,最终产生了20题的统计结果。

**表4-8　　国家重点实验室四种主要创新资源的排序概率分布**

| 排位比率情况 | 人力资源 | 财力资源 | 物力资源 | 知识资源 |
| --- | --- | --- | --- | --- |
| 排首位的概率(%) | 82.6 | 6.4 | 1.8 | 9.2 |
| 排第二位的概率(%) | 11.9 | 42.2 | 3.7 | 42.2 |
| 排第三位的概率(%) | 2.7 | 45.9 | 14.7 | 36.7 |
| 排第四位的概率(%) | 2.8 | 5.5 | 79.8 | 11.9 |
| 总计 | 100 | 100 | 100 | 100 |

资料来源:根据本书调研资料统计分析所得。

# 第四节　本章小结

本章主要目的在于为第三章提出的国家重点实验室创新资源捕获

过程模型和其影响因素的真假性实证检验构建数据库，其中问卷调查成为数据库建设的关键。所以本章主要阐述了问卷调查的整个过程，主要包括调查问卷的准备、实施和回收结果的描述性统计分析。

调查问卷的准备。主要介绍了调查问卷设计和问卷发放样本选择方面的内容。调查问卷设计方面：首先，论述了调查问卷设计用以检验、改善 SBIP 模型和揭示其影响因素的主要目标，以及以这三个目标为核心的三个主要研究内容，主要包括 SBIP 模型及其影响因素的判断和国家重点实验室创新资源来源的判断；其次，从调查问卷的变量界定、测量指标体系建立、实地访谈与修正、专家修正以及预调查五个方面介绍了调查问卷的具体设计过程。选择调查问卷发放样本方面，详细介绍了以立意抽样为主、概率抽样为辅的样本抽选策略，说明了通过确定调查国家重点实验室、确定问卷填写个体框定调查问卷发放对象的主要步骤。

调查问卷的实施。主要介绍了调查问卷的发放和回收。调查问卷发放方面，主要通过网络查询国家重点实验室网址，确定调查问卷填写个体和通过邮箱在线发放调查问卷三步实现了调查问卷的发放。回收方面，共回收有效调查问卷 110 份，问卷有效率达到了 90.9%，满足了进行数据统计分析和挖掘的基本要求，并借助 SPSS 统计软件，构建了数据库。

调查问卷结果的描述性统计。从调查问卷的来源、有效调查问卷填写国家重点实验室和调查问卷内容三大方面对调查问卷回收结果进行了细致的描述性统计分析。结果显示：无论从调查问卷的来源，还是有效调查问卷填写国家重点实验室的学科分布、属性分布、成立时间分布、地区分布、管理单位和依托单位分布来看，回收的有效问卷都具有很好的样本代表性。此外，还从人力资源、财力资源、物力资源和知识资源四个方面详细论述了有效调查问卷填写国家重点实验室的具体情况，结果显示：填写有效调查问卷的国家重点实验室具有较好的代表性，这进一步验证了有效调查问卷的代表性。最后，分别从国家重点实验室创新资源捕获过程、影响因素和其他三部分对调查问卷内容进行了翔实的描述性统计分析，一些结论证实了探索性案例分析中的发现,同时也从中发现了一些有待进一步实证检验的现象和问题。

综上所述,无论从问卷调查的准备、实施还是最终结果的描述性统计分析来看问卷调查都具有非常高的信度和效度,为第五章、第六章的高质量实证分析提供了重要保障。

# 第五章

# 捕获过程的实证研究

## 第一节 捕获过程模型及其研究假设

通过第三章的探索性案例分析，归纳、提炼出了国家重点实验室创新资源捕获过程的 9 个细分阶段，之后结合第二章资源基础理论、创新网络理论和协同创新理论，将 9 个细分阶段整合为搜寻（Searching）、桥化（Bridging）、内化（Internalizing）和增值（Propagating）四大阶段，最终从理论上构架出了国家重点实验室创新资源捕获过程的 SBIP 模型。然而，这一模型是否具有一般性或规律性，是否切实地对国家重点实验室创新资源捕获绩效产生实质影响都需要基于样本数据统计分析做进一步的实证检验。

由于国家重点实验室创新资源捕获过程难以直接量化，本书以国家重点实验室创新资源捕获过程中与各阶段相对应的能力（搜寻阶段——搜寻能力、桥化阶段——桥化能力、内化阶段——内化能力、增值阶段——增值能力）对其予以替换，即通过对国家重点实验室创新资源的搜寻能力、桥化能力、内化能力和增值能力四种能力的测量，及其对国家重点实验室创新资源捕获绩效影响的测度，实证检验国家重点实验室创新资源捕获过程 SBIP 模型的一般性或规律性，及其对国家重点实验室创新资源捕获绩效的影响。综上所述，本书构建国家重点实验室创新资源捕获过程模型验证概念框架如图5-1所示。

```
┌─────────────────────┐
│ 国家重点实验室创新资源捕获 │
│  过程的搜寻能力（阶段）  │
└─────────────────────┘
           ╲
┌─────────────────────┐
│ 国家重点实验室创新资源捕获 │
│  过程的桥化能力（阶段）  │    ┌──────────────┐
└─────────────────────┘ ──→ │ 国家重点实验室创新资源 │
                             │    捕获绩效    │
┌─────────────────────┐    └──────────────┘
│ 国家重点实验室创新资源捕获 │ ↗
│  过程的内化能力（阶段）  │
└─────────────────────┘
           ╱
┌─────────────────────┐
│ 国家重点实验室创新资源捕获 │
│  过程的增值能力（阶段）  │
└─────────────────────┘
```

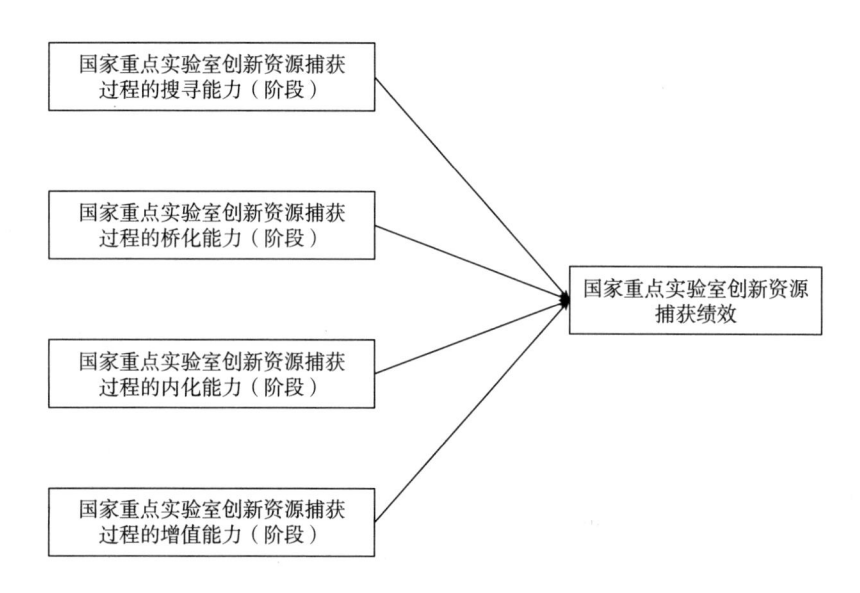

**图5-1 国家重点实验室创新资源捕获过程SBIP模型的验证概念框架①**

基于国家重点实验室创新资源捕获过程模型概念框架，初始假设设置如下：

H1：创新资源搜寻能力对国家重点实验室创新资源捕获绩效产生显著影响。

H2：创新资源桥化能力对国家重点实验室创新资源捕获绩效产生显著影响。

H3：创新资源内化能力对国家重点实验室创新资源捕获绩效产生显著影响。

H4：创新资源增值能力对国家重点实验室创新资源捕获绩效产生显著影响。

---

① 根据本书研究结论整理所得。

## 第二节 变量的定义与测量

以下将根据初始假设的设置分别具体界定和操作化因变量国家重点实验室创新资源捕获绩效和自变量国家重点实验室创新资源捕获能力（过程）。

### 一 因变量的定义与测量

如前所述，国家重点实验室创新资源捕获过程是否真正发挥作用可体现在以下两个方面：一是各种创新资源的获取量，二是国家重点实验室的评估结果。本书最终选用第一种方法用以定义和衡量国家重点实验室创新资源捕获过程的作用，即将国家重点实验室创新资源捕获获取量界定为国家重点实验室创新资源捕获过程模型实证检验的因变量，主要原因包括：首先，较之评估结果，创新资源获取量更易量化，这为实证分析提供了极大的可靠性和便利条件；其次，较之评估结果"优秀""良好"和"其他"三种区分，创新资源获取量的区分更为详细，能够更好地体现出不同国家重点实验室间的具体差异，即区分度优良；最后，为了与自变量五级量表的测评方法统一，创新资源获取量也可以转化为五级量表形式，这使实证分析更具稳定性。

因变量测量（操作化）方面，首先，参考了大量研究文献。资源可以根据不同分类标准进行不同类型的划分，如 Dierickx 等（1989）根据资源流动性将资源分为流量资源和存量资源两类；Hitt 等（1995）根据资源具体形态将资源分为财务资源、物化资源、技术资源、创新资源、商誉资源、人力资源和组织资源；Carmeli 等（2004）根据资源可显性将资源分为有形资源和无形资源，而这种划分方法在资源类型划分中占据主导地位，之后许多研究在此基础上进行了再划分，如 Fernandez（2000）进一步将无形资源划分成从属于人的人力资本、不从属于人的组织资本、技术资本和关系资本。苏敬勤等（2010）在总结以上研究结论的基础上结合资源的形态、资源与竞争的关系及资源与人的关系三个维度构建了一个"三维企业资源分类分析框架",见图5-2。创新资源作为资源的一种,其遵循资源划分标准的一般规律,所以根据资源类型划分已有研究文献的主流认知,本书根据创新资源可显性将创新资源分为两种,即有形创新资源和无形创新资源,而更为具体的划分见第一章中对创新资源的界定。其次,兼顾国家重点实验室创新资源捕获绩效的可量化性。根据表1-5的启发,结合数据可获得性对因变量作了进一步量化界定,最终衡量指标如表5-1所示。最后,在量化值统一性方面做了如下处理:一是根据量化指标统计具体数量;二是根据具体统计数量的四阶段累计百分比数进行五层次划分,消除单位差别,具体划分如表5-2所示;三是根据每个指标所属区域进行赋值;最后加总。例如,A国家重点实验室有人才13个,固定科研人员68个,论文181篇,专利35个,建筑面积8847平方米,科研仪器设备价值总额8658万元,经费总额11381万元,则该国家重点实验室创新资源捕获绩效的最后得分是26,即2(人才)+3(固定科研人员)+4(论文)+4(专利)+4(建筑面积)+4(科研仪器与设备)+5(经费总额)。

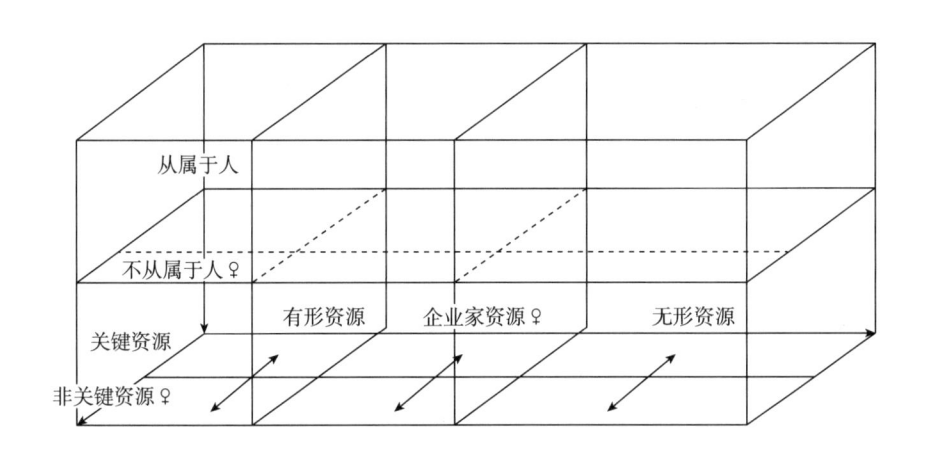

**图5-2 资源三维度分类框架①**

---

① 苏敬勤、王鹤春:《企业资源分类框架的讨论与界定》,《科学学与科学技术管理》2010年第2期。

表5-1　　国家重点实验室创新资源捕获绩效量化指标

| 创新资源划分 | 绩效指标 | 量化指标 |
|---|---|---|
| 有形资源 | 人力资源 | 固定科研人员数（个）、人才数（个） |
| 有形资源 | 财力资源 | 建设经费、研发经费和专项经费总和（元） |
| 有形资源 | 物质资源 | 办公面积（平方米）、科研仪器设备价值（元） |
| 无形资源 | 知识资源 | 论文（篇）、专利（个） |

资料来源：根据本书文献研究、探索性案例研究及调查研究整理所得。

表5-2　国家重点实验室创新资源捕获绩效衡量指标的五层次划分

| 指标 | 1等区间 | 2等区间 | 3等区间 | 4等区间 | 5等区间 |
|---|---|---|---|---|---|
| 人才（个） | 0—8 | 9—13 | 14—15 | 16—20 | 21个以上 |
| 固定科研人员（个） | 0—56 | 57—66 | 67—76 | 77—86 | 87个以上 |
| 论文（篇） | 0—101 | 102—141 | 142—180 | 181—252 | 253篇以上 |
| 专利（个） | 0—7 | 8—22 | 23—32 | 33—57 | 58个以上 |
| 建筑面积（平方米） | 0—5582 | 5583—6480 | 6481—8846 | 8847—13000 | 13001平方米以上 |
| 科研仪器 | 0—4918万元 | 4919万—7000万元 | 7001万—8657万元 | 8658万—12000万元 | 12001万元以上 |
| 经费总额 | 0—5147万元 | 5148万—6879万元 | 6880万—8745万元 | 8746万—11380万元 | 11381万元以上 |
| 赋值 | 1 | 2 | 3 | 4 | 5 |

资料来源：根据本书研究结论整理所得。

基于以上处理，与分散计量相比，无纲量化后的测量更为客观。如在分散测量中，每种创新资源之间的具体情况差异很大，有的国家重点实验室固定科研人员数量很多，经费总额较少，但有的恰好相反，在这种情况下，很难准确了解国家重点实验室创新资源捕获绩效的总体状况，而无纲量化后不仅能够清楚地了解各国家重点实验室创新资源捕获绩效，而且也为国家重点实验室之间的比较提供了便利，进而为后续实证检验奠定了基础。四种创新资源无纲量化后的有效调查问卷填写国家重点实验室创新资源捕获绩效的描述性统计如表5-3所示。

表5-3 国家重点实验室创新资源捕获绩效的描述性统计分析

| 绩效 | 出现频数 | 百分比（%） | 累计百分比（%） |
| --- | --- | --- | --- |
| 9 | 1 | 0.9 | 0.9 |
| 10 | 2 | 1.8 | 2.7 |
| 11 | 1 | 0.9 | 3.6 |
| 12 | 2 | 1.8 | 5.4 |
| 13 | 4 | 3.6 | 9.0 |
| 14 | 4 | 3.6 | 12.6 |
| 15 | 2 | 1.8 | 14.4 |
| 16 | 5 | 4.5 | 18.9 |
| 17 | 12 | 10.9 | 29.8 |
| 18 | 8 | 7.3 | 37.1 |
| 19 | 4 | 3.6 | 40.7 |
| 20 | 8 | 7.3 | 48.0 |
| 21 | 6 | 5.5 | 53.5 |
| 22 | 6 | 5.5 | 59.0 |
| 23 | 11 | 10.0 | 69.0 |
| 24 | 2 | 1.8 | 70.8 |
| 25 | 10 | 9.1 | 79.9 |
| 26 | 3 | 2.7 | 82.6 |
| 27 | 4 | 3.6 | 86.2 |
| 28 | 5 | 4.5 | 90.7 |
| 29 | 1 | 0.9 | 91.6 |
| 30 | 6 | 5.5 | 97.1 |
| 31 | 1 | 0.9 | 98.0 |
| 33 | 2 | 1.8 | 99.8 |

注：均值为20.97，中数为21，众数为17。
资料来源：根据本书调研资料统计分析所得。

## 二 自变量的定义与测量

（一）创新资源的搜寻能力

根据探索性案例研究结论，国家重点实验室创新资源搜索能力是指国家重点实验室在创新资源捕获过程中搜索创新资源信息并通过评估相应价值而将实验室所需创新资源确定下来的能力。可见，创新资源搜寻能力至少包括两种子能力，即创新资源信息的搜索能力和创新资源评估能力。所以，针对国家重点实验室创新资源搜寻能力的量化也应从这两个方面展开，具体测量指标如下所述。

创新资源的信息搜索能力指标。正如周桂林（2003）指出的在保持系统稳定和实现系统功能中信息沟通起到了很大作用，前述探索性案例同样证实了信息搜索（信息沟通的重要前提）对国家重点实验室创新资源捕获过程有效运行产生了重要影响。已有文献研究中 Marchionini（2006）提出了"探索式搜索"（exploratory search），成为目前信息搜索领域的研究热点，其具体测量方法有两种，一种是由 Bandura（1977）提出的"自我效力评价"（Self - Efficacy Assessment）——通过电话访谈或问卷调研等方法获取用户自我搜索能力评价的数据来检验和评估其网络信息搜索能力，另一种是由信息通信技术素质评价机构（2006）首次使用的基于场景测试（Scenario - Based Test）的方法——采用模拟或真实场景对人类行为现象背后的信息要素进行结构化分析，两种方法都可以有效测度信息搜索能力。根据本书主观测评和问卷调查法的实际情况，最终选用了"自我效力评价"作为创新资源信息搜索能力评价方法。

创新资源的评估能力指标。基于创新资源种类的多样性、质量的差异性，通过评估过程准确定位国家重点实验室创新资源捕获对象，提升捕获的创新资源的质量，在创新资源激烈竞争的当下，对于国家重点实验室的可持续发展有着更为特殊的意义。Cohen 等（1990）在分析企业获取外部知识资源的过程中明确指出，除了尽可能获得相关知识的信息外对这些知识价值等方面进行准确评估，对企业提升获取外部知识的数量和质量都具有重要意义。刘琪等（2012）在评述了经济价值法、非购入商誉法、未来净产值折现法和当期实现价值法的基础上提出了"基于实物期权的人力资源价值评估"法。牛方曲等（2012）的关注范围更为广泛，从国家、地方、企业三个方面综合评价了我国各省的科技创新资源空间分布格局，并结合经济发展水平检验了区域科技创新资源与经济发展水平之间的相关性。王元地等（2014）从技术知识属性"对中国企业外部技术选择的现状及其技术识别特征进行了实证分析"[①]，可见，尽管针对创新资源价值衡量的评估体系尚未系统建立，然而评估能力的获得无疑对组织获取适宜的创新资源具有不可替代的重要作用。

综上所述，本书创新资源搜寻能力包含信息搜索能力和价值评估能力两个子能力，结合第三章探索性案例分析结论和上述文献分析，国家重点实验室创新资源信息搜寻能力（以下简称创新资源搜寻能力）的具体测量指标如表5-4所示。

表5-4　　　国家重点实验室创新资源搜寻能力测量指标

| 编码 | 指标 | 主要参考来源 |
| --- | --- | --- |
| 1 | 贵实验室的创新资源情报搜索能力很强 | Bandura（1977）、周桂林（2003）、Marchionini（2006） |
| 2 | 贵实验室评估识别创新资源价值的能力很强 | Cohen等（1990）、刘琪等（2012）、王元地等（2014） |

资料来源：根据本书文献研究与探索性案例研究结论整理所得。

（二）创新资源的桥化能力

根据探索性案例研究结论，国家重点实验室创新资源桥化能力是指国家重点实验室通过各种方式构建与创新资源联系并为实验室所利用的能力。其中"利用能力"特指对实验室外部创新资源的利用。根据前述研究结论，桥化过程可细分为两个阶段：一是通过各种方式实现国家重点实验室与创新资源关系的关联，是桥化阶段的实施阶段；二是借助国家重点实验室与创新资源已建立的关系，实现对实验室外部创新资源的充分利用，是桥化阶段的延伸阶段。此外，实地访谈中发现这两个阶段之前还有一个阶段，即国家重点实验室通过某种方

---

① 王元地等：《基于技术知识属性的中国企业外部技术选择的现状和特征识别》，《科学学与科学技术管理》2014年第10期。

式、优势或特色吸引创新资源的阶段，这为之后两阶段的进行提供了良好的前提条件，实地调研中体现为人力资源中非邀约参会人员向国家重点实验室科研人员的转变。基于此，本书将国家重点实验室创新资源桥化阶段细分为三阶段：首先是桥化准备阶段，即吸引创新资源阶段，之后依次是前述的关系构建与利用阶段。与之对应，国家重点实验室创新资源桥化能力可细分为三种能力，即创新资源的吸引能力、关系构建能力和实验室外部资源利用能力。

基于资源流动视角，Chesbrough（2003）提出了开放式创新的概念，认为智力资源的流动、私人投资、对外部知识的支持是开放式创新产生的重要原因，且认为这一模式的本质在于企业可以通过外部（内部）路径将外部（内部）商业化想法推向市场，为了实现这一目标可采取的方法包括建立新公司、认证许可等。之后，Chesbrough（2004）全面探讨和分析了开放式创新的管理原则和经营模式，为切实推行开放式创新提供了方法论依据。Chesbrough 的开放式创新模式实质回应了创新主体如何高效利用组织内外创新资源进而提升自身创新能力的问题，当然包括前述多种具体方法，而这些方法无疑也是构建或利用创新主体与创新资源关系的重要措施。此外，Freeman（1991）提出的创新网络，Garcia 等（2014）对社会关系网络与创新绩效间关系的实证分析都从理论上说明，与创新资源构建关联（包括合理的关系结构、强度、密度等）对提升创新主体创新能力具有重要意义。总之，实现自身与外部创新资源关系的构建、维持、强化和利用成为创新主体提升创新能力的重要环节，至于国家重点实验室，也成为其创新资源捕获过程中的重要阶段。

可见，现有研究文献的关注焦点集中于关系的构建与优化（或利用），对于关系构建的准备阶段（吸引阶段）知之甚少，然而如实地调研中的发现，吸引阶段的确在国家重点实验室创新资源桥化过程中发挥了重要作用，所以在指标量化时必须将其考虑进来。综上所述，基于第三章探索性案例分析及上述文献分析，结合实地调研中出现的新问题，国家重点实验室创新资源桥化能力的测量指标体系如表5-5所示。

表 5-5　　　国家重点实验室创新资源桥化能力测量指标

| 编码 | 指标 | 主要参考来源 |
| --- | --- | --- |
| 3 | 贵实验室特色研究领域对创新资源具有很强的吸引力 | 探索性案例与实地调研 |
| 4 | 贵实验室构建与创新资源联系的能力很强 | Chesbrough（2003，2004）、Freeman（1991）、Garcia 等（2014） |
| 5 | 贵实验室利用外部创新资源开展科研的能力很强 | |

资料来源：根据本书文献研究、探索性案例研究结论与调研资料整理所得。

（三）创新资源的内化能力

根据探索性案例研究结论，创新资源内化能力是指国家重点实验室通过引进、消化、吸收的方式将创新资源转化为实验室所有（产权）并成功地应用于创新活动的能力。本阶段可清晰地分为三个细分环节，即创新资源的引进、消化和吸收，进而可以通过测度这三个细分环节相对应的能力对创新资源内化能力实施整体评价。

Chesbrough（2003）指出，如果不从外部引入资源，独立组织很难凭借自身能力形成核心竞争力，所以不断从组织外部引入创新资源，实现组织创新资源的新陈代谢是维持组织生存的基本前提。以技术资源引进为例，吴延兵（2008）等研究者的经验研究均已证明技术引进对提升生产率具有积极影响，至于如何从外部引入新技术已有文献研究给出了较为丰富的启示：Chen（2000）依据技术引进方能力和技术复杂程度，将技术引进分为四种，主要包括进口技术信息、文件、蓝图等，借助合作研发共享研发资源，进口成熟技术，生产合作；耿子扬等（2011）根据技术寻求方主动程度，将引进方式分为推、拉两种。综上所述，给予创新资源引进的启发是：创新资源的引入对国家重点实验室具有重要影响且引入方式具有多样性。

针对创新资源消化问题，张聪群（2004）认为"团队创新和集群创新分别是实现创新资源在微观层面和战略层面上有效整合的有效机制"①。至于其影响因素研究更为丰富,如 Guellec 等(2003)、Yasuda(2005)等认为政府政策补贴、企业特性都会对创新资源的消化产生重要影响。此外,有鉴于知识资源在当前信息时代的特殊重要性,关注知识资源消化问题的研究更为庞杂,例如,Lansiti 等(1994)提出了知识整合问题,并将知识整合分为内部整合与外部整合;李晓红、侯铁珊(2013)基于"186家软件企业的产品开发,运用相关性分析和线性回归分析方法"证实了"企业外部知识整合能力、内部知识整合能力、用户整合能力、知识基础对自主创新绩效有显著正向影响"的假设②;程鹏等(2014)通过案例分析,深度剖析了华星光电基于企业实际情况实现知识整合进而实现了企业快速追赶先进技术的创新路径。可见,消化(整合)创新资源是确保引入的创新资源能够契合组织实际所需并发挥其应有功效的前提条件。

自 Cohen 等(1990)正式提出"吸收能力"(absorptive capacity)之后,相关研究日益拓展且形成了如下共识:维护、发展吸收能力对企业的生存与成功至关重要。之后,细化研究走向纵深,例如,基于知识吸收能力对组织发展的考虑,张小兵(2010)系统分析了"知识吸收能力的分析层次与维度、影响因素、知识吸收能力的测量、知识吸收能力和组织绩效关系"③。此外,Szulansk(1999)、何永清等(2013)等从不同视角构建了企业知识资源吸收能力评价指标体系。上述研究共识同样适用于国家重点实验室,即维护、发展吸收能力对国家重点实验室的高效运行和健康发展同样至关重要,相关研究结论(尤其是知识吸收能力指标测量体系)也为本书选择创新资源吸收能力测量指标提供了直接参考。

综上所述,运用第三章探索性案例的分析结论及上述文献研究成果,构建国家重点实验室创新资源内化能力的具体测量指标体系如表

---

① 张聪群:《民营科技型中小企业技术创新资源的整合机制》,《科技进步与对策》2004年第7期。
② 李晓红、侯铁珊:《知识整合能力对自主创新绩效的影响》,《大连理工大学学报》(社会科学版)2013年第2期。
③ 张小兵:《知识吸收能力研究评述》,《技术经济与管理研究》2010年第3期。

5-6所示。

（四）创新资源的增值能力

如第三章所述，创新资源增值即创新资源在国家重点实验室创新活动中通过产出新的科研成果（包括自制设备、发表论文等）和集聚过程实现创新资源增量累积的过程，可见其包含两个重要组成部分：一是创新资源的再创新；二是创新资源的集聚。所以，创新资源的增值能力可以通过这两个方面实现操作化。

表5-6　　　国家重点实验室创新资源内化能力测量指标

| 编码 | 指标 | 主要参考来源 |
| --- | --- | --- |
| 6 | 贵实验室引入创新资源的能力很强 | Chesbrough（2003）、Chen（2000） |
| 7 | 贵实验室重组新增创新资源，使其更适合贵实验室实际需求的能力很强 | Lansiti（1994）、张聪群（2004）、李晓红（2013） |
| 8 | 贵实验室新增的创新资源得到了很好的利用 | Cohen等（1990）、Szulansk（1999）、张小兵（2010）、何永清等（2013） |

资料来源：根据本书文献研究与探索性案例研究结论整理所得。

首先，创新资源再创新。以知识资源再创新为研究对象的文献成果为本书创新资源再创新能力的测量提供了重要参考，例如，吴晓波（1995）提出的"二次创新"认为，基于技术或知识引进上的再创新是我国科技创新活动的重要方式，这与西方国家的"一次创新"具有显著差异，并从模式的定义、特征、具体过程等方面进行了翔实的阐述，这为创新资源基于类似境况下的再创新研究提供了重要启发。从测量指标上看，蔡宁等（2013）整合已有研究成果，从财务（6个指标）和战略（创新潜力、创新管理能力、创新文化氛围、管理创新、竞争地位5个模块，15个指标）两个角度构建了开放式创新绩效测度量表，为本书创新资源再创新能力的测量提供了重要参考。

其次，创新资源的集聚。蒋敏等（2009）认为"研发资源集聚是企业自主创新能力的基础",并以供给来源为指标将研发资源集聚分为内源化研发资源集聚和外源化研发资源集聚两种。陈菲琼等（2009）在理论上引入自组织理论，基于复杂性科学和自组织理论的新视角探讨了创新资源集聚发展演化的内在规律，证实了创新资源集聚自组织机制的存在。陈菲琼等（2011）以浙江省为案例，结合数据统计分析发现，人力资源和物力资源是创新资源集聚的主导因素，并在集聚的过程中不断实现着自身的"增值"。可见，这些研究主要关注创新资源集聚中资源自身纵向上的自我累积能力，尚未关注创新资源间横向上的牵引能力，相关研究也鲜有论及。然而，作为创新资源集聚形成的一种重要方式，如探索性案例研究中所展现的，创新资源横向上的相互牵引的确发挥了重要作用，所以创新资源间的横向牵引能力测量理应纳入研究视野。综上所述，最终设置两类题目测度创新资源集聚能力：一类用于测度国家重点实验室创新资源自身纵向上的累积能力；另一类用于测度国家重点实验室创新资源间横向上的牵引能力。

综上所述，同样基于第三章探索性案例分析结论及上述文献研究成果，构建国家重点实验室创新资源增值能力的具体测量指标体系如表5-7所示。

表5-7　　国家重点实验室创新资源增值能力测量指标

| 编码 | 指标 | 主要参考来源 |
| --- | --- | --- |
| 9 | 贵实验室用新增创新资源增加科研成果的能力很强 | 吴晓波（1995）、蔡宁等（2013） |
| 10 | 贵实验室利用内部已有创新资源吸附更多创新资源的能力很强 | 蒋敏等（2009）、陈菲琼等（2009，2011） |
| 11 | 贵实验室用新增创新资源吸附更多创新资源的能力很强 | |
| Z6 | 贵实验室已有创新人力资源、财力资源、物力资源、知识资源间有很强的相互衍生作用 | 探索性案例与实地调研 |

资料来源：根据本书文献研究、探索性案例研究结论与调研资料整理所得。

## 第三节 变量测度量表的信度与效度分析

基于变量定义与测度而架构的测度量表的信度（量表是否可信）和效度（量表是否有效）直接关系着实证检验的科学性，所以接下来首先对变量测度量表的信度和效度进行检验。

### 一 变量测度量表的信度分析

信度（Reliability），是指测量结果的一致性（Consistency）或稳定性（Stability）。测量误差越大，测量信度越低，所以信度也可视为测验结果受测量误差影响的程度。造成测量误差的原因主要分为两类：一类是程序性因素，主要包括被试因素（如受测试者的动机和注意力等）、主试因素（如主试的偏颇与暗示等）、测验情景因素（如测验环境条件等），这类因素主要受测验执行过程的干扰；另一类是工具本身的因素，主要包括测验内容因素（如实体抽样不当等），此类有赖量表编制的严谨程度[①]。除此之外，样本的异质性也会影响测验的信度。信度系数（Coefficient of Reliability）是信度水平的数据化表征参数，计算公式如式（5-1）所示，可见信度系数等于真分数变异与观察变异之比，等于1减去误差变异与观察变异之比，且信度系数是一个介于0与1之间的数值，数值越大，信度越高。

$$R_{XX} = \frac{\sigma_{\text{true}}^2}{\sigma_{\text{total}}^2} = 1 - \frac{\sigma_{\text{e}}^2}{\sigma_{\text{total}}^2} \qquad (5-1)$$

根据邱皓政（2013）的分类，检测信度的方法主要有五种，主要包括再测信度、复本信度、折半信度、内部一致性信度和评分者间信度。其中，再测信度是指将一个测验在同一群受测者身上前后施测两次，然后求取两次测验分数的相关系数作为信度指标；测量工具有两个内容相似的复本，令同一群被试者同时接受两种复本测验，两个版

---

① 邱皓政：《量化研究与统计分析——SPSS中文视窗版数据分析范例解析》，重庆大学出版社2009年版，第287页。

本测验得分的相关系数即为复本信度；折半信度是一种特殊形式的复本信度，不同之处在于折半信度的两套复本并非独立的两个测验，而是把某一套测验依据题目的单双数或其他方法分成两半，根据受测者在两半测验上的分数求取相关系数而得到折半信度；直接计算测验题目内部之间的一致性并作为测验的信度指标，此类方法称为内部一致性系数；当测量使用的工具是"人"而非量表时，不同评量者可能打出不同分数，分数误差的变异来源是评分者间的差异，计算各得分之间的相关系数即是评分者间信度。

基于上述各信度测度方法的特点，结合本书的成本估量、问卷发放形式、被试者问卷填写接受度和信度量化处理，选择内部一致性系数作为检验本书变量量表信度的具体方法。内部一致性信度系数有两种测度方法，一种由 Kuder 等提出的库李信度（Kuder - Richardson Reliability），这一方法适用于二分类题目的信度评估；另一种是 Cronbach 将库李信度计算方法加以改进后得到的 α 系数，如式（5-2）所示，这一公式既可用于二分类题目的信度测度，也可以用于其他各类型量表信度测量，所以本书采用 Cronbach α 系数来测度量表内部一致性信度。在 Cronbach α 系数判断上一般依据经验法则判定：α>0.9 为非常好，α>0.8 为较好，α>0.7 为可接受，α>0.6 为可疑，α>0.5 为较差，α<0.5 为不可接受[①]。此外，吴明隆（2000）还提出，应该用"矫正的题项——总体相关系数"（Corrected Item - Total Correlation，CITC）辅助 α 值的信度测量，且认为这一系数的可接受值应大于 0.35。综上所述，本书将通过计算每个变量的 CITC 系数和 Cronbach α 系数来测度变量的内部一致性，进而检验变量各子量表的内部一致性。

$$\alpha = \frac{k}{k-1}\left(1 - \frac{\sum S_i^2}{S_x^2}\right) \qquad (5-2)$$

其中，$S_i^2$ 表示的是各题的方差。

---

① ［加］George, D., Mallery, P.：《统计分析简明教程》，何丽娟、李征、韦玉译，电子工业出版社 2011 年版，第 226 页。

由表 5-8 可得，国家重点实验室创新资源搜索能力测量题项的内部一致性系数 Cronbach α 是 0.798，处于可接受范围；CITC 系数最小值为 0.728，大于 0.35 的最低标准。此外，由于是两个题项，所以缺少"如果删除此项的 Cronbach α"系数改进比较，影响了题项删除后 Cronbach α 系数的变化参考，然而并不影响此变量子量表的信度分析。总之，内部一致性检验说明国家重点实验室创新资源搜索能力量表具有较高信度。

表 5-8　国家重点实验室创新资源搜索能力量表信度分析结果

| 题项 | CITC 系数 | Cronbach α 系数 |
|---|---|---|
| 贵实验室的创新资源情报搜索能力很强 | 0.728 | 0.798 |
| 贵实验室评估识别创新资源价值的能力很强 | 0.728 | |

资料来源：根据本书调研资料统计分析所得。

由表 5-9 可得，国家重点实验室创新资源桥化能力测量题项的内部一致性系数 Cronbach α 是 0.863，处于较好范围内；CITC 系数最小值为 0.715，大于 0.35 的最低标准；删除各观测变量后的 Cronbach α 系数（0.766、0.825、0.833）都比原量表的 Cronbach α 系数（0.863）小。总之，内部一致性检验说明国家重点实验室创新资源桥化能力量表也具有较高的信度。

表 5-9　国家重点实验室创新资源桥化能力量表信度分析结果

| 题项 | CITC 系数 | 删除该题项后的 Cronbach α 系数 | Cronbach α 系数 |
|---|---|---|---|
| 贵实验室特色研究领域对创新资源具有很强的吸引力 | 0.787 | 0.766 | |
| 贵实验室构建与创新资源联系的能力很强 | 0.722 | 0.825 | 0.863 |
| 贵实验室利用外部创新资源开展科研的能力很强 | 0.715 | 0.833 | |

资料来源：根据本书调研资料统计分析所得。

由表 5–10 可见，国家重点实验室创新资源内化能力测量题项的内部一致性系数 Cronbach α 是 0.888，处于较好范围内；CITC 系数最小值为 0.759，大于 0.35 的最低标准；删除各观测变量后的 Cronbach α 系数（0.837、0.862、0.824）都比原量表的 Cronbach α 系数（0.888）小。总之，内部一致性检验说明国家重点实验室创新资源内化能力量表同样具有较高的信度。

**表 5–10　国家重点实验室创新资源内化能力量表信度分析结果**

| 题项 | CITC 系数 | 删除该题项后的 Cronbach α 系数 | Cronbach α 系数 |
|---|---|---|---|
| 贵实验室引入创新资源的能力很强 | 0.789 | 0.837 | 0.888 |
| 贵实验室重组新增创新资源，使其更适合贵实验室实际需求的能力很强 | 0.759 | 0.862 | |
| 贵实验室新增的创新资源得到了很好的利用 | 0.802 | 0.824 | |

资料来源：根据本书调研资料统计分析所得。

由表 5–11 可见，国家重点实验室创新资源增值能力测量题项的内部一致性系数 Cronbach α 是 0.812，处于较好范围内；CITC 系数最小值为 0.522，大于 0.35 的最低标准；删除各观测变量后，其中三项 Cronbach α 系数（0.785、0.782、0.808）都比原量表的 Cronbach α 系数（0.812）小，其中一项的 Cronbach α 系数为 0.886，大于原量表的 Cronbach α 系数，但由于其偏离程度仅有 0.074，所以暂且保留此项。总之，内部一致性检验说明国家重点实验室创新资源增值能力量表同样具有较高信度。

综上所述，通过内部一致性检验可得，国家重点实验室创新资源搜索能力、桥化能力、内化能力和增值能力的测量题项都具有较高的内部一致性，确保了四个子量表的信度，这为后续实证检验提供了较好的信度保障。

表 5-11  国家重点实验室创新资源增值能力量表信度分析结果

| 题项 | CITC 系数 | 删除该题项后的 Cronbach α 系数 | Cronbach α 系数 |
|---|---|---|---|
| 贵实验室用新增创新资源增加科研成果的能力很强 | 0.783 | 0.785 | 0.812 |
| 贵实验室利用内部已有创新资源吸附更多创新资源的能力很强 | 0.794 | 0.782 | |
| 贵实验室用新增创新资源吸附更多创新资源的能力很强 | 0.734 | 0.808 | |
| 贵实验室已有创新人力资源、财力资源、物力资源、知识资源间有很强的相互衍生作用 | 0.522 | 0.886 | |

资料来源：根据本书调研资料统计分析所得。

## 二 变量测度量表的效度分析

效度（validity）即测量的正确性，指测验或其他测量工具确实能够测得其所预测量的构念之程度，也反映测验分数的意义为何。测量效度越高，表示测量结果越能正确地反映真实情况。影响效度的因素主要包括四个方面：一是测量过程因素，如不良的测验程序等；二是样本性质，如样本的代表性等；三是校标因素，如校标本身的质量等；四是干扰变量，如被试者的智力等[①]。

与信度检验不同，效度检验更多的是依靠非统计学意义的判断。目前，用于效度检验的方法主要包括内容效度（Content Validity）、效标关联效度（Criterion – Related Validity）和构念效度（Construct Validity）三种。其中，内容效度反映测量工具本身与研究内容的适切程度，对其测量主要通过系统逻辑推演判断测量工具契合研究目的、研究内容的程度。本书以检验国家重点实验室创新资源捕获过程模型及其对创新资源捕获的实际影响为目标，且围绕这一目标细分了过程模

---

① 邱皓政：《量化研究与统计分析——SPSS 中文视窗版数据分析范例解析》，重庆大学出版社 2009 年版，第 291—292 页。

型的4个具体过程，同时结合前人研究结论、文献参考、实地调研、预测等方法最终构架起量表，确保了本书量表具有较好的内容效度。校标关联效度是以测验分数和特定校标之间的相关系数表示测量工具有效性之高低，然而本书采用的指标并非硬性指标，均靠填写者的主观判断予以衡量，进行关联的校标无法确定，所以本书无法采用校标关联效度用以检验量表效度。

构念效度是指测量工具能够测得一个抽象概念或特质的程度。随着分析技术的发展，这种效度量化测量变得愈加现实，例如，目前较为常用的有两种：一种是Campbell等提出的多元特质多重方法矩阵法（Multitrait - Multimethod Matrix，MTMM），即以多种方法（如自评发、同侪评量法）来测量多种特质，据以检验聚敛效度和区辨效度；另一种是因素效度（Factorial Validity），即一个测验或理论背后因素结构的有效性，具体的方法包括探索性因素分析和验证性因素分析。基于本书特性，可选用探索性因素分析检验量表效度。探索性因素检验主要通过Bartlett球体检验、KMO检验和各题项负荷量参数三个指标判断，其中相关参数依据统计经验判断，具体标准包括Bartlett球体检验（Bartlett Test of Sphericity）统计值显著，KMO（Kaiser - Meyer - Olkin）值大于0.7（0.9以上表示非常合适，0.8以上表示较合适，0.7以上表示可接受，0.6以上表示可疑，0.5以下表示拒绝），且各题项的负荷量最小不小于0.32（负荷量大于0.7属于非常理想的状态），同时满足这三个指标方可判定相关因子同属于某一变量，进而反映出量表内容效度较好[①]。本书将通过探索性因子分析（取特征根大于1）来测度量表的构念效度。如表5-12所示，KMO值为0.951，大于0.7，且显著性为非常显著，可见数据非常适合做因子分析。因子分析结果如表5-13所示，有4个因子被识别出来，且相应的因子负荷量都大于0.5（最小值是0.539，最大值是0.812），各题项都较好地负载到其预期测量的因子上，与前设一致。因此将因子1命名为国家重点实验室创新资源搜寻能力（过程），将因子2命名为

---

① 薛薇:《SPSS 统计分析方法及应用》（第3版），电子工业出版社2013年版，第266页。

国家重点实验室创新资源桥化能力（过程），将因子3命名为国家重点实验室创新资源内化能力（过程），将因子4命名为国家重点实验室创新资源增值能力（过程）。因子特征根累计解释了总体方差的82.940%（见表5-14），所以因子分析结果可接受程度高。

表5-12　KMO和Bartlett的检验结果

| | | |
|---|---|---|
| KMO值 | | 0.951 |
| Bartlett球体检验 | 近似卡方分布 | 1086.880 |
| | df（自由度） | 66 |
| | Sig（显著性） | 0.000 |

资料来源：根据本书调研资料统计分析所得。

表5-13　国家重点实验室创新资源捕获过程因子分析结果

| 题项 | 因子负荷量 | | | |
|---|---|---|---|---|
| | 1 | 2 | 3 | 4 |
| 实验室的创新资源情报搜索能力很强 | 0.732 | 0.323 | 0.173 | 0.215 |
| 实验室评估识别创新资源价值的能力很强 | 0.645 | 0.382 | 0.263 | 0.353 |
| 实验室特色研究领域对创新资源具有很强的吸引力 | 0.121 | 0.652 | 0.391 | 0.183 |
| 实验室构建与创新资源联系的能力很强 | 0.210 | 0.753 | 0.326 | 0.254 |
| 实验室利用外部创新资源开展科研的能力很强 | 0.095 | 0.596 | 0.221 | 0.427 |
| 实验室引入新创新资源的能力很强 | 0.324 | 0.278 | 0.812 | 0.227 |
| 实验室重组新增创新资源，使其更适合贵实验室实际需求的能力很强 | 0.231 | 0.316 | 0.698 | 0.183 |
| 实验室新增的创新资源得到了很好的利用 | 0.410 | 0.351 | 0.721 | 0.261 |
| 实验室用新增创新资源增加科研成果的能力很强 | 0.241 | 0.326 | 0.153 | 0.714 |
| 实验室利用内部已有创新资源吸附更多创新资源的能力很强 | 0.135 | 0.413 | 0.267 | 0.798 |

续表

| 题项 | 因子负荷量 | | | |
|---|---|---|---|---|
| | 1 | 2 | 3 | 4 |
| 实验室用新增创新资源吸附更多创新资源的能力很强 | 0.327 | 0.267 | 0.341 | 0.641 |
| 实验室已有创新人力资源、财力资源、物力资源、知识资源间有很强的相互衍生作用 | 0.362 | 0.325 | 0.379 | 0.539 |

注：提取方法为主成分分析；旋转法为具有Kaiser标准化正交旋转法；旋转在7次迭代后收敛。

资料来源：根据本书调研资料统计分析所得。

表5-14　国家重点实验室创新资源捕获过程因子分析方差解释

| 成分 | 初始特征根 | | | 旋转平方和载入 | | |
|---|---|---|---|---|---|---|
| | 合计 | 方差的百分比（%） | 累计百分比（%） | 合计 | 方差的百分比（%） | 累计百分比（%） |
| 1 | 6.837 | 57.803 | 57.803 | 2.875 | 23.958 | 23.958 |
| 2 | 1.381 | 14.842 | 72.645 | 2.641 | 22.008 | 45.965 |
| 3 | 0.609 | 5.075 | 77.720 | 2.379 | 19.825 | 65.790 |
| 4 | 0.497 | 4.975 | 82.695 | 2.058 | 17.150 | 82.940 |
| 5 | 0.426 | 3.551 | 86.246 | — | — | — |
| 6 | 0.324 | 2.908 | 89.154 | — | — | — |
| 7 | 0.285 | 2.376 | 91.530 | — | — | — |
| 8 | 0.256 | 2.133 | 93.663 | — | — | — |
| 9 | 0.224 | 1.867 | 95.530 | — | — | — |
| 10 | 0.201 | 1.676 | 97.206 | — | — | — |
| 11 | 0.179 | 1.492 | 98.698 | — | — | — |
| 12 | 0.156 | 1.302 | 100.000 | — | — | — |

注：提取方法为主成分分析。

资料来源：根据本书调研资料统计分析所得。

综上所述，通过效度检验可得，国家重点实验室创新资源捕获过程测度量表无论在内容效度还是构念效度上都具有较好的可接受度,这为后续实证检验提供了较好的效度保障。

## 第四节 多元回归分析

通过前述研究假设提出、变量定义和测量、量表信度和效度检验,首先明确了进行回归分析的因变量(国家重点实验室创新资源捕获绩效)与自变量(国家重点实验室创新资源捕获搜寻能力、桥化能力、内化能力和增值能力);其次厘清了问卷设计的主要理论依据与指标体系;最后验证了数据统计分析所依据的量表具有较高的可信度和效度,为数据统计分析结果的科学性提供了保障。在此基础上,借助 SPSS20.0 实证检验国家重点实验室创新资源捕获过程模型及其对创新资源捕获绩效的影响。

### 一 确定回归模型

本书数据采集使用李克特五级量表,自变量数值具备连续性特征(加总法获得连续数值),连续分割、赋值与加总后的因变量数值也具备连续性特征,所以数据分析可采用等距测量层次上的分析技术和方法。此外,因变量与自变量之间的关系具有多样性,所以选用的数学模型各有不同,一般来讲如果因变量和自变量之间存在线性关系,则应进行线性回归分析,建立线性回归模型;如果因变量和自变量之间存在非线性关系则应进行非线性回归分析建立非线性回归模型。两种模型的选择可以通过观察因变量与自变量间的散点图获得直观判断,同时结合 Pearson 简单相关系数(定距型变量)、Spearman 相关系数(定序型变量)和 Kendall $\zeta$ 相关系数(定序型变量)进行数值型判断(首先通过显著性检验)。按统计经验研判:相关系数范围(绝对值)等于 1 且统计显著,则变量关联程度为完全相关;介于 0.70—0.99 且统计显著,则变量关联程度为高度相关;介于 0.40—0.69 且统计显著,则变量关联程度为中度相关;介于 0.10—0.39 且统计显著,则变量关联程度为低度相关;0.10 以下且统计显著,变量关联程度微弱或无相关①。

首先，观察散点图。根据多个自变量与一个因变量的数据结构，选用散点矩阵观察数据，结果如图5-3第一列所示。可见，因变量（捕获绩效）与其他几个自变量之间均呈现显著的线性正相关关系。所以从散点图判断应选择、建构线性数学模型进行线性回归分析。其次，相关系数检验。由于问卷采用李克特五级量表，所以数据类型为定距数据，进而选用Pearson相关系数进行数值判断，结果如表5-15所示。可见Pearson相关系数r趋于1，且两两变量之间关系显著水平均非常高（0.01水平上显著相关），这都说明本书中的因变量与自变量之间具有非常强的线性关系。

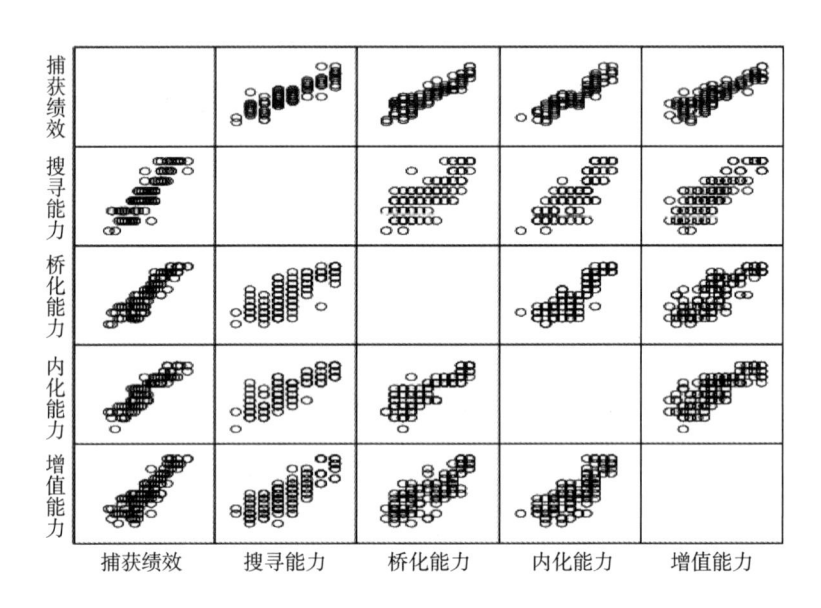

图5-3 因变量与自变量关系散点图观测②

---

① 邱皓政：《量化研究与统计分析——SPSS中文视窗版数据分析范例解析》，重庆大学出版社2009年版，第246页。

② 根据本书调研资料统计分析所得。

表 5-15　　　　　　　　Pearson 相关系数分析结果

| 变量 | 捕获绩效 | 搜寻能力 | 桥化能力 | 内化能力 | 增值能力 |
|---|---|---|---|---|---|
| 捕获绩效 Pearson 相关性 | 1 | 0.885** | 0.901** | 0.910** | 0.868** |
| 显著性（双侧） | — | 0.000 | 0.000 | 0.000 | 0.000 |
| N | 110 | 110 | 110 | 110 | 110 |
| 搜寻能力 Pearson 相关性 | — | 1 | 0.801** | 0.832** | 0.842** |
| 显著性（双侧） | — | — | 0.000 | 0.000 | 0.000 |
| N | — | 110 | 110 | 110 | 110 |
| 桥化能力 Pearson 相关性 | — | — | 1 | 0.838** | 0.800** |
| 显著性（双侧） | — | — | — | 0.000 | 0.000 |
| N | — | — | 110 | 110 | 110 |
| 内化能力 Pearson 相关性 | — | — | — | 1 | 0.773** |
| 显著性（双侧） | — | — | — | — | 0.000 |
| N | — | — | — | 110 | 110 |
| 增值能力 Pearson 相关性 | — | — | — | — | 1 |
| 显著性（双侧） | — | — | — | — | — |
| N | — | — | — | — | 110 |

注：** 表示在 0.01 水平（双侧）上显著相关。
资料来源：根据本书调研资料统计分析所得。

综上所述，无论是散点图观测，还是 Pearson 相关系数检验都说明因变量与自变量之间存在显著线性关系，所以本书构建线性回归数学模型，采用线性回归分析方法实证检验相关内容，最终构建的数学模型见回归方程 1。

$$y = \beta_0 + \beta_1 x_1 + \beta_2 x_2 + \beta_3 x_3 + \beta_4 x_4 + \varepsilon \quad \text{回归方程 1}$$

其中，$y$ 是指因变量国家重点实验室创新资源捕获绩效；$x_1$、$x_2$、$x_3$、$x_4$ 分别表示自变量国家重点实验室创新资源搜寻能力（过程）、桥化能力（过程）、内化能力（过程）、增值能力（过程）；$\beta_0$ 表示回归常数，$\beta_1$、$\beta_2$、$\beta_3$、$\beta_4$ 表示回归系数；$\varepsilon$ 表示引起 $y$ 变化的其他随机因素。

二　回归方法与结果讨论

以国家重点实验室创新资源捕获绩效为因变量，以国家重点实验室创新资源搜寻能力（过程）、桥化能力（过程）、内化能力（过程）、增值能力（过程）的测量指标为因变量开展回归分析，对国家重点实验室创新资源捕获过程 SBIP 模型进行验证和修正，并获取其对国家重点实验室创新资源捕获绩效的真实影响。

回归分析方法有多种，如向前策略、向后策略、逐步策略等，其中，逐步法以向前法选入程序为主，因此得到的结果与向前法的结果非常类似，只是在过程中增加了排除较低预测力的独立变量检验，兼具了向后法的精神，循此原理进行反复纳入和排除变量的检验，直到没有任何变量可以被选入或排除为止，即得到最后模型，这契合了检验国家重点实验室创新资源捕获过程模型的目标，所以本书选用逐步法进行线性回归分析。逐步回归分析共计分离出 4 个模型，按照逐步回归法则，第 4 个模型即为最终模型，具体情况见表 5-16。

表 5-16　回归方程 1 逐步回归分析后最后一个模型的数据结果

| 模型 | 标准化回归系数 | T 值 | 显著性 | 共线性检验 | |
| --- | --- | --- | --- | --- | --- |
| | | | | 容差 | VIF |
| 常量 | — | 0.008 | 0.993 | — | — |
| 搜寻能力 | 0.379 | 5.072 | 0.003 | 0.885 | 1.129 |
| 桥化能力 | 0.496 | 7.434 | 0.000 | 0.901 | 1.109 |
| 内化能力 | 0.552 | 8.306 | 0.000 | 0.879 | 1.137 |
| 增值能力 | 0.408 | 5.891 | 0.000 | 0.844 | 1.185 |

注：因变量是国家重点实验室创新资源捕获绩效。
资料来源：根据本书调研资料统计分析所得。

如表 5-16 所示，最大显著检验系数为 0.003，最小为 0.000，可见国家重点实验室创新资源捕获过程的显著性检验均呈现显著特征，证实了预设回归数学方程 1 成立。总之，通过检验证实国家重点实验室创新资源捕获过程 SBIP 模型客观存在，且主要包括了创新资源的搜寻阶段、桥化阶段、内化阶段和增值阶段四大阶段。此外，比较各项测量指标的回归系数后发现，四个阶段对国家重点实验室创新资源捕获绩效的贡献大小依次是创新资源的内化阶段（0.552）、桥化阶段（0.496）、增值阶段（0.408）、搜寻阶段（0.379）。

为了更为深入地分析各个细分测量指标对国家重点实验室创新资源捕获绩效的影响，基于①是否适合线性回归（见图5-4），②测定Pearson相关系数（见表5-17），③构建回归方程2，④采用逐步回归方法获得回归结果（见表5-18）4个相同的统计分析步骤实证检验了细分变量与国家重点实验室创新资源捕获绩效间的关系。

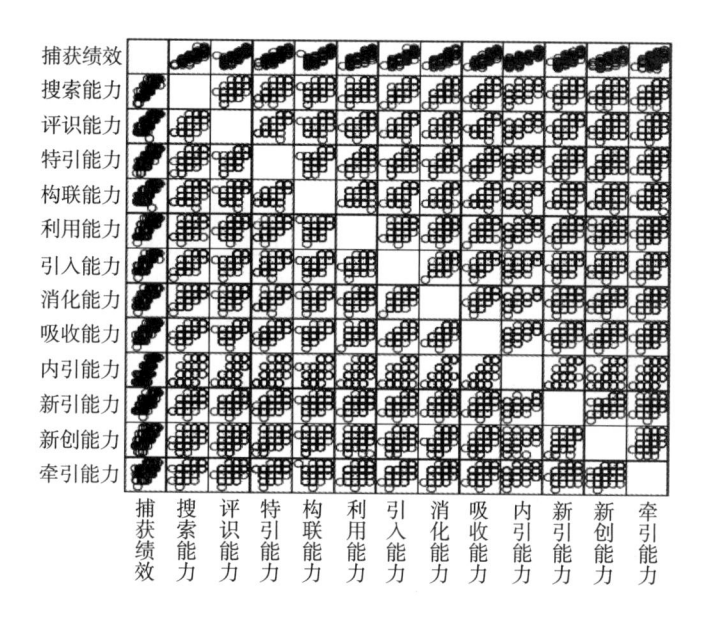

图5-4 细分研究因变量与自变量关系散点图观测①

---

① 为称谓方便，各变量简称如下：因变量国家重点实验室创新资源捕获绩效简称捕获绩效；自变量创新资源的搜索能力简称搜索能力，创新资源的评估与识别能力简称评识能力，国家重点实验室研究特色吸引创新资源的能力简称特引能力，国家重点实验室构建与创新资源关联的能力简称构联能力，国家重点实验室利用外部创新资源的能力简称利用能力，国家重点实验室引入创新资源的能力简称引入能力，国家重点实验室消化创新资源的能力简称消化能力，国家重点实验室吸收创新资源的能力简称吸收能力，国家重点实验室内部已有创新资源吸引新创新资源的能力简称内引能力，国家重点实验室新增创新资源吸引新创新资源的能力简称新引能力，国家重点实验室新增创新资源的创新能力简称新创能力，国家重点实验室不同创新资源间的牵引能力简称牵引能力。以下内容及以后各章均运用此系列简称。根据调研资料统计分析整理所得。

表5-17　细分研究 Pearson 相关系数分析结果

| 变量 | 捕获绩效 |
| --- | --- |
| 搜索能力 Pearson 相关性 | 0.843 |
| 显著性（双侧） | 0.000 |
| N | 110 |
| 评识能力 Pearson 相关性 | 0.802 |
| 显著性（双侧） | 0.000 |
| N | 110 |
| 特引能力 Pearson 相关性 | 0.834 |
| 显著性（双侧） | 0.000 |
| N | 110 |
| 构联能力 Pearson 相关性 | 0.776 |
| 显著性（双侧） | 0.000 |
| N | 110 |
| 利用能力 Pearson 相关性 | 0.792 |
| 显著性（双侧） | 0.000 |
| N | 110 |
| 引入能力 Pearson 相关性 | 0.844 |
| 显著性（双侧） | 0.000 |
| N | 110 |
| 消化能力 Pearson 相关性 | 0.801 |
| 显著性（双侧） | 0.000 |
| N | 110 |
| 吸收能力 Pearson 相关性 | 0.826 |
| 显著性（双侧） | 0.000 |
| N | 110 |
| 内引能力 Pearson 相关性 | 0.82 |
| 显著性（双侧） | 0.000 |
| N | 110 |
| 新引能力 Pearson 相关性 | 0.755 |
| 显著性（双侧） | 0.000 |
| N | 110 |

续表

| 变量 | 捕获绩效 |
|---|---|
| 新创能力 Pearson 相关性 | 0.727 |
| 显著性（双侧） | 0.000 |
| N | 110 |
| 牵引能力 Pearson 相关性 | 0.599 |
| 显著性（双侧） | 0.000 |
| N | 110 |

注：在 0.01 水平（双侧）上显著相关。
资料来源：根据本书调研资料统计分析所得。

$$y = \beta_0 + \beta_1 x_1 + \beta_2 x_2 + \beta_3 x_3 + \beta_4 x_4 + \cdots + \beta_{12} x_{12} + \varepsilon \quad 回归方程2$$

其中，$y$ 是指因变量国家重点实验室创新资源捕获绩效；$X_1$、$X_2$、$X_3$、$X_4$、$\cdots$、$X_{12}$ 分别表示自变量国家重点实验室创新资源搜寻能力（过程）、桥化能力（过程）、内化能力（过程）、增值能力（过程）的具体测量指标；$\beta_0$ 表示回归常数，$\beta_1$、$\beta_2$、$\beta_3$、$\beta_4$、$\cdots$、$\beta_{12}$ 表示回归系数；$\varepsilon$ 表示引起 $y$ 变化的其他随机因素。

表5-18　回归方程2逐步回归分析后最后一个模型的数据结果

| 模型 | 测量指标 | 标准化回归系数 | T值 | 显著性 | 共线性检验 | |
|---|---|---|---|---|---|---|
| | | | | | 容差 | VIF |
| 常量 | — | — | 0.006 | 0.982 | — | — |
| 搜寻能力 | 搜索能力 | 0.242 | 3.839 | 0.005 | 0.875 | 1.142 |
| | 评识能力 | 0.113 | 2.625 | 0.007 | 0.743 | 1.346 |
| 桥化能力 | 特引能力 | 0.351 | 4.830 | 0.000 | 0.824 | 1.214 |
| | 构联能力 | 0.112 | 1.853 | 0.000 | 0.831 | 1.203 |
| | 利用能力 | 0.316 | 4.152 | 0.000 | 0.791 | 1.264 |
| 内化能力 | 引入能力 | 0.391 | 5.743 | 0.000 | 0.869 | 1.151 |
| | 吸收能力 | 0.226 | 3.982 | 0.009 | 0.779 | 1.284 |
| 增值能力 | 新引能力 | 0.218 | 3.264 | 0.008 | 0.814 | 1.229 |
| | 牵引能力 | 0.195 | 3.248 | 0.010 | 0.871 | 1.148 |

注：因变量是国家重点实验室创新资源捕获绩效。
资料来源：根据本书调研资料统计分析所得。

可见，细分研究模型可以进行线性回归分析，且最后模型对预设模型4进行了修正，剔除了"消化能力""内引能力"和"新创能力"三个细分变量。分析结构具体阐述如下。

（1）搜寻阶段。两个指标完整保留下来，其中创新资源搜寻能力的回归系数为0.242，创新资源评估与识别能力的回归系数为0.113。两者比较而言，搜索能力在搜寻阶段中对于创新资源捕获绩效的影响较大，这说明当前我国国家重点实验室的两个发展状态：一是尽可能扩大创新资源来源范围是当前我国国家重点实验室的关注焦点；二是我国国家重点实验室目前仍处于快速生长期。

（2）桥化阶段。三个指标完整保留下来，其中国家重点实验室研究特色吸引创新资源能力的回归系数为0.351，国家重点实验室构建与创新资源间联系能力的回归系数为0.112，国家重点实验室利用外部创新资源能力的回归系数为0.316。这进一步证实了Chesbrough（2003）提出的开放式创新的重要性，面对当前日益激烈的竞争环境，单靠国家重点实验室自身资源已难以支撑核心能力的培育，通过研究特色或优势的吸引力吸附、利用游离于实验室之外的创新资源对于实验室的健康发展不仅必要，而且十分迫切。此外，国家重点实验室利用外部创新资源能力较高的回归系数也说明，这一能力（或过程）本身就具有将实验室外部创新资源转化为实验室内部资源的重要作用。总之，实验室研究特色对于我国国家重点实验室吸附创新资源具有独特的重要作用，此外利用外部创新资源能力的重要性在我国国家重点实验室创新资源捕获过程中得到了应有重视。国家重点实验室构建与创新资源间的关联能力（过程）的统计结果说明，目前国家重点实验室仍囿于传统被动式创新资源捕获方式，急需激发、构建和丰富国家重点实验室作为创新主体主动构建与创新资源间联系的意识和方法。

（3）内化阶段。两个指标保留下来，国家重点实验室消化创新资源能力指标在逐步回归中被剔除，剔除原因可能在于消化能力与吸收能力的重叠性。因为已有文献研究认为"消化是手段，吸收是结果，消化是为吸收服务的，消化过程是吸收过程的一个组成部分"[1]。通过逐步回归方法不断优化模型的结果也说明，两者之间的确存在很强的包容性。在保留下来的两个指标中，国家重点实验室引入创新资源能力的回归系数是0.391，国家重点实验室吸收创新资源能力的回归系数是0.226，这进一步说明相对于创新资源配置、整合方面的重要性，当前通过各种渠道尽可能地引入创新资源对促进我国国家重点实验室发展具有更强的现实意义，这也进一步验证了我国国家重点实验室仍旧处在生长期的前述结论。

（4）增值阶段。两个指标保留下来，国家重点实验室内部已有创新资源吸引新创新资源能力和国家重点实验室新增创新资源创新能力被剔除，剔除原因可能在于已有创新资源的固化，即已有创新资源吸引新资源的能力已经达到了最大限度，吸引范围已经无法拓展，出现了引力场域固化现象。以人力资源为例，年龄过大的科研人员无法吸引新的科研人员，各种课题或论文的发表都呈现不升反降的趋势。与之相反，新增创新资源会连同其所关联的各种创新资源进入国家重点实验室，为国家重点实验室的进一步资源拓展提供了重要条件。国家重点实验室新增创新资源创新能力被剔除的原因在于，新增创新资源创新能力乏力或新增创新资源引入时间较短，效能尚未发挥。在保留下来的指标中，国家重点实验室新增创新资源吸引新资源能力的回归系数是0.218，国家重点实验室不同创新资源间相互牵引能力的回归系数是0.195，这两个指标保留下来一方面说明无论横向上还是纵向上的创新资源累积都为国家重点实验室创新资源捕获提供了重要支撑，另一方面也说明了目前我国国家重点实验室创新资源捕获方式以"资源吸附资源"为主。

结合前述我国国家重点实验室创新资源捕获注重数量、实验室发展处于快速生长期、偏向借助特色吸引创新资源、资源捕获方式以"资源吸附资源"为主的研究结论，可获得如下重要发现：目前，我

---

[1] 姚威：《产学研合作创新的知识创造过程研究》，博士学位论文，浙江大学，2009年。

国国家重点实验室创新资源捕获过程的内在逻辑是"以创新资源堆积研究特色，以研究特色再吸附创新资源"，其核心逻辑支撑是流动性极强的创新资源，这使目前我国国家重点实验室创新资源捕获过程具有很强的不稳定性，进而对国家重点实验室综合水平的可持续稳定提升带来了极大风险。基于嵌入性理论（Embeddedness Theory）分析视角，这一发现的成因在于旧有计划分配体制负面束缚惯性存在，借助市场竞争实现创新资源在国家重点实验室内部或之间自由流通、新陈代谢、高效配置进而构建能力支撑性国家重点实验室创新资源捕获过程的制度环境尚未形成。

此外，通过比较基于回归方程2创新资源捕获过程各阶段中保留下来的指标均值可见（搜寻过程为0.176，桥化阶段为0.260，内化阶段为0.309，增值阶段为0.207），其对国家重点实验室创新资源捕获绩效贡献率的大小与回归方程1中的贡献大小排序高度一致，这进一步印证了回归方程1的可靠性，也细致化、精准化了回归方程1的涵盖内容和研究结论。

### 三　回归方程的统计检验

回归分析过程中，只有通过了严格的统计学检验才能确保最终统计结果的科学性。检验内容主要包括回归方程的拟合度检验、显著性检验、回归系数的显著性检验、残差分析和多重共线性分析等。

首先，回归方程的拟合度检验和显著性检验。因为两者对回归方程的检验具有异曲同工之效，即回归方程的拟合优度越高，回归方程的显著性检验也会越显著，回归方程的显著性检验越显著，回归方程的拟合优度也会越高，所以基于统计检验的可视化和量化考虑，本书选择采用回归方程的拟合优度检验。考虑到回归方程为多自变量模型，所以拟合优度系数主要参考"调整的判定系数$R^2$"，且系数越接近1，拟合优度越高。统计结果如表5-19、表5-20所示，回归方程1和回归方程2的拟合优度系数分别达到0.923、0.925，这说明两个回归方程的拟合优度非常好。

表 5-19　　　　　回归方程 1 的拟合优度分析结果

| 模型[e] | R | $R^2$ | 调整的 $R^2$ | Drubin - Watson |
|---|---|---|---|---|
| 1 | 0.910[a] | 0.828 | 0.826 | 1.988 |
| 2 | 0.946[b] | 0.895 | 0.893 | |
| 3 | 0.958[c] | 0.920 | 0.917 | |
| 4 | 0.962[d] | 0.926 | 0.923 | |

注：a. 预测变量（常量）：内化能力；b. 预测变量（常量）：内化能力、增值能力；c. 预测变量（常量）：内化能力、增值能力、桥化能力；d. 预测变量（常量）：内化能力、增值能力、桥化能力、搜寻能力；e. 因变量：捕获绩效。

资料来源：根据本书调研资料统计分析所得。

表 5-20　　　　　回归方程 2 的拟合优度分析结果

| 模型[j] | R | $R^2$ | 调整的 $R^2$ | Drubin - Watson |
|---|---|---|---|---|
| 1 | 0.843[a] | 0.711 | 0.708 | 1.963 |
| 2 | 0.886[b] | 0.786 | 0.782 | |
| 3 | 0.929[c] | 0.864 | 0.860 | |
| 4 | 0.942[d] | 0.887 | 0.883 | |
| 5 | 0.945[e] | 0.894 | 0.889 | |
| 6 | 0.957[f] | 0.916 | 0.911 | |
| 7 | 0.959[g] | 0.921 | 0.915 | |
| 8 | 0.961[h] | 0.927 | 0.921 | |
| 9 | 0.965[i] | 0.932 | 0.925 | |

注：a. 预测变量（常量）：搜索能力；b. 预测变量（常量）：搜索能力、评识能力；c. 预测变量（常量）：搜索能力、评识能力、特引能力；d. 预测变量（常量）：搜索能力、评识能力、特引能力、利用能力；e. 预测变量（常量）：搜索能力、评识能力、特引能力、利用能力、构联能力；f. 预测变量（常量）：搜索能力、评识能力、特引能力、利用能力、构联能力、引入能力；g. 预测变量（常量）：搜索能力、评识能力、特引能力、利用能力、构联能力、引入能力、吸收能力；h. 预测变量（常量）：搜索能力、评识能力、特引能力、利用能力、构联能力、引入能力、吸收能力、新引能力；i. 预测变量（常量）：搜索能力、评识能力、特引能力、利用能力、构联能力、引入能力、吸收能力、新引能力、牵引能力；j. 因变量：捕获绩效。

资料来源：根据本书调研资料统计分析所得。

其次，回归系数与共线性分析。回归系数表征检测自变量与因变量之间是否存在显著线性关系，如果回归系数显著则两者之间存在显著线性关系，反之则反之；共线性分析用于检验自变量之间是否存在线性相关关系，进而验证共线性是否对最终因变量与自变量之间的线性关系产生了强干扰。检测方面，回归系数显著性检验较为方便，即看最后结果回归系数概率 P 值是否小于所给定的显著性水平；共线性分析一般采用容忍度系数和方差膨胀因子系数（VIF）进行检验。容忍度取值在 0—1，越接近 1 表示多重共线性越弱，越接近 0 则表示多重共线性越强；VIF 的取值大于等于 1，VIF 越接近 1 则自变量间的多重共线性越弱，越远离 1 则自变量间的多重共线性越强，经验发现若某自变量的 VIF 值大于 10 则说明其与方程中的其他自变量之间有严重的多重共线性。检验结果如表 5 - 16、表 5 - 18 所示，可见回归方程 1 的回归系数在 0.01 的显著水平上均呈现很强显著性（最小值为 0.000，最大值为 0.003），同时容忍度和 VIF 值均呈现接近 1 的现象（容忍度最大值为 0.901，最小值为 0.844；VIF 最大值为 1.185，最小值为 1.109）。回归方程 2 的回归系数在 0.01 的显著水平上也呈现很强显著性（最小值为 0.000，最大值为 0.010），同时容忍度和 VIF 值均呈现接近 1 的现象（容忍度最大值为 0.875，最小值为 0.743；VIF 最大值为 1.346，最小值为 1.142）。总之，两个回归方程的回归系数都呈现出较好的显著性，且自变量之间的共线性较弱。

最后，残差分析。残差是指由回归方程计算所得的预测值与实际样本值之间的差距。其分析的出发点是如果回归方程能够较好地反映因变量的特征和变化规律，那么残差序列中不包含明显的规律性和趋势性。实践中主要采用两种检验方法，一是 DW（Durbin - Watson）检验，用于推断样本序列是否存在自相关，若值等于 2 则表示序列无自相关，若在 0—2 表示残差序列存在正自相关，若在 2—4 表示残差序列存在负自相关，若等于 4 或 0 则分别表示残差存在完全负自相关和完全正自相关，统计结果如表 5 - 19 和表 5 - 20 所示，回归方程 1 的 DW 值为 1.988，回归方程 2 的 DW 值为 1.963，都非常接近 2，所以本书两个回归方程的残差序列自相关性很低；二是异方差分析，即无论自变量如何变化，对应残差都应相等，它不应随着自变量或因变量取值的变化而变化,主要通过绘制残差图分析是否存在异方差现象。统计结果如图5-5、图5-6所示,散点图呈无序状态,回归方程1和回归方程2均不存在异方差问题。

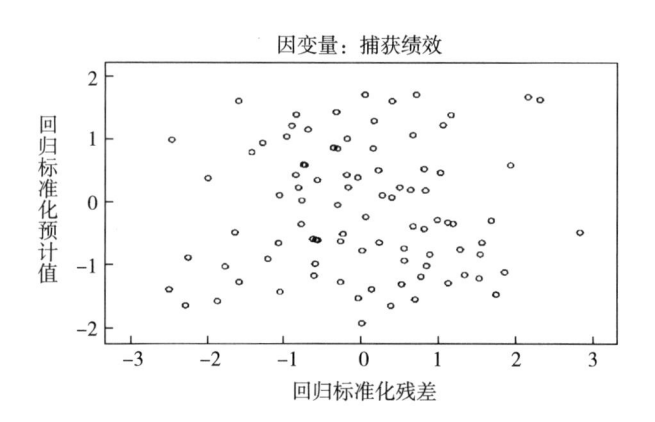

**图5-5　国家重点实验室创新资源捕获绩效多元回归方程1残差**①

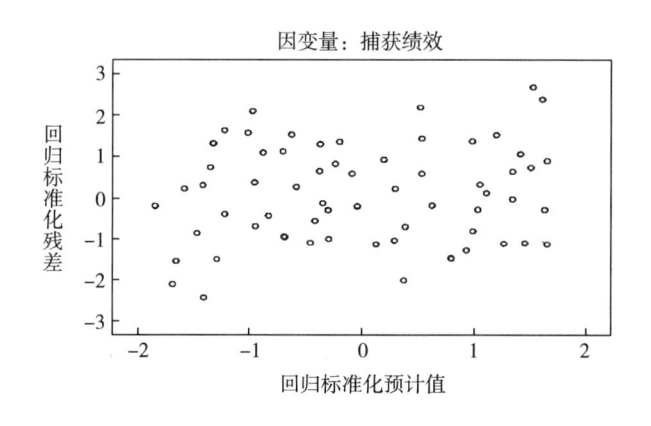

**图5-6　国家重点实验室创新资源捕获绩效多元回归方程2残差**②

综上所述,通过对国家重点实验室创新资源捕获SBIP模型及其对创新资源捕获绩效影响分析结果的各种统计检验证实,国家重点实

---

① 根据本书调研资料统计分析所得。
② 根据本书调研资料统计分析所得。

验室创新资源捕获 SBIP 模型及其对创新资源捕获绩效影响分析结果具有较高的科学性，即研究结论可信。

## 第五节 特殊性探析

综上所述，案例分析与实证检验均已证实，国家重点实验室客观存在主要包括搜寻、桥化、内化与增值四个阶段的创新资源捕获过程。这一过程在国家重点实验室中是否具有特殊性？以下将基于对比分析已有代表性文献及本书前述研究结论给予系统解答。如第一章文献研究结论所示，目前尚无文献针对组织创新资源捕获过程展开系统研究，然而近似研究已然进行，所以本书退而求其次，通过比对已有研究中代表性文献研究成果与本章研究结论以探寻国家重点实验室创新资源捕获过程的特殊性。目前，已有相似文献中饶扬德（2006）和 Sirmon 等（2007）的研究成果最具代表性，分别涉及企业创新资源的整合与管理。两者研究成果和本书研究结论的对比分析结果如表 5–21 所示，可见与企业创新资源整合或管理过程相比，国家重点实验室创新资源捕获过程具有以下不同。

表 5–21　企业与国家重点实验室创新资源捕获过程的比较

| 作者 | 过程划分 | 具体解析 |
| --- | --- | --- |
| 饶扬德（2006） | 识别与选择 | 从企业宏观战略（产业、市场和产品定位）及微观战术（根据资源的层级性与可接受性相匹配原则）两个层面综合考虑 |
| | 汲取与配置 | 内部资源是汲取的基础；资源购买、联盟与并购是汲取的主要方式 |
| | 激活与融合 | 激活是整合的核心；资源之间相互匹配、互为补充及相互增强是融合的基本原则 |

续表

| 作者 | 过程划分 | | 具体解析 |
|---|---|---|---|
| Sirmon 等（2007） | 组织* | | 企业资源组合管理 |
| | | 获得 | 从市场购买资源的过程 |
| | | 积累 | 企业内部开发资源的过程 |
| | | 淘汰 | 企业所控资源的流出过程 |
| | 打包 | | 将资源组合为能力的过程 |
| | | 稳固 | 提升已有能力的过程 |
| | | 充实 | 拓展已有能力的过程 |
| | | 开创 | 开创新能力的过程 |
| | 发挥优势 | | 为顾客或财产所有者创造价值 |
| | | 调动 | 判别开拓市场机遇能力的过程 |
| | | 协同 | 重组能力实现能力有效配置的过程 |
| | | 有效利用 | 运用能力配置支撑战略选择的过程 |
| 本书研究 | 搜寻 | | 搜寻创新资源信息并通过评估相应价值而将实验室所需资源确定下来的过程 |
| | | 搜索 | 掌握所处资源环境信息的过程 |
| | | 评估 | 通过不断评估实现国家重点实验室创新资源捕获对象锁定的过程 |
| | 桥化 | | 国家重点实验室通过各种方式构建与创新资源联系并未被实验室所利用的过程 |
| | | 关联 | 链接国家重点实验室与创新资源关系的过程 |
| | | 附着 | 保持与游离于实验室之外资源关系的过程 |
| | 内化 | | 国家重点实验室通过引进、消化、吸收的方式将创新资源转化为实验室所有（产权）并成功地应用于创新活动的过程 |
| | | 引进 | 创新资源流入实验室内部的过程 |
| | | 消化 | 将创新资源整合为实验室所需资源的过程 |
| | | 吸收 | 创新资源应用于创新活动的过程 |
| | 增值 | | 创新资源在国家重点实验室创新活动中通过产出新的科研成果和集聚实现创新资源增值积累的过程 |

续表

| 作者 | 过程划分 | 具体解析 |
|---|---|---|
| 本书研究 | 再创新 | 创新资源相变的过程 |
|  | 集聚 | 创新资源自我积累和相互牵引的过程 |

注：＊组织阶段包括获得、积累与淘汰三个环节，为区分将组织左顶格，包含环节右顶格，下同。

资料来源：文献研究与本书研究结论。

首先，捕获过程不同。与企业创新资源捕获过程相比，本书增补了桥化阶段与增值阶段。出现这一现象的原因在于：将创新资源引入组织内部形成"专有性"能力并借此获得超额利润是企业创新资源捕获过程的核心目标，所以企业选择忽视甚至规避游离资源实为必然；大部分科技创新可以通过联合甚至直接外包获取，企业出于成本—效益分析一般选择将相关创新活动合作化或外包化，所以对创新资源增值（包括自我积累和相互牵引）尤其是知识增值的关注度不高。与之相反，知识创新是国家重点实验室的立足之本且具有更强公益性，共性知识的积累及其共享环境的开放性对其发展更具实际意义，所以桥化阶段和增值阶段作为捕获过程的重要阶段在国家重点实验室创新资源捕获过程中凸显出来。

其次，逻辑起点不同。企业创新资源整合或管理过程的逻辑起点始于获得超额利润，这体现在创新资源整合或管理过程的市场化导向，例如产业、市场和产品定位、为顾客或财产的所有者创造价值、判别开拓市场机遇能力、从市场购买资源等。国家重点实验室创新资源捕获过程虽然同样具有市场属性，但逻辑起点主要源于知识创造，这体现在捕获过程的知识发现和创新导向，例如创新资源相变中最为重要的相变并不在于获得更多资金而在于产生重大科学发现和知识创造。

最后，实现途径不同。如表 5-21 所示，市场手段贯穿企业创新资源捕获全过程，计划手段极为少见；第三章研究结论可得，国家重点实验室创新资源捕获过程实现途径呈现明显的"计划—市场"二元性——虽然市场因素在国家重点实验室创新资源捕获过程中发挥愈加重要的作用，但计划手段依然不可或缺，甚至在有的捕获阶段位居主导地位，例如搜寻阶段强调"国家科技计划或政策导向"。

## 第六节 本章小结

本书以第三章构架的理论框架为基础，结合第四章构建的数据库，翔实检验了国家重点实验室创新资源捕获过程 SBIP 模型及其对创新资源捕获绩效的影响，并简要论述了国家重点实验室创新资源捕获过程的特殊性及其原因。

在阐述了研究假设、变量构建过程的基础上实证检验了量表信度和效度，为统计验证国家重点实验室创新资源捕获过程 SBIP 模型及其对创新资源捕获绩效影响架构了假设框架，奠定了高效度和高信度的数据获取方法及其高质量的数据基础。通过模型构建、回归分析、结果检验三个步骤有力证实了国家重点实验室创新资源捕获过程客观存在搜寻、桥化、内化和增值四个阶段，且这四个阶段以不同贡献率对国家重点实验室创新资源捕获绩效产生了显著正向影响，结果汇总如表 5-22 所示。这一结果与描述性统计分析中关于国家重点实验室创新资源捕获过程判断题设回答趋向于肯定的结论不谋而合。总之，通过实证分析证实国家重点实验室创新资源捕获过程 SBIP 模型存在且对国家重点实验室创新资源捕获绩效产生了重要影响。

在实证分析过程中还发现了若干其他重要结论，主要包括我国国家重点实验室目前仍处于快速成长期；我国国家重点实验室创新资源捕获当前仍以尽可能扩大资源拥有量为首要目标；创新资源捕获方式"以创新资源堆积研究特色，以研究特色再吸附创新资源"为主，其外部支撑性特征明显；相较于已有内部资源，新增资源对实验室引入更多创新资源的贡献率更大；创新资源纵向上的自我累积和相互间牵引成为目前我国国家重点实验室创新资源集聚的两大支撑性渠道；充分利用外部创新资源成为目前国家重点实验室面对开放式创新挑战的重要方法等。

表5-22　国家重点实验室创新资源捕获过程假设验证汇总

| 总体情况 | | | | 细分情况 | | | |
| --- | --- | --- | --- | --- | --- | --- | --- |
| 研究假设 | 标准化回归系数 | 显著性 | 验证情况 | 测量指标 | 标准化回归系数 | 显著性 | 验证情况 |
| H1 创新资源搜寻能力会对国家重点实验室创新资源捕获绩效产生显著影响 | 0.379 | 0.003 | 通过 | 搜索能力 | 0.242 | 0.005 | 通过 |
| | | | | 评识能力 | 0.113 | 0.007 | 通过 |
| H2 创新资源桥化能力会对国家重点实验室创新资源捕获绩效产生显著影响 | 0.496 | 0.000 | 通过 | 特引能力 | 0.351 | 0.000 | 通过 |
| | | | | 构联能力 | 0.112 | 0.000 | 通过 |
| | | | | 利用能力 | 0.316 | 0.000 | 通过 |
| H3 创新资源内化能力会对国家重点实验室创新资源捕获绩效产生显著影响 | 0.552 | 0.000 | 通过 | 引入能力 | 0.391 | 0.000 | 通过 |
| | | | | 消化能力 | 在模型优化中剔除 | | 未通过 |
| | | | | 吸收能力 | 0.226 | 0.009 | 通过 |
| H4 创新资源增值能力会对国家重点实验室创新资源捕获绩效产生显著影响 | 0.408 | 0.000 | 通过 | 新引能力 | 0.218 | 0.008 | 通过 |
| | | | | 内引能力 | 在模型优化中剔除 | | 未通过 |
| | | | | 新创能力 | 在模型优化中剔除 | | 未通过 |
| | | | | 牵引能力 | 0.195 | 0.010 | 通过 |

资料来源：根据本书统计分析整理所得。

同时，研究结论与已有研究成果相互印证。例如，饶扬德（2006）、马卫华等（2011）在资源整合或集聚中的分散研究发现，资源整合或集聚过程一般包括识别、搜寻、获取、开发及融合等阶段，本书进一步证实了创新资源捕获过程中也有类似阶段，并在探索性案例分析和数据统计分析的基础上细分和验证了每个阶段，同时还补充了创新资源增值阶段。陈菲琼等（2011）在研究创新资源集聚过程中发现，人力资源出现了"增值"现象。本书通过研究不仅进一步证实了创新资源增值的存在，而且进一步细分了增值类型，主要包括创新资源横向增值（各资源间的牵引）和纵向增值（各资源自身的累积）。李武（2014）从人才、科研经费和知识三个方面定性阐述了我国国家重点实验室创新资源集聚现象，这与本书增值阶段中创新资源集聚细分过程不谋而合。辛督强（2014）采用数据包络分析方法并运用CCR模型计算了2003—2010年国家重点实验室科研投入产出的DEA效率值，发现国家重点实验室整体科研投入产出效率不仅不高且有逐年下降趋势，间接论证了国家重点实验室资源创新能力较低的现实，与本书中"国家重点实验室新增创新资源创新能力"指标在模型优化中被剔除的结果高度契合，也印证了目前我国国家重点实验室创新资源捕获仍以简单的"以创新资源堆积研究特色，以研究特色再吸附创新资源"方式为主，且具有显著外部支撑性特征的研究结论。此外，对比论证了国家重点实验室创新资源捕获过程与企业创新资源整合或管理过程在逻辑起点、具体过程与实现途径上的差异。

# 第六章

# 影响因素的实证研究

## 第一节 影响因素概念模型及其研究假设

由第五章的实证研究可得,国家重点实验室创新资源捕获过程SBIP模型客观存在,且模型中的各个阶段对国家重点实验室创新资源捕获绩效产生了不同影响。至于这一过程本身,哪些因素对其产生了影响?本书将以以上各章研究结论为依托对这一问题展开深度剖析。

社会资本理论为国家重点实验室创新资源捕获过程影响因素研究提供了重要理论基础和分析工具。以下将以社会资本理论为基础(第二章已有详细论述,以下将直接采用研究结论来支撑研究假设的提出),整合资源基础理论、创新网络理论、协同创新理论给予的启发,结合探索性案例和问卷调查的结果,构建国家重点实验室创新资源捕获过程影响因素概念模型和研究假设。具体假设如下:

首先,社会资本理论的个体维度认为,作为微观层次的个体特性会对社会资本(无论量上还是质上)产生重要影响。基于此,本书提出第一个假设:

H1:国家重点实验室自身特性对其创新资源捕获过程具有重要影响。

其次,社会资本理论的关系维度认为,作为中观层次的关系(网络)构建方式和状态也会对社会资本(无论量上还是质上)产生重要

影响。基于此,本书提出第二个和第三个假设:

H2:国家重点实验室与创新资源间关系的构建方式对其创新资源捕获过程具有重要影响。

H3:国家重点实验室与创新资源间的关系状态对其创新资源捕获过程具有重要影响。

再次,社会资本理论的嵌入维度认为,作为宏观层次的嵌入结构同样会对社会资本(无论量上还是质上)产生重要影响。基于此,本书提出第四个假设:

H4:国家重点实验室所处环境对其创新资源捕获过程具有重要影响。

最后,社会资本理论的规范维度认为,规范不仅构成了社会资本,同时也形塑社会资本。基于此,本书提出第五个假设:

H5:国家重点实验室运行机制对其创新资源捕获过程具有重要影响。

此外,基于与第五章同样的原因,国家重点实验室创新资源捕获过程仍由各阶段所对应的能力予以替换。综上所述,基于社会资本理论,结合第三章探索性案例研究和问卷调查的相关结论,国家重点实验室创新资源捕获过程影响因素的概念模型和研究假设如图 6-1 和表 6-1 所示。

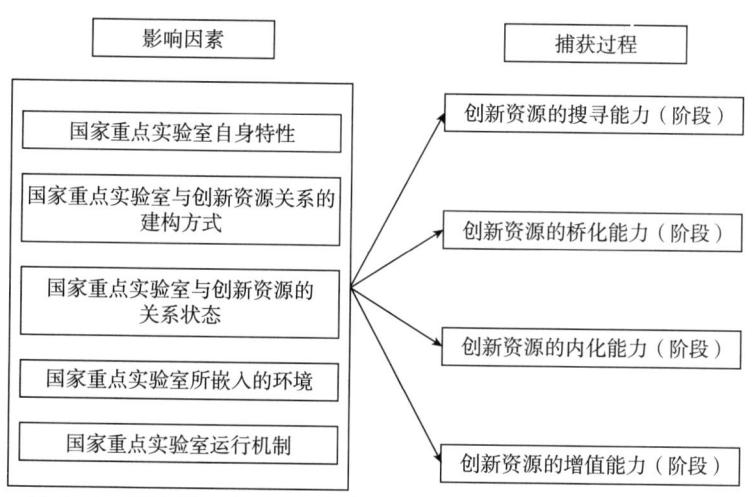

图 6-1 国家重点实验室创新资源捕获过程影响因素的概念模型[①]

---

① 根据本书研究结论整理所得。

**表 6-1　国家重点实验室创新资源捕获过程影响因素研究假设汇总**

| 总体研究假设 | 细分研究假设 |
| --- | --- |
| 国家重点实验室自身特性对其创新资源捕获过程具有显著影响 | 对其创新资源搜寻能力具有显著影响 |
| | 对其创新资源桥化能力具有显著影响 |
| | 对其创新资源内化能力具有显著影响 |
| | 对其创新资源增值能力具有显著影响 |
| 国家重点实验室与创新资源间关系的构建方式对其创新资源捕获过程具有重要影响 | 对其创新资源搜寻能力具有显著影响 |
| | 对其创新资源桥化能力具有显著影响 |
| | 对其创新资源内化能力具有显著影响 |
| | 对其创新资源增值能力具有显著影响 |
| 国家重点实验室与创新资源间的关系状态对其创新资源捕获过程具有重要影响 | 对其创新资源搜寻能力具有显著影响 |
| | 对其创新资源桥化能力具有显著影响 |
| | 对其创新资源内化能力具有显著影响 |
| | 对其创新资源增值能力具有显著影响 |
| 国家重点实验室所处环境对其创新资源捕获过程具有重要影响 | 对其创新资源搜寻能力具有显著影响 |
| | 对其创新资源桥化能力具有显著影响 |
| | 对其创新资源内化能力具有显著影响 |
| | 对其创新资源增值能力具有显著影响 |
| 国家重点实验室运行机制对其创新资源捕获过程具有重要影响 | 对其创新资源搜寻能力具有显著影响 |
| | 对其创新资源桥化能力具有显著影响 |
| | 对其创新资源内化能力具有显著影响 |
| | 对其创新资源增值能力具有显著影响 |

资料来源：根据本书研究结论整理所得。

## 第二节　变量的定义与测量

由于国家重点实验室创新资源捕获过程影响因素研究的因变量即为第五章中的自变量，具体定义与测量已有详细论述。以下将主要聚焦于自变量国家重点实验室创新资源捕获过程影响因素的具体界定和操作化。

## 一　国家重点实验室自身特性

国家重点实验室的自身特性即指国家重点实验室本身所具有的属性。如 Senker（1999）所指出的，国家重点实验室自身属性会对其运行效率产生重要影响，所以作为国家重点实验室有效运行重要构成部分的创新资源捕获过程也应受其自身属性的影响。Hage（2008）通过研究美国国家实验室运行后发现，领导者对某类项目的关注度会直接影响国家实验室在这些项目中的完成效率和质量。Jordan（2003）则指出国家实验室的目标内容会直接影响实验室发展驱动力的大小，进而对国家实验室的整体运行效率产生重要影响。此外，肖洪钧等（2006）对合作经验与知识转移绩效关系的研究给予了本书有益启发，即已有经验因路径依赖效应对相关活动的进一步展开产生了重要影响。综上所述，操作化国家重点实验室自身特性后主要形成了如下具体测量指标：国家重点实验室创新资源捕获的动力、经验与领导重视程度。此外，由于本书的测量主要基于主观研判，所以选用可获得定距数据的李克特量表设置问题（下同），以尽可能实现对主观研判的量化操作，具体量表见表 6－2。

表 6－2　　　　　　　　国家重点实验室自身特性测量指标

| 编码 | 指标 | 主要参考来源 |
| --- | --- | --- |
| 12 | 贵实验室捕获创新资源的动力很强 | Jordan（2003）、问卷调查 |
| 13 | 贵实验室有较为丰富的创新资源捕获经验 | 肖洪钧等（2006）、问卷调查 |
| 14 | 贵实验室相关领导对创新资源捕获非常重视 | Hage（2008）、问卷调查 |

资料来源：根据本书文献研究整理所得。

## 二　国家重点实验室与创新资源间关系的构建方式

国家重点实验室创新资源间关系的构建方式即指国家重点实验室与创新资源建立联系的方法或渠道。第三章探索性案例分析中发现，国家重点实验室创新资源捕获过程的关系关联细分环节中，国家重点实验室与创新资源关系的搭建主要通过正式渠道和非正式渠道两种方式来实现。此外，沟通技术工具是否也会对联系建设产生影响？一些其他研究领域的分析结论给予了重要启示，例如关涛等（2006，2012）对技术工具（如各种资源管理软件、论坛、BBS 等）与知识转移关系的深入研究发现，不同的技术转移工具会对知识转移产生不同效果，反之不同的知识特性也对应着不同知识转移工具的选择，这说明技术工具也有可能对国家重点实验室与创新资源关系的构建产生影响。综上所述，本书主要借助正式渠道、非正式渠道和技术工具三个指标测量国家重点实验室与创新资源关系构建方式，如表 6-3 所示。

表 6-3 国家重点实验室与创新资源间关系构建方式的测量指标

| 编码 | 指标 | 主要参考来源 |
| --- | --- | --- |
| 21 | 项目申请、学术会议等各种制度化的正式渠道对贵实验室建立与创新资源间的关联具有重要作用 | 探索性案例分析 |
| 22 | 人际关系等各种非正式渠道对贵实验室建立与创新资源间的关联具有重要作用 | |
| 23 | 贵实验室与创新资源建立关联的技术多样，如各种资源管理软件、论坛、BBS 等 IT 技术以及普通的电话沟通等 | 关涛（2006，2012） |

资料来源：根据本书文献研究与探索性案例分析整理所得。

### 三 国家重点实验室与创新资源间的关系状态

本书中国家重点实验室与创新资源间的关系状态特指距离上的远近程度。已有文献在"距离"方面的研究较为丰富，例如 Dixon（2000）、肖志雄（2014）实证分析知识距离后发现，随着合作组织之间知识距离的增大知识吸收效率会逐渐降低，即知识距离对知识效率产生了显著负向影响。Ponds 等（2007）通过实证也发现，地理因素对大学、企业、科研机构合作绩效有显著影响。刘志迎、单洁含（2013）在选取了13 所大学及与之协同创新的191 个企业作为统计样本的基础上实证分析了"技术距离、地理距离与大学—企业协同创新效应"间的关系，研究结果发现"技术距离对大学—企业协同创新绩效具有显著的促进作用，地理距离对大学—企业协同创新绩效具有显著的抑制作用"[1]。曾德明等（2014）实证检验后归纳出了"组织邻近程度越高，组织合作创新的地理邻近程度越低，组织合作创新跨越距离越大"的研究结论[2]。基于上述研究成果的启发，本书的距离测度指标主要包括资源距离（国家重点实验室已有创新资源与新捕获创新资源的相似程度）、组织距离（国家重点实验室与创新资源来源组织间的相似性）和地理距离（国家重点实验室与创新资源来源组织间的空间距离）三个，如表6-4所示。

表6-4　国家重点实验室与创新资源间关系状态的测量指标

| 编码 | 指标 | 主要参考来源 |
| --- | --- | --- |
| 18 | 新捕获的创新资源与已有创新资源很相似 | Dixon（2000）、肖志雄（2014） |
| 19 | 新捕获的创新资源主要来源于实验室所在地 | Ponds等（2007）、刘志迎等（2013） |
| 20 | 新捕获的创新资源的主要来源单位相似 | Torre等（2005）、曾德明等（2014） |

资料来源：根据本书文献研究整理所得。

### 四　国家重点实验室的嵌入环境

Tran等（2011）认为，国家重点实验室技术转移应根据不同发展环境采取不同转移模式，作为创新资源捕获过程也应如此——既要遵循一般规律，又要根据特殊嵌入环境采取不同具体模式。嵌入环境的具体构成维度方面研究成果丰硕，其中最具代表性的当属Etzkowitza等（2000）提出的"大学—产业—政府""三重螺旋"协同创新模型，这一研究给出了嵌入环境的两个具体构成层面，一是宏观层面政府的支持格局；二是中观层面相关组织的支持状态。引入到国家重点

---

[1] 刘志迎、单洁含：《技术距离、地理距离与大学—企业协同创新效应——基于联合专利数据的研究》，《科学学研究》2013年第9期。
[2] 曾德明等：《组织邻近和组织背景对组织合作创新地理距离的影响》，《管理科学》2014年第4期。

实验室创新资源捕获过程的嵌入环境则分别代表着政府对创新资源的引导和相关组织对国家重点实验室所需创新资源的持续支持力度。同时，Felício等（2012）、张洁（2012）通过研究发现，已有资源禀赋也会对区域创新能力产生重要影响，这说明已有创新资源结构也同样以嵌入环境的方式影响着国家重点实验室创新资源捕获过程。综上所述，本书国家重点实验室嵌入环境的测度指标主要包括国家重点实验室外部创新资源的储备、相关组织支持状态和政府支持状态三个指标，见表6-5。

表6-5　　　　　　国家重点实验室嵌入环境的测量指标

| 编码 | 指标 | 主要参考来源 |
| --- | --- | --- |
| 15 | 贵实验室所处的外部环境储备丰富的创新资源 | Felício 等（2012）、张洁（2012） |
| 16 | 政府对贵实验室捕获创新资源的相关支撑政策很到位 | Etzkowitza 等（2000） |
| 17 | 贵实验室创新资源来源组织的持续供给能力非常强 | |

资料来源：根据本书文献研究整理所得。

### 五　国家重点实验室运行机制

国家重点实验室的评估机制、管理机制等各种机制对国家重点实验室的有效运行产生了重要影响（见第一章文献综述部分），所以势必也对创新资源捕获过程产生了相应作用，这也与社会资本理论"规范"研究领域的代表性研究者福山对规范显著影响社会高效运行的分析不谋而合。问卷调查反馈结果也显示（见表3-29），机制构建成为了影响国家重点实验室创新资源捕获过程的重要因素，其中包括评估机制、开放机制、激励机制等。此外，国家重点实验室实践运行中已将"竞争""开放""联合""流动"四大机制纳入国家重点实验室机制建设中。综上所述，基于文献分析、探索性案例分析、问卷调查和国家重点实验室运行机制具体构成等方面的综合考虑，本书测度国家重点实验室运行机制的具体指标主要包括开放机制、流动机制、联合机制和竞争机制，见表 6-6。

表 6-6　　　　国家重点实验室运行机制的测量指标

| 编码 | 指标 | 主要参考来源 |
| --- | --- | --- |
| 24 | 贵实验室的开放机制为创新资源的捕获提供了重要前提 | 郑英姿等（2011）等文献、探索性案例分析结论、问卷调查、国家重点实验室四大运行机制 |
| 25 | 贵实验室的流动机制为创新资源的捕获提供了重要支撑 | |
| 26 | 贵实验室的联合机制为创新资源的捕获提供了重要途径 | |
| 27 | 贵实验室的竞争机制为创新资源的捕获提供了重要动力 | |

资料来源：根据本书文献研究、探索性案例研究结论与调研资料整理所得。

# 第三节　变量测度量表的信度与效度分析

对于国家重点实验室创新资源捕获过程影响因素变量测度量表的信度与效度分析过程和内容与第五章相应的内容一致，具体测度结果如下所示。

## 一　变量测度量表的信度分析

首先，所有变量测度量表的一致性检验。检验结果如表 6-7 所示，CITC 系数中小于 0.35 的题项包括"实验室新捕获的创新资源主要来源于实验室所在地"（0.119）、"实验室新捕获的创新资源的主要来源单位具有相似性"（0.265）和"人际关系等各种非正式渠道对实验室建立与创新资源间的关联具有重要作用"（0.173），且这三项"删除题项后的 Cronbach α 系数"均大于原先的 Cronbach α 系数（0.894）。此外，"删除题项后的 Cronbach α 系数"与原先的 Cronbach α 系数非常接近的题项还包括"实验室所处的外部环境储备丰富的创新资源"（0.892）、"实验室新捕获的创新资源与已有创新资源很相似"（0.893）、"项目申请、学术会议等各种制度化的正式渠道对实验室建立与创新资源间的关联具有重要作用"（0.891）和"实验室与创新资源建立关联的技术多样，如各种资源管理软件、论坛、BBS 等 IT 技术以及普通的电话沟通等"（0.895）。

表6-7 变量测度量表的内部一致性检验

| 题项 | CITC 系数 | 删除该题项后的 Cronbach α 系数 | Cronbach α 系数 |
|---|---|---|---|
| 实验室捕获创新资源的动力很强 | 0.752 | 0.880 | 0.894 |
| 实验室有较为丰富的创新资源捕获经验 | 0.742 | 0.882 | |
| 实验室相关领导对创新资源捕获非常重视 | 0.686 | 0.882 | |
| 实验室所处的外部环境储备丰富的创新资源 | 0.421 | 0.892 | |
| 政府对实验室捕获创新资源的相关支撑政策很到位 | 0.699 | 0.882 | |
| 实验室创新资源来源组织的持续供给能力非常强 | 0.735 | 0.881 | |
| 实验室新捕获的创新资源与已有创新资源很相似 | 0.386 | 0.893 | |
| 实验室新捕获的创新资源主要来源于实验室所在地 | 0.119 | 0.901 | |
| 实验室新捕获的创新资源的主要来源单位具有相似性 | 0.265 | 0.899 | |
| 项目申请、学术会议等各种制度化的正式渠道对实验室建立与创新资源间的关联具有重要作用 | 0.436 | 0.891 | |
| 人际关系等各种非正式渠道对实验室建立与创新资源间的关联具有重要作用 | 0.173 | 0.901 | |
| 实验室与创新资源建立关联的技术多样，如各种资源管理软件、论坛、BBS 等 IT 技术以及普通的电话沟通等 | 0.360 | 0.895 | |
| 实验室的开放机制为创新资源的捕获提供了重要前提 | 0.725 | 0.881 | |
| 实验室的流动机制为创新资源的捕获提供了重要支撑 | 0.799 | 0.877 | |

续表

| 题项 | CITC系数 | 删除该题项后的Cronbach α 系数 | Cronbach α 系数 |
|---|---|---|---|
| 实验室的联合机制为创新资源的捕获提供了重要途径 | 0.804 | 0.876 | 0.894 |
| 实验室的竞争机制为创新资源的捕获提供了重要动力 | 0.724 | 0.881 | |

资料来源：根据本书调研资料统计分析所得。

在以上检验的基础上将 CITC 系数较小且"删除该题项后的 Cronbach α 系数"大于 0.894 的选项按照干扰强度逐步剔除，过程与结果见表 6-8。可见，在这些变量逐个剔除过程中内部一致性系数不断提升，然而有的变量剔除后内部一致性系数变化程度较小。为确保剔除的可靠性，在此先保留这些变量，经回归分析后再做取舍（因为这些变量的剔除虽然有利于提高量表的信度，但不计影响程度的剔除会降低整个自变量体系对因变量的解释力度）。

表 6-8　　　　逐步剔除变量后的 Cronbach α 系数变化

| 模型 | Cronbach α 系数 | 模型 | Cronbach α 系数 |
|---|---|---|---|
| 1[a] | 0.901 | 5[e] | 0.926 |
| 2[b] | 0.908 | 6[f] | 0.933 |
| 3[c] | 0.916 | 7[g] | 0.938 |
| 4[d] | 0.918 | — | — |

注：a. 剔除变量：地理距离；b. 剔除变量：地理距离，非正式渠道；c. 剔除变量：地理距离，非正式渠道，组织距离；d. 剔除变量：地理距离，非正式渠道，组织距离，沟通技术；e. 剔除变量：地理距离，非正式渠道，组织距离，沟通技术，知识距离；f. 剔除变量：地理距离，非正式渠道，组织距离，沟通技术，知识距离，外部储备；g. 剔除变量：地理距离，非正式渠道，组织距离，沟通技术，知识距离，外部储备，正式渠道。

资料来源：根据本书调研资料统计分析所得。

其次，对子变量量表信度的检验。结果如表6-9、表6-10、表6-11、表6-12、表6-13所示，国家重点实验室创新资源捕获过程的实验室特性量表、嵌入环境量表、运行机制量表的内部一致性非常好（Cronbach α 系数分别是0.833、0.709和0.916，且删除相关题项后的Cronbach α 系数基本上比原Cronbach α 系数小，CITC系数均大于0.35），但是关系状态和构建方式两个量表的Cronbach α 系数均很低，分别是0.275和0.421，所以通过自变量信度检验，关系状态和构建方式两个自变量应该予以剔除，然而为确保准确性同样予以暂时保留，经回归分析后再做最终取舍。

**表6-9　　国家重点实验室捕获过程实验室特性变量量表信度分析结果**

| 题项 | CITC 系数 | 删除该题项后的 Cronbach α 系数 | Cronbach α 系数 |
| --- | --- | --- | --- |
| 实验室捕获创新资源的动力很强 | 0.770 | 0.689 | 0.833 |
| 实验室有较为丰富的创新资源捕获经验 | 0.708 | 0.702 | |
| 实验室相关领导对创新资源捕获非常重视 | 0.713 | 0.753 | |

资料来源：根据本书调研资料统计分析所得。

**表6-10　　国家重点实验室捕获过程嵌入环境变量量表信度分析结果**

| 题项 | CITC 系数 | 删除该题项后的 Cronbach α 系数 | Cronbach α 系数 |
| --- | --- | --- | --- |
| 实验室所处的外部环境储备丰富的创新资源 | 0.334 | 0.815 | 0.709 |
| 政府对实验室捕获创新资源的相关支撑政策很到位 | 0.617 | 0.702 | |
| 实验室创新资源来源组织的持续供给能力非常强 | 0.620 | 0.698 | |

资料来源：根据本书调研资料统计分析所得。

### 第六章 影响因素的实证研究

**表6-11　国家重点实验室捕获过程关系状态变量量表信度分析结果**

| 题项 | CITC系数 | 删除该题项后的Cronbach α系数 | Cronbach α系数 |
|---|---|---|---|
| 实验室新捕获的创新资源与已有创新资源很相似 | 0.224 | 0.061 | 0.275 |
| 实验室新捕获的创新资源主要来源于实验室所在地 | 0.107 | 0.284 | |
| 实验室新捕获的创新资源的主要来源单位有相似性 | 0.136 | 0.260 | |

资料来源：根据本书调研资料统计分析所得。

**表6-12　国家重点实验室捕获过程关系构建方式变量量表信度分析结果**

| 题项 | CITC系数 | 删除该题项后的Cronbach α系数 | Cronbach α系数 |
|---|---|---|---|
| 项目申请、学术会议等各种制度化的正式渠道对实验室建立与创新资源间的关联具有重要作用 | 0.221 | 0.388 | 0.421 |
| 人际关系等各种非正式渠道对实验室建立与创新资源间的关联具有重要作用 | 0.208 | 0.411 | |
| 实验室与创新资源建立关联的技术多样，如各种资源管理软件、论坛、BBS等IT技术以及普通的电话沟通等 | 0.349 | 0.112 | |

资料来源：根据本书调研资料统计分析所得。

综上所述，通过变量量表的信度检验可得，尽管总体上量表的内部一致性较好，但关系状态与构建方式两个子量表的内部一致性较差，应该予以剔除。这一结论无论从量表的整体检验还是子量表的独立检验都得到了验证，然而为保证自变量的解释，在此先保留两个变量，留待后续结合回归分析再做取舍。

表6-13 国家重点实验室捕获过程运行机制变量量表信度分析结果

| 题项 | CITC系数 | 删除该题项后的Cronbach α 系数 | Cronbach α 系数 |
|---|---|---|---|
| 实验室的开放机制为创新资源的捕获提供了重要前提 | 0.790 | 0.898 | 0.916 |
| 实验室的流动机制为创新资源的捕获提供了重要支撑 | 0.831 | 0.883 | |
| 实验室的联合机制为创新资源的捕获提供了重要途径 | 0.853 | 0.877 | |
| 实验室的竞争机制为创新资源的捕获提供了重要动力 | 0.767 | 0.905 | |

资料来源：根据本书调研资料统计分析所得。

## 二 变量测度量表的效度分析

效度分析方法与过程与第五章相应内容相似。内容效度方面，同样基于明确的研究目标和内容，结合前人研究结论、文献参考、实地调研等方法最终构架起量表，确保了相关测度量表具有相当的内容效度。因缺乏校标关联效度，此处同样无法用其检验量表效度。构念效度的检验也采用探索性因素分析方法，具体结果如表6-14、表6-15和表6-16所示：由表6-14可见KMO值为0.806，大于0.7，且显著性优良，可见数据较适合做因子分析；由表6-15可见有4个因子被识别出来，且相应的因子负荷量除了"项目申请、学术会议等各种制度化的正式渠道对实验室建立与创新资源间的关联具有重要作用"外都大于0.5（最大值是0.884），这与预设的5个因子相比减少了一个，因子减少的原因是"关系状态"与"关系构建"两个合并为一个因子。基于统计检验结果，重新命名国家重点实验室创新资源影响因素，因此将因子1命名为国家重点实验室创新资源捕获过程的实验室特性影响因素，因子2命名为国家重点实验室创新资源捕获过程的嵌入环境影响因素，因子3命名为国家重点实验室创新资源捕获过程的关系影响因素，因子4命名为国家重点实验室创新资源捕获过程的运行机制影响因素。同时，因子特征根累计解释了总体方差的70.838%（见表6-16），所以因子分析结果是可接受的。

表6-14　　　　　　KMO 和 Bartlett 的检验结果

| | KMO 值 | 0.806 |
|---|---|---|
| Bartlett 球体检验 | 近似卡方分布 | 1127.257 |
| | df（自由度） | 120 |
| | Sig（显著性） | 0.000 |

资料来源：根据本书调研资料统计分析所得。

表6-15　　　国家重点实验室创新资源捕获过程影响
因素因子负荷分析结果

| 题项 | 因子负荷量 | | | |
|---|---|---|---|---|
| | 1 | 2 | 3 | 4 |
| 实验室捕获创新资源的动力很强 | 0.714 | 0.207 | 0.137 | 0.251 |
| 实验室有较为丰富的创新资源捕获经验 | 0.673 | 0.261 | 0.252 | 0.206 |
| 实验室相关领导对创新资源捕获非常重视 | 0.765 | 0.103 | 0.192 | 0.199 |
| 实验室所处的外部环境储备丰富的创新资源 | 0.310 | 0.611 | 0.279 | 0.230 |
| 政府对实验室捕获创新资源的相关支撑政策很到位 | 0.215 | 0.737 | 0.214 | 0.318 |
| 实验室创新资源来源组织的持续供给能力非常强 | 0.424 | 0.764 | 0.162 | 0.283 |
| 实验室新捕获的创新资源与已有创新资源很相似 | 0.317 | 0.163 | 0.570 | 0.136 |
| 实验室新捕获的创新资源主要来源于实验室所在地 | 0.231 | 0.326 | 0.650 | 0.173 |
| 实验室新捕获的创新资源的主要来源单位具有相似性 | 0.124 | 0.326 | 0.575 | 0.371 |
| 项目申请、学术会议等各种制度化的正式渠道对实验室建立与创新资源间的关联具有重要作用 | 0.315 | 0.173 | 0.492 | 0.185 |

续表

| 题项 | 因子负荷量 | | | |
|---|---|---|---|---|
| | 1 | 2 | 3 | 4 |
| 人际关系等各种非正式渠道对实验室建立与创新资源间的关联具有重要作用 | 0.237 | 0.056 | 0.567 | 0.114 |
| 实验室与创新资源建立关联的技术多样,如各种资源管理软件、论坛、BBS等IT技术以及普通的电话沟通等 | 0.236 | 0.313 | 0.602 | 0.294 |
| 实验室的开放机制为创新资源的捕获提供了重要前提 | 0.115 | 0.310 | 0.275 | 0.853 |
| 实验室的流动机制为创新资源的捕获提供了重要支撑 | 0.217 | 0.251 | 0.301 | 0.876 |
| 实验室的联合机制为创新资源的捕获提供了重要途径 | 0.301 | 0.194 | 0.195 | 0.884 |
| 实验室的竞争机制为创新资源的捕获提供了重要动力 | 0.293 | 0.261 | 0.281 | 0.822 |

注：提取方法为主成分分析；旋转法为具有Kaiser标准化正交旋转法；旋转在4次迭代后收敛。

资料来源：根据本书调研资料统计分析所得。

表6-16 国家重点实验室创新资源捕获过程影响因素因子分析方差解释

| 成分 | 初始特征根 | | | 旋转平方和载入 | | |
|---|---|---|---|---|---|---|
| | 合计 | 方差的百分比(%) | 累计百分比(%) | 合计 | 方差的百分比(%) | 累计百分比(%) |
| 1 | 6.837 | 42.731 | 42.731 | 4.875 | 30.469 | 30.469 |
| 2 | 1.691 | 8.632 | 51.363 | 2.641 | 16.506 | 46.975 |
| 3 | 1.200 | 7.501 | 58.865 | 2.579 | 16.119 | 63.094 |
| 4 | 0.994 | 6.213 | 65.078 | 1.239 | 7.744 | 70.838 |
| 5 | 0.942 | 5.885 | 70.963 | — | — | — |
| 6 | 0.768 | 4.798 | 75.760 | — | — | — |
| 7 | 0.703 | 4.393 | 80.154 | — | — | — |
| 8 | 0.611 | 3.817 | 83.971 | — | — | — |
| 9 | 0.587 | 3.671 | 87.641 | — | — | — |
| 10 | 0.458 | 2.862 | 90.503 | — | — | — |
| 11 | 0.390 | 2.435 | 92.938 | — | — | — |
| 12 | 0.289 | 1.808 | 94.746 | — | — | — |

续表

| 成分 | 初始特征根 | | | 旋转平方和载入 | | |
| --- | --- | --- | --- | --- | --- | --- |
| | 合计 | 方差的百分比（%） | 累计百分比（%） | 合计 | 方差的百分比（%） | 累计百分比（%） |
| 13 | 0.266 | 1.662 | 96.408 | — | — | — |
| 14 | 0.242 | 1.512 | 97.920 | — | — | — |
| 15 | 0.190 | 1.188 | 99.108 | — | — | — |
| 16 | 0.143 | 0.892 | 100.000 | — | — | — |

注：提取方法为主成分分析。

资料来源：根据本书调研资料统计分析所得。

综上所述，国家重点实验室创新资源捕获过程影响因素的测度量表无论在内容效度还是构念效度上都具有较好的可接受度。

## 第四节　多元回归分析

以国家重点实验室创新资源捕获过程各阶段对应的能力为因变量，以国家重点实验室特性因子、关系因子、嵌入环境因子和运行机制因子为自变量，对国家重点实验室创新资源捕获过程的影响因素展开实证检验。具体过程主要包括构建回归方程模型、回归统计和结果检验。

### 一　回归方程模型的构建

相关性散点图和 Pearson 相关系数如图6-2、图6-3、表6-17、表6-18 所示。首先，如图6-2 和表6-17 所示，尽管4 个影响因子对国家重点实验室创新资源捕获过程各阶段均具有统计意义上的显著影响，然而从实务意义来看（变量间的实质关系），无论是同一影响因子对不同创新资源捕获阶段，还是不同影响因子对同一创新资源捕获阶段的影响程度均具有较大差异，例如实验室特性因子和运行机制因子对创新资源捕获过程各阶段的影响在具有显著统计意义（在 0.01 水平上显著）的同时也具有很强的实务意义，Pearson 相关系数均大于 0.7，然而相关系数大小各不相同。关系因子和嵌入环境因子表现更为明显：嵌入环境因子对国家重点实验室创新资源捕获过程中的搜寻阶段和内化阶段具有很好的实务意义（相关性系数分别是 0.705 和 0.742），然而对于桥化阶段和增值阶段的实务意义却处于一般水平（相关系数分别是 0.682 和 0.668）；关系因子的影响程度更弱，其与桥化能力的关联度仅达到了低度相关（相关系数为 0.377），对其他阶段的影响也仅处于一般水平。其次，由图 6-3 和表 6-18 可见，各细分因子与国家重点实验室创新资源捕获过程各阶段能力的关联程度差别很大，例如其中的"外部储备""资源距离""正式渠道"和"沟通技术"4 因子尽管与各阶段具有统计意义上的显著性，然而实务意义均非常低（都小于 0.39）；"地理距离"与"非正式渠道"没有产生显著影响；"组织距离"与搜寻阶段和桥化阶段之间存在显著相关，但实际意义不大（Pearson 相关系数均小于 0.39），此外与桥化阶段和增值阶段没有相关性。

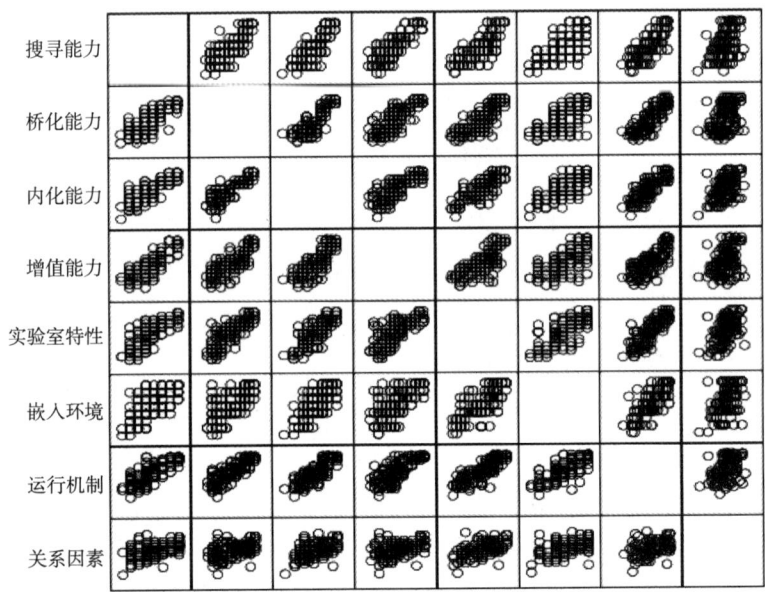

图 6-2 国家重点实验室创新资源捕获过程影响因素（四因子）散点①

---

① 根据本书调研资料统计分析所得。

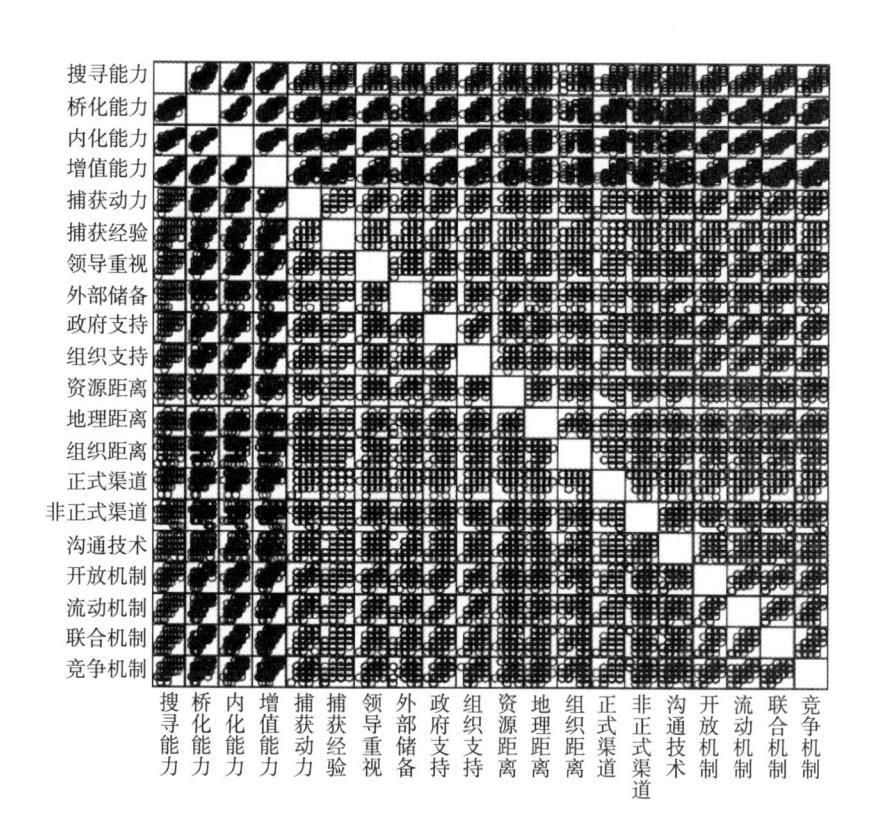

图 6-3　国家重点实验室创新资源捕获过程影响因素（细分）散点①

表 6-17　　Pearson 相关系数分析结果（四因子）

| 变量 | 搜寻能力 | 桥化能力 | 内化能力 | 增值能力 |
| --- | --- | --- | --- | --- |
| 实验室特性 Pearson 相关性 | 0.779** | 0.807** | 0.803** | 0.737** |
| 显著性（双侧） | 0.000 | 0.000 | 0.000 | 0.000 |
| N | 110 | 110 | 110 | 110 |
| 嵌入环境 Pearson 相关性 | 0.705** | 0.682** | 0.742** | 0.668** |
| 显著性（双侧） | 0.000 | 0.000 | 0.000 | 0.000 |
| N | 110 | 110 | 110 | 110 |
| 关系因素 Pearson 相关性 | 0.463** | 0.377** | 0.519** | 0.403** |

① 根据本书调研资料统计分析所得。

续表

| 变量 | 搜寻能力 | 桥化能力 | 内化能力 | 增值能力 |
|---|---|---|---|---|
| 显著性（双侧） | 0.000 | 0.000 | 0.000 | 0.000 |
| N | 110 | 110 | 110 | 110 |
| 运行机制 Pearson 相关性 | 0.804** | 0.827** | 0.820** | 0.774** |
| 显著性（双侧） | 0.000 | 0.000 | 0.000 | 0.000 |
| N | 110 | 110 | 110 | 110 |

注：**表示在0.01水平（双侧）上显著相关。

资料来源：根据本书调研资料统计分析所得。

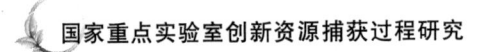

表6-18　　Pearson 相关系数分析结果（细分）

| 变量 | 搜寻能力 | 桥化能力 | 内化能力 | 增值能力 |
|---|---|---|---|---|
| 捕获动力 Pearson 相关性 | 0.727** | 0.000.673** | 0.677** | 0.609** |
| 显著性（双侧） | 0.000 | 0.000 | 0.000 | 0.000 |
| N | 110 | 110 | 110 | 110 |
| 捕获经验 Pearson 相关性 | 0.587** | 0.571** | 0.656** | 0.592** |
| 显著性（双侧） | 0.000 | 0.000 | 0.000 | 0.000 |
| N | 110 | 110 | 110 | 110 |
| 领导重视 Pearson 相关性 | 0.644** | 0.759** | 0.716** | 0.639** |
| 显著性（双侧） | 0.000 | 0.000 | 0.000 | 0.000 |
| N | 110 | 110 | 110 | 110 |
| 外部储备 Pearson 相关性 | 0.370** | 0.248** | 0.410** | 0.267** |
| 显著性（双侧） | 0.000 | 0.000 | 0.000 | 0.000 |
| N | 110 | 110 | 110 | 110 |
| 政府支持 Pearson 相关性 | 0.663** | 0.623** | 0.690** | 0.623** |
| 显著性（双侧） | 0.000 | 0.000 | 0.000 | 0.000 |
| N | 110 | 110 | 110 | 110 |
| 组织支持 Pearson 相关性 | 0.633** | 0.631** | 0.673** | 0.605** |
| 显著性（双侧） | 0.000 | 0.000 | 0.000 | 0.000 |

续表

| 变量 | 搜寻能力 | 桥化能力 | 内化能力 | 增值能力 |
| --- | --- | --- | --- | --- |
| N | 110 | 110 | 110 | 110 |
| 资源距离 Pearson 相关性 | 0.269** | 0.330** | 0.375** | 0.321** |
| 显著性（双侧） | 0.004 | 0.000 | 0.000 | 0.001 |
| N | 110 | 110 | 110 | 110 |
| 地理距离 Pearson 相关性 | 0.128 | 0.112 | 0.184 | 0.083 |
| 显著性（双侧） | 0.183 | 0.243 | 0.054 | 0.387 |
| N | 110 | 110 | 110 | 110 |
| 组织距离 Pearson 相关性 | 0.279** | 0.18 | 0.263** | 0.174 |
| 显著性（双侧） | 0.003 | 0.061 | 0.005 | 0.069 |
| N | 110 | 110 | 110 | 110 |
| 正式渠道 Pearson 相关性 | 0.376** | 0.352** | 0.355** | 0.383** |
| 显著性（双侧） | 0.000 | 0.000 | 0.000 | 0.000 |
| N | 110 | 110 | 110 | 110 |
| 非正式渠道 Pearson 相关性 | 0.125 | 0.104 | 0.181 | 0.107 |
| 显著性（双侧） | 0.194 | 0.281 | 0.059 | 0.268 |
| N | 110 | 110 | 110 | 110 |
| 沟通技术 Pearson 相关性 | 0.296** | 0.193* | 0.299** | 0.254** |
| 显著性（双侧） | 0.002 | 0.043 | 0.002 | 0.007 |
| N | 110 | 110 | 110 | 110 |
| 开放机制 Pearson 相关性 | 0.716** | 0.734** | 0.707** | 0.681** |
| 显著性（双侧） | 0.000 | 0.000 | 0.000 | 0.000 |
| N | 110 | 110 | 110 | 110 |
| 流动机制 Pearson 相关性 | 0.720** | 0.734** | 0.730** | 0.707** |
| 显著性（双侧） | 0.000 | 0.000 | 0.000 | 0.000 |
| N | 110 | 110 | 110 | 110 |
| 联合机制 Pearson 相关性 | 0.755** | 0.799** | 0.788** | 0.739** |
| 显著性（双侧） | 0.000 | 0.000 | 0.000 | 0.000 |

续表

| 变量 | 搜寻能力 | 桥化能力 | 内化能力 | 增值能力 |
|---|---|---|---|---|
| N | 110 | 110 | 110 | 110 |
| 竞争机制 Pearson 相关性 | 0.676** | 0.681** | 0.695** | 0.633** |
| 显著性（双侧） | 0.000 | 0.000 | 0.000 | 0.000 |
| N | 110 | 110 | 110 | 110 |

注：**表示在 0.01 水平上显著；*表示在 0.05 水平上显著。
资料来源：根据本书调研资料统计分析所得。

综上所述，结合量表信度与效度检验结果，理应剔除关系因素及其包含的所有测量指标以提高量表信度、效度和实证检验的解释力度，即剔除"资源距离""地理距离""组织距离""正式关系""非正式关系""沟通技术"，以及环境嵌入因子中的"外部储备"测量指标。但同样处于稳妥的考虑，仍予以暂时保留，留待回归分析后取舍。

基于以上分析构建线性回归方程模型，分别用以测度 4 因子对国家重点实验室创新资源捕获过程的影响。最终构建数学模型，见回归方程 3：

$$y_i = \beta_0 + \beta_1 x_1 + \beta_2 x_2 + \beta_3 x_3 + \beta_4 x_4 + \varepsilon \quad (i = 1, 2, 3, 4)$$ 回归方程 3

其中，$y_i$ 是指因变量国家重点实验室创新资源捕获过程的搜寻能力、桥化能力、内化能力和增值能力；$x_1$、$x_2$、$x_3$、$x_4$ 分别表示自变量国家重点实验室创新资源过程的实验室特性影响因素、环境嵌入影响因素、运行机制影响因素和关系影响因素；$\beta_0$ 表示回归常数，$\beta_1$、$\beta_2$、$\beta_3$、$\beta_4$ 表示回归系数；$\varepsilon$ 表示引起 $y_i$ 变化的其他随机因素。此外，为了更为深入地分析 16 个二级指标对 SBIP 模型的影响，基于与构建回归方程 3 同样的构建步骤，最终确定了线性回归方程 4：

$$y_i = \beta_0 + \beta_1 x_1 + \beta_2 x_2 + \beta_3 x_3 + \cdots + \beta_{16} x_{16} + \varepsilon \quad (i = 1, 2, 3, 4)$$ 回归方程 4

其中，$y_i$ 是指因变量国家重点实验室创新资源捕获过程的搜寻能力、桥化能力、内化能力和增值能力；$x_1$、$x_2$、…、$x_{16}$分别表示自变量国家重点实验室创新资源过程四大影响因素的16个二级测量指标；$\beta_0$表示回归常数，$\beta_1$、$\beta_2$、…、$\beta_{16}$表示回归系数；$\varepsilon$表示引起$y_i$变化的其他随机因素。

## 二 回归方程模型的统计分析与结果讨论

以下将以国家重点实验室创新资源捕获过程各阶段（对应的能力）为因变量，以各影响因子为自变量进行回归统计分析。

### （一）国家重点实验室创新资源搜寻阶段影响因素的回归结果

1. 回归方程3的统计结果

为确保统计结果科学，依然采用逐步回归分析方法（以下均采用此方法），统计结果如表6-19所示：运行机制因子和实验室特性因子对实验室创新资源搜寻阶段具有重要且显著影响，其中运行机制的影响度为0.564，实验室特性的影响度为0.366。统计结果检验结论如下：回归方程3的拟合优度如表6-20所示，可见其调整的$R^2$达到0.785，说明回归方程3的拟合优度较好；如表6-19所示，回归方程3的回归系数均在0.000的水平上呈现显著状态，容差（0.828）和VIF值（1.207）都趋向于1，证实回归方程3的共线性较弱；如表6-20所示，回归方程3的DW值为1.849，趋向于2，且残差图如图6-4所示，散点图呈无序状态，即回归方程3不存在异方差问题。

表6-19　搜寻回归方程3逐步回归分析后最后一个模型的数据结果

| 模型 | 标准化回归系数 | T值 | 显著性 | 共线性检验 | |
|---|---|---|---|---|---|
| | | | | 容差 | VIF |
| 常量 | — | 1.305 | 0.195 | — | — |
| 运行机制 | 0.564 | 5.360 | 0.000 | 0.828 | 1.207 |
| 实验室特性 | 0.366 | 3.892 | 0.000 | 0.828 | 1.207 |

资料来源：根据本书调研资料统计分析所得。

表 6-20　　搜寻回归方程 3 的拟合优度分析结果

| 模型c | R | $R^2$ | 调整的 $R^2$ | Drubin-Watson |
|---|---|---|---|---|
| 1 | 0.804a | 0.728 | 0.703 | 1.849 |
| 2 | 0.831b | 0.785 | 0.744 | |

注：a. 预测变量（常量）：运行机制；b. 预测变量（常量）：运行机制、实验室特性；c. 因变量：搜寻能力。

资料来源：根据本书调研资料统计分析所得。

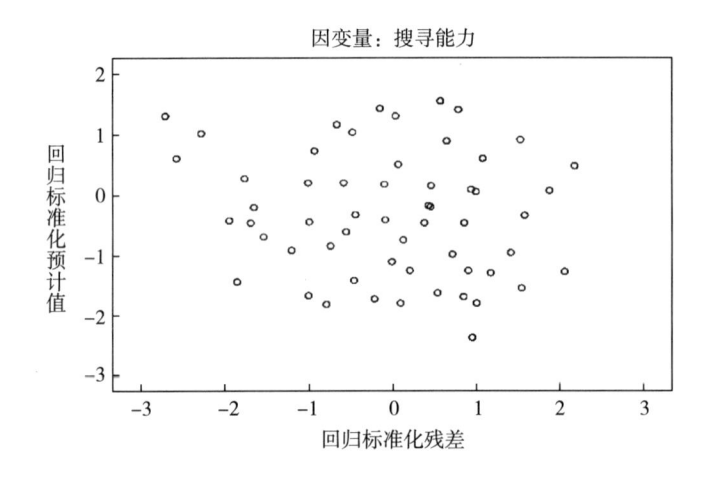

图 6-4　国家重点实验室创新资源搜寻阶段影响因素回归方程 3 散点图①

**2. 回归方程 4 的统计结果**

统计结果如表 6-21 所示，捕获动力对国家重点实验室创新资源捕获搜寻能力的影响最大，联合机制、政府支持和竞争机制依次排列，统计结果的拟合度检验（见表 6-21，拟合优度达到 0.702）、回归系数显著性检验（见表 6-21，最低显著性为 0.010）、共线性诊断（见表 6-21，容差最大值为 0.925，最小值为 0.795；VIF 最大值为 1.258，最小值为 1.081）和残差检验（见表 6-22，DW 值为 1.951；散点图见图 6-5，散点图呈无序状态）均顺利通过。

---

① 根据本书调研资料统计分析所得。

表6-21　搜寻回归方程4逐步回归分析后最后一个模型的数据结果

| 模型 | 标准化回归系数 | T值 | 显著性 | 共线性检验 | |
|---|---|---|---|---|---|
| | | | | 容差 | VIF |
| 常量 | — | 1.378 | 0.171 | — | — |
| 联合机制 | 0.280 | 3.165 | 0.002 | 0.871 | 1.148 |
| 捕获动力 | 0.334 | 4.673 | 0.000 | 0.925 | 1.081 |
| 政府支持 | 0.197 | 2.816 | 0.006 | 0.892 | 1.121 |
| 竞争机制 | 0.192 | 2.451 | 0.010 | 0.795 | 1.258 |

资料来源：根据本书调研资料统计分析所得。

表6-22　搜寻回归方程4的拟合优度分析结果

| 模型[e] | R | $R^2$ | 调整的$R^2$ | Drubin-Watson |
|---|---|---|---|---|
| 1 | 0.755[a] | 0.570 | 0.566 | 1.951 |
| 2 | 0.816[b] | 0.665 | 0.659 | |
| 3 | 0.835[c] | 0.697 | 0.688 | |
| 4 | 0.844[d] | 0.713 | 0.702 | |

注：a. 预测变量（常量）：联合机制；b. 预测变量（常量）：联合机制、捕获动力；c. 预测变量（常量）：联合机制、捕获动力、政府支持；d. 预测变量（常量）：联合机制、捕获动力、政府支持、竞争机制；e. 因变量：搜寻能力。

资料来源：根据本书调研资料统计分析所得。

3. 国家重点实验室创新资源捕获搜寻阶段影响因素回归结果的讨论

首先，对回归分析中剔除指标的讨论。回归分析中剔除的变量包括地理距离、资源距离、组织距离、外部储备、正式渠道、非正式渠道、沟通技术、捕获经验、领导重视、组织支持、开放机制、流动机制。结合描述性统计结果可以发现，这些指标被剔除的主要原因在于不同国家重点实验室之间较高的一致性认同使这些影响因素失去了影响变量的意义，即这些因素转变成了国家重点实验室创新资源捕获的既定先决环境，如表4-7所示，以上指标的某个单项认同度几乎都超过了40%，甚至有的已接近50%（48.2%）。

因变量：搜寻能力

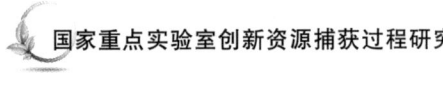

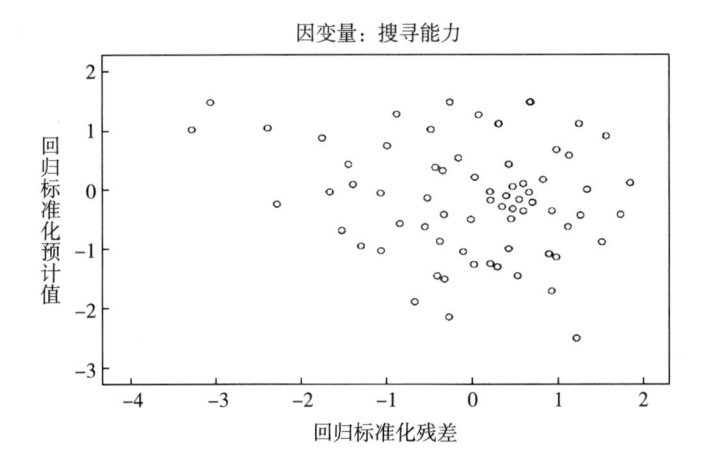

[散点图：横轴为回归标准化残差（-4 至 2），纵轴为回归标准化预计值（-3 至 2）]

**图 6-5　国家重点实验室创新资源搜寻阶段影响因素回归方程 4 散点**①

具体来看，地理距离的一致性认同集中在"一般"（45.5%），且研判趋于否定地理距离对创新资源捕获过程产生影响（较符合与很不符合的合计比例达到了30%），这进一步说明，面对当前开放式创新挑战，国家重点实验室创新资源捕获范围已突破地理局限，开始以全球视角捕获创新资源。资源距离的一致性认同集中在"较符合"（44.0%），研判趋于肯定，说明目前我国国家重点实验室更趋向于捕获与实验室已有创新资源较类似的创新资源（较符合与很符合的合计比例达到了 64.5%）。组织距离的一致性认同集中在"较符合"（40.4%），研判趋于肯定，说明目前我国国家重点实验室更趋向于把与自己类似的组织作为创新资源的主要来源（较符合与很符合的合计比例高达 78.2%）。外部储备的一致性认同集中在"较符合"（36.4%），研判趋于肯定，说明实验室外部创新资源环境较为丰富（很符合与较符合的合计比例为 69.1%），这与创新资源捕获突破地理限制相互印证。正式渠道和非正式渠道的一致性认同分别集中在"很符合"（48.2%）和"较符合"（48.2%），两者研判都趋于肯定，说明两者对创新资源捕获过程中的关系构建具有重要影响（正式

---

① 根据本书调研资料统计分析所得。

渠道的很符合与较符合的累计百分比达到了85.5%，非正式渠道的很符合与较符合累计百分比也达到了59.1%），即无论对于创新资源捕获少还是多的国家重点实验室，正式渠道和非正式渠道都是这些实验室捕获创新资源的两个主要渠道。沟通技术的一致性认同不明显，且分布较为均匀，此项被剔除的原因在于各个选项上的国家重点实验室（创新资源捕获少的或多的）结构分布均衡，进而消除了相关关系；从累计百分比上看，目前我国国家重点实验室更倾向于否定沟通技术对创新资源捕获过程的影响（较不符合和很不符合的合计百分比为32.8%）。实验室特性中捕获经验被剔除的原因可能源于我国国家实验室建设与运行历史较短，因历史积淀而获取的经验尚不充分；领导重视被剔除的原因可能在于实验室领导对国家重点实验室创新资源搜寻阶段的关注普遍较高，失去了区分度（在统计性描述中发现回答较符合以上的人员达到了56.6%）；国家重点实验室创新资源来源组织与自身类似甚至就是自身的现状有可能限制了嵌入环境中组织支持变量的影响（回答较符合以上的累计百分比达到了78.2%）。至于开放机制和流动机制被剔除的原因可能在于，两者是创新资源搜寻阶段开展的必需环境，而非可有可无的影响因素（两者回答较符合以上累计百分比均超过了50%）。

其次，对回归分析中保留指标的讨论。具体来看，联合机制保留下来，这说明此机制成为国家重点实验室创新资源搜寻过程中获取相关创新资源信息的重要渠道和机制保障，探索性案例中一些联合科研基地成为国家重点实验室获取相关创新资源信息重要平台的事实也证实了这一点。竞争机制保留下来说明，国家重点实验室之间的竞争转化成了国家重点实验室创新资源搜寻阶段有效开展的重要动力，也从另一个侧面说明我国创新资源配置由计划向竞争的变化开始对国家重点实验室创新资源捕获过程产生形塑作用。政府支持因素保留下来说明，目前我国国家重点实验室创新资源搜寻过程仍然在较大程度上依附政府。捕获动力因素保留下来说明，国家重点实验室内部自发驱动程度的强弱对创新资源的搜寻产生了重要影响。

比较来看，捕获动力对创新资源搜寻阶段的影响力度最大，说明在目前我国国家重点实验室"资源—研究特色—资源"外部支撑性特色显著的创新资源捕获方式仍占主导地位的背景下,源于实验室内部驱动因素的差异会对国家重点实验室之间创新资源搜寻能力的高低产生重要影响。然后是联合机制,说明目前我国国家重点实验室创新资源搜寻能力的大小主要依附于国家重点实验室与其他组织之间联系的广泛性。政府支持和竞争机制分列三四,通过回归系数可以发现,尽管两者对创新资源的搜寻能力影响显著但力度不高,于政府支持方面进一步说明其对创新资源搜寻能力的影响非全局性,于竞争机制方面说明竞争压力的作用并未充分发挥。

(二)国家重点实验室创新资源桥化阶段影响因素的回归结果

1. 回归方程 3 的统计结果

统计结果如表 6-23 所示,运行机制因子和实验室特性因子对实验室创新资源桥化阶段具有显著且重要影响,其中运行机制影响度为 0.506,实验室特性影响度为 0.392。从结果检验来看:回归方程 3 的拟合优度如表 6-24 所示,可见其调整的 $R^2$ 达到 0.730,说明回归方程 3 的拟合优度较好;回归系数与共线性诊断如表 6-23 所示,回归系数均在 0.000 的水平上呈现显著状态,容差(最小值为 0.874)和 VIF 值(最大值为 1.144)都趋向于 1,证实回归方程 1 的共线性较弱;如表 6-24 所示,回归方程 3 的 DW 值为 1.918,趋向于 2,且残差图如图 6-6 所示,散点图呈无序状态,回归方程 3 不存在异方差问题。

表 6-23　桥化回归方程 3 逐步回归分析后最后一个模型的数据结果

| 模型 | 标准化回归系数 | T 值 | 显著性 | 共线性检验 | |
|---|---|---|---|---|---|
| | | | | 容差 | VIF |
| 常量 | — | 3.057 | 0.003 | — | — |
| 运行机制 | 0.506 | 5.818 | 0.000 | 0.913 | 1.095 |
| 实验室特性 | 0.392 | 4.510 | 0.000 | 0.874 | 1.144 |

资料来源:根据本书调研资料统计分析所得。

# 第六章 影响因素的实证研究

因变量：桥化能力

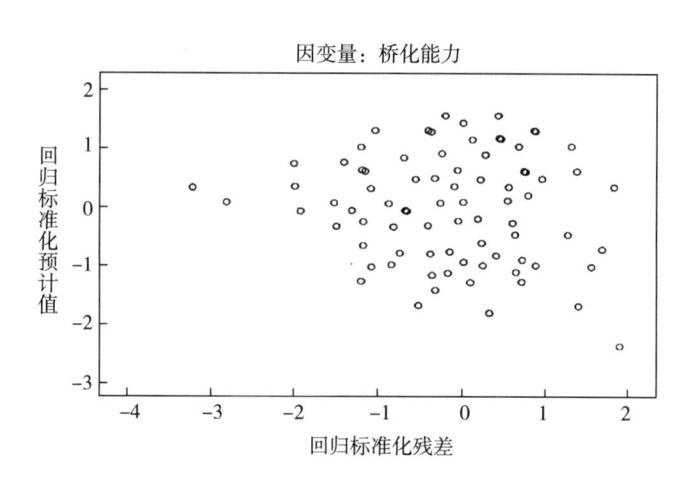

[散点图：纵轴为回归标准化预计值（-3 至 2），横轴为回归标准化残差（-4 至 2）]

**图 6-6 国家重点实验室创新资源桥化阶段影响因素回归方程 3 散点①**

表 6-24　　　　桥化回归方程 3 的拟合优度分析结果

| 模型[c] | R | $R^2$ | 调整的 $R^2$ | Drubin-Watson |
|---|---|---|---|---|
| 1 | 0.827[a] | 0.685 | 0.682 | 1.918 |
| 2 | 0.857[b] | 0.735 | 0.730 | |

注：a. 预测变量（常量）：运行机制；b. 预测变量（常量）：运行机制、实验室特性；c. 因变量：桥化能力。

资料来源：根据本书调研资料统计分析所得。

2. 回归方程 4 的统计结果

统计结果如表 6-25 所示，联合机制对于国家重点实验室创新资源桥化能力的影响最大，领导重视和开放机制依次排列。统计结果的拟合度检验（见表 6-26，拟合优度达到 0.727）、回归系数显著性检验（见表 6-25，最低显著性为 0.005）、共线性诊断（见表 6-25，容差最大值为 0.971，最小值为 0.913；VIF 最大值为 1.095，最小值为 1.029）和残差检验（见表 6-26，DW 值为 1.969；散点图见图 6-7，散点图呈无序状态）均顺利通过。

---

① 根据本书调研资料统计分析所得。

表6–25 桥化回归方程4逐步回归分析后最后一个模型的数据结果

| 模型 | 标准化回归系数 | T值 | 显著性 | 共线性检验 容差 | VIF |
|---|---|---|---|---|---|
| 常量 | — | 2.851 | 0.005 | — | — |
| 联合机制 | 0.394 | 4.664 | 0.000 | 0.926 | 1.079 |
| 领导重视 | 0.339 | 4.639 | 0.000 | 0.971 | 1.029 |
| 开放机制 | 0.221 | 2.840 | 0.005 | 0.913 | 1.095 |

资料来源：根据本书调研资料统计分析所得。

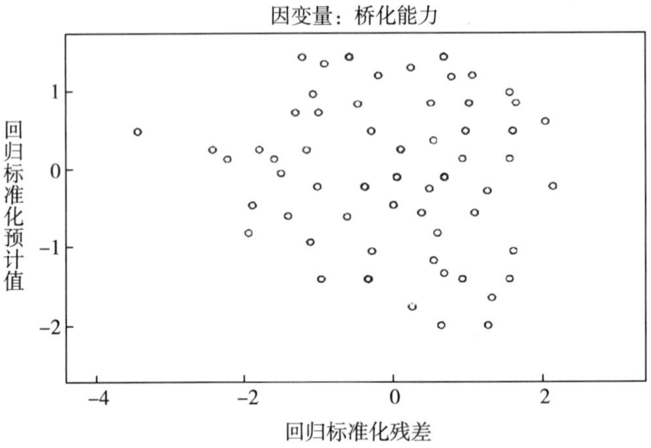

图6–7 国家重点实验室创新资源桥化阶段影响因素回归方程4散点①

表6–26 桥化回归方程4的拟合优度分析结果

| 模型[d] | R | R$^2$ | 调整的R$^2$ | Drubin–Watson |
|---|---|---|---|---|
| 1 | 0.799[a] | 0.638 | 0.635 | |
| 2 | 0.845[b] | 0.714 | 0.709 | 1.969 |
| 3 | 0.857[c] | 0.734 | 0.727 | |

注：a. 预测变量（常量）：联合机制；b. 预测变量（常量）：联合机制、领导重视；c. 预测变量（常量）：联合机制、领导重视、开放机制；d. 因变量：桥化能力。

资料来源：根据本书调研资料统计分析所得。

① 根据本书调研资料统计分析所得。

3. 国家重点实验室创新资源桥化阶段影响因素回归结果的讨论

首先,对回归分析中剔除指标的讨论。桥化阶段更加关注国家重点实验室与创新资源关系的构架渠道及方式,与捕获动力因素的关系并不密切,这有可能成为捕获动力因素在回归中被剔除的原因。国家重点实验室的固有桥化能力(如与创新资源的固定联系方式)消化了竞争带来的压力,这有可能最终使竞争机制对桥化阶段的影响变得非常微弱。桥化阶段中各种关系的构建灵活度更大(某些创新资源不必依附于政府支持),致使政府支持变量对桥化能力的影响不再像对搜寻能力的影响那样强烈。此外,其他变量被剔除的解释和搜寻阶段中被剔除变量的相关解释一致。

其次,对回归分析中保留指标的讨论。联合机制依旧保留下来,这说明此机制有可能为国家重点实验室创新资源桥化过程中各种关系的构建提供了重要载体,或基于路径依赖,已有支撑桥化路径实现的联合机制被国家重点实验室继承或保留下来,进而此机制的完善程度对国家重点实验室创新资源桥化阶段运行效率的高低产生了深刻影响。开放机制保留下来说明,国家重点实验室越开放,国家重点实验室创新资源的桥化范围和桥化强度都会愈加广泛和提升。领导重视因素保留下来说明,国家重点实验室领导本身所具有的桥化作用对创新资源桥化能力产生了重要影响。比较来看,开放机制和领导重视对创新资源桥化阶段的影响旗鼓相当,这说明完善的开放机制和较高层次上的领导重视构成了国家重点实验室创新资源桥化阶段有效运行的两大核心支柱。

(三)国家重点实验室创新资源内化阶段影响因素的回归结果

1. 回归方程 3 的统计结果

统计结果如表 6-27 所示:运行机制因子、实验室特性因子和嵌入环境因子对实验室创新资源内化阶段都具有显著且重要影响,其中运行机制的影响度为 0.381,实验室特性的影响度为 0.345,嵌入环境的影响度为 0.204。如表 6-27 所示:回归系数的显著性最大值为 0.010,最小为 0.000,显著状态较好;容差(最小值为 0.863)和 VIF 值(最大值为 1.158)都趋向于 1,说明回归方程 3 的共线性较弱。如表6-28和图6-8所示，回归方程3的DW值为1.953趋向于2，散点图也呈现无序状态，回归方程3不存在异方差问题。如表6-28所示，回归方程3的调整系数$R^2$达到了0.733，说明回归方程3的拟合优度较好。

表6-27 内化回归方程3逐步回归分析后最后一个模型的数据结果

| 模型 | 标准化回归系数 | T值 | 显著性 | 共线性检验 ||
|---|---|---|---|---|---|
| | | | | 容差 | VIF |
| 常量 | — | 3.090 | 0.003 | — | — |
| 运行机制 | 0.381 | 3.951 | 0.000 | 0.863 | 1.158 |
| 实验室特性 | 0.345 | 3.872 | 0.000 | 0.908 | 1.101 |
| 嵌入环境 | 0.204 | 2.574 | 0.010 | 0.891 | 1.122 |

资料来源：根据本书调研资料统计分析所得。

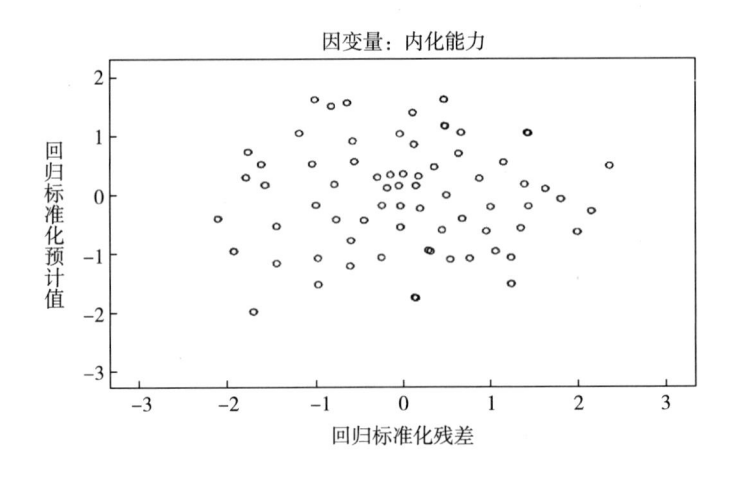

图6-8 国家重点实验室创新资源内化阶段影响因素回归方程3散点[①]

---

① 根据本书调研资料统计分析所得。

表 6-28　　　　内化回归方程 3 的拟合优度分析结果

| 模型[d] | R | $R^2$ | 调整的 $R^2$ | Drubin-Watson |
|---|---|---|---|---|
| 1 | 0.820[a] | 0.672 | 0.669 | |
| 2 | 0.851[b] | 0.724 | 0.719 | 1.953 |
| 3 | 0.860[c] | 0.740 | 0.733 | |

注：a. 预测变量（常量）：运行机制；b. 预测变量（常量）：运行机制、实验室特性；c. 预测变量（常量）：运行机制、实验室特性、嵌入环境；d. 因变量：内化能力。

资料来源：根据本书调研资料统计分析所得。

2. 回归方程 4 的统计结果

统计结果如表 6-29 所示，联合机制对国家重点实验室创新资源内化能力的影响最大，政府支持、领导重视和捕获经验依次排列。此外，回归方程 4 的拟合度检验（见表 6-30，拟合优度是 0.939）、回归系数显著性检验（见表 6-29，最低显著性为 0.003）、共线性诊断（见表 6-29，容差最大值为 0.993，最小值为 0.914；VIF 最大值为 1.094，最小值为 1.007）和残差检验（见表 6-30，DW 值为 1.946；散点图见图 6-9，散点图也呈无序状态）均顺利通过。

表 6-29　内化回归方程 4 逐步回归分析后最后一个模型的数据结果

| 模型 | 标准化回归系数 | T 值 | 显著性 | 共线性检验 | |
|---|---|---|---|---|---|
| | | | | 容差 | VIF |
| 常量 | — | 3.592 | 0.001 | — | — |
| 联合机制 | 0.387 | 5.080 | 0.000 | 0.914 | 1.094 |
| 政府支持 | 0.233 | 3.562 | 0.001 | 0.958 | 1.044 |
| 捕获经验 | 0.198 | 3.120 | 0.002 | 0.993 | 1.007 |
| 领导重视 | 0.213 | 2.957 | 0.003 | 0.964 | 1.037 |

资料来源：根据本书调研资料统计分析所得。

表6-30　　　　　　内化回归方程4的拟合优度分析结果

| 模型[e] | R | $R^2$ | 调整的 $R^2$ | Drubin–Watson |
|---|---|---|---|---|
| 1 | 0.788[a] | 0.621 | 0.618 | |
| 2 | 0.832[b] | 0.693 | 0.687 | 1.946 |
| 3 | 0.853[c] | 0.727 | 0.720 | |
| 4 | 0.865[d] | 0.748 | 0.939 | |

注：a. 预测变量（常量）：联合机制；b. 预测变量（常量）：联合机制、政府支持；c. 预测变量（常量）：联合机制、政府支持、捕获经验；d. 预测变量（常量）：联合机制、政府支持、捕获经验、领导重视；e. 因变量：内化能力。

资料来源：根据本书调研资料统计分析所得。

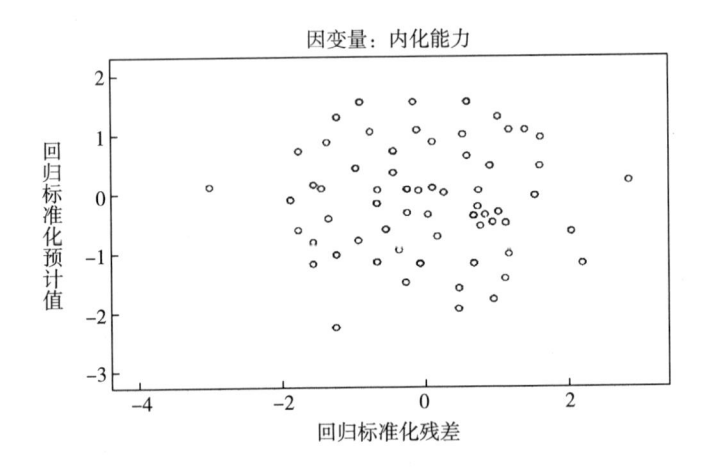

图6-9　国家重点实验室创新资源内化阶段影响因素回归方程4散点[①]

**3. 国家重点实验室创新资源内化阶段影响因素回归结果的讨论**

首先，对回归分析中剔除指标的讨论。国家重点实验室研究特色的差异性有可能降低了竞争对国家重点实验室内化能力的影响。至于捕获动力、组织支持、开放机制、流动机制等其他变量剔除的原因与前述相关解释一致，即成为国家重点实验室创新资源捕获过程运行的既有存在条件。

---

① 根据本书调研资料统计分析所得。

其次，对回归分析中保留指标的讨论。联合机制仍旧保留下来的原因可能在于，创新资源引入过程中国家重点实验室借助的渠道是与其他组织已有联合科技创新活动中建立的渠道，这也从另一方面解释了捕获经验因素保留下来的原因，且捕获经验因素保留下来的事实也逆向证实了联合机制保留下来的原因解释。同样，政府支持保留下来说明政府在创新资源宏观引导方面（甚至是某些资源的直接提供）对国家重点实验室创新资源的内化过程产生了重要影响。创新资源的内化过程与国家重点实验室领导于实验室内部创新资源配置过程几乎处于同步甚至是一体的，所以实验室领导的重视程度会对创新资源内化过程产生较为显著的直接影响。

比较来看，开放机制对创新资源内化阶段的影响最大，这进一步说明了目前我国国家重点实验室创新资源捕获重心仍在于扩充创新资源捕获量。政府支持和领导重视两个指标保留下来说明，无论从实验室的外部还是内部看，创新资源配置方式更趋向于自上而下的引导。此外，捕获经验尽管保留下来但贡献率仅有 0.198，原因可能在于：一方面国家重点实验室与自身类似组织（比如依托单位）具有稳固且持续的历史关系，另一方面说明这种关系在不同实验室间的差异并不明显（组织距离指标在相关性检验中被剔除的结果很有力地说明了这一推论）。

（四）国家重点实验室创新资源增值阶段影响因素的回归结果

1. 回归方程 3 的统计结果

统计结果如表 6-31 所示：运行机制因子、实验室特性因子对实验室创新资源增值阶段都具有重要显著影响，其中运行机制的影响度为 0.519，实验室特性的影响度为 0.312。从统计结果检验来看：如表 6-32 所示，回归方程 3 的调整系数 $R^2$ 达到了 0.717，说明回归方程 3 的拟合优度较好；如表 6-31 所示，回归方程 3 的回归系数显著性最大值为 0.003，最小值为 0.000，显著状态较好，容差（最小值为 0.891）和 VIF 值（最大值为 1.122）都趋向于 1，说明回归方程 3 的共线性较弱；如表 6-32 和图 6-10 所示，回归方程 3 的 DW 值为 1.962 趋向于 2，且散点图呈现无序状态，所以回归方程 3 不存在异方差问题。

表6-31 增值回归方程3逐步回归分析后最后一个模型的数据结果

| 模型 | 标准化回归系数 | T值 | 显著性 | 共线性检验 | |
|---|---|---|---|---|---|
| | | | | 容差 | VIF |
| 常量 | — | 3.118 | 0.002 | — | — |
| 运行机制 | 0.519 | 5.056 | 0.000 | 0.928 | 1.077 |
| 实验室特性 | 0.312 | 3.037 | 0.003 | 0.891 | 1.122 |

资料来源：根据本书调研资料统计分析所得。

表6-32 增值回归方程3的拟合优度分析结果

| 模型c | R | $R^2$ | 调整的$R^2$ | Drubin-Watson |
|---|---|---|---|---|
| 1 | 0.794a | 0.699 | 0.696 | 1.962 |
| 2 | 0.844b | 0.717 | 0.714 | |

注：a. 预测变量（常量）：运行机制；b. 预测变量（常量）：运行机制、实验室特性；c. 因变量：增值能力。

资料来源：根据本书调研资料统计分析所得。

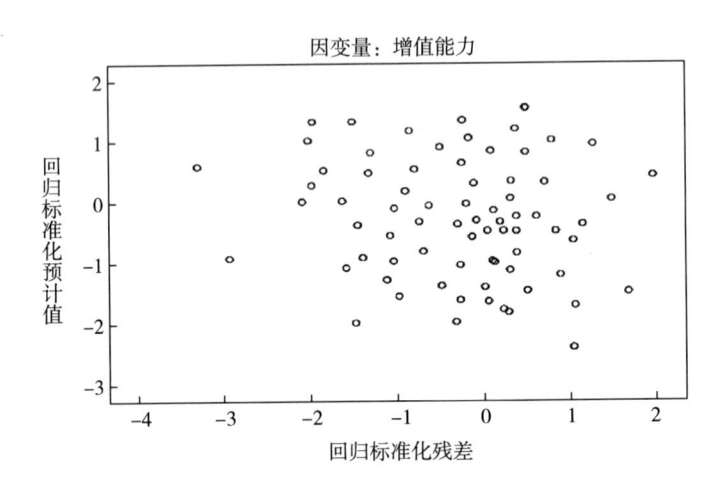

图6-10 国家重点实验室创新资源增值阶段影响因素回归方程3散点①

① 根据本书调研资料统计分析所得。

2. 回归方程 4 的统计结果

统计结果如表 6-33 所示，联合机制对国家重点实验室创新资源增值能力的影响最大，政府支持和捕获经验依次排列。此外，回归方程 4 的拟合度检验（见表 6-34，拟合优度是 0.709）、回归系数显著性检验（见表 6-33，最低显著性为 0.009）、共线性诊断（见表 6-33，容差最大值为 0.965，最小值为 0.919；VIF 最大值为 1.088，最小值为 1.036）和残差检验（见表 6-34，DW 值为 1.837；散点图见图 6-11，散点图也呈无序状态）均顺利通过。

表 6-33　　增值回归方程 4 逐步回归分析后最后一个模型的数据结果

| 模型 | 标准化回归系数 | T 值 | 显著性 | 共线性检验 | |
| --- | --- | --- | --- | --- | --- |
| | | | | 容差 | VIF |
| 常量 | — | 3.468 | 0.001 | — | — |
| 联合机制 | 0.504 | 6.320 | 0.000 | 0.965 | 1.036 |
| 政府支持 | 0.208 | 2.602 | 0.009 | 0.964 | 1.037 |
| 捕获经验 | 0.199 | 2.606 | 0.008 | 0.919 | 1.088 |

资料来源：根据本书调研资料统计分析所得。

表 6-34　　增值回归方程 4 的拟合优度分析结果

| 模型[d] | R | $R^2$ | 调整的 $R^2$ | Drubin-Watson |
| --- | --- | --- | --- | --- |
| 1 | 0.739[a] | 0.547 | 0.542 | 1.837 |
| 2 | 0.799[b] | 0.697 | 0.694 | |
| 3 | 0.827[c] | 0.709 | 0.705 | |

注：a. 预测变量（常量）：联合机制；b. 预测变量（常量）：联合机制、政府支持；c. 预测变量（常量）：联合机制、政府支持、捕获经验；d. 因变量：增值能力。

资料来源：根据本书调研资料统计分析所得。

3. 国家重点实验室创新资源增值阶段影响因素回归结果的讨论

首先，对回归分析中剔除指标的讨论。增值阶段更加强调创新资源的一种自发作用，外部压力或人为直接干扰的影响相对较低，进而捕获动力、领导重视、组织支持、竞争机制对其影响程度很低。开放机制和流动机制被剔除的可能原因在于两者成为创新资源增值的必要条件，尤其是在创新资源间的牵引过程中，开放的环境和创新资源的可流动性是实现创新资源增值的基本前提。其他变量被剔除的原因仍在于它们转变成了国家重点实验室创新资源捕获过程运行的既有依附条件。

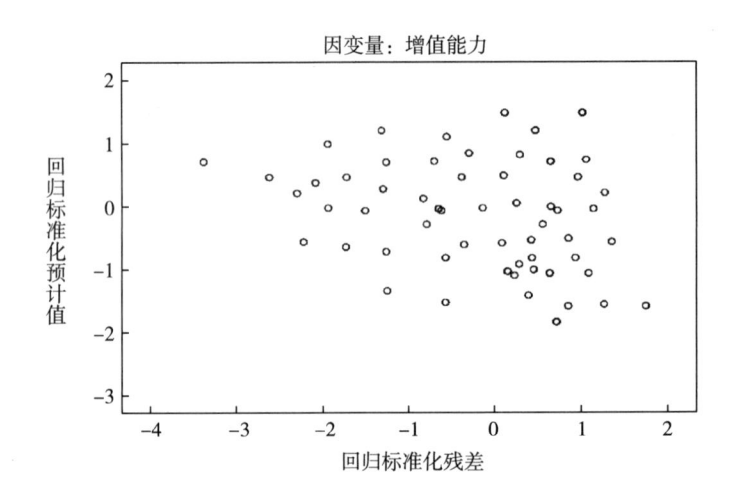

**图 6-11　国家重点实验室创新资源增值阶段影响因素回归方程 4 散点**①

其次，对回归分析中保留指标的讨论。联合机制构建的固有联系为创新资源增值（尤其是其中的牵引式增值）提供了重要辅助，这也从另一方面解释了捕获经验因素保留下来的原因，且捕获经验因素保留下来也同样逆向证实了联合机制在创新资源增值阶段影响因素体系中保留下来的原因解释。此外，政府支持保留下来也说明政府在创新资源宏观引导方面（尤其是借助政策工具引导而非创新资源的直接投入或配置）对国家重点实验室创新资源增值过程产生了重要影响。

比较来看，开放机制对创新资源增值阶段的影响最大，说明目前

---

① 根据本书调研资料统计分析所得。

我国国家重点实验室创新资源增值阶段仍以资源牵引式（以资源吸附新资源）增值方式为主，以创新为驱动核心的内源性增值方式（以创新创造新资源）仍然薄弱，同时捕获经验和政府支持两个指标的保留进一步证实了这一推论的可靠性。

## 第五节 本章小结

本章以第二章社会资本理论为基础，结合第四章构建的数据库，对国家重点实验室创新资源捕获过程影响因素进行了翔实的实证分析。

在阐述了研究假设、变量构建过程的基础上对量表的信度和效度进行了实证检验。通过模型构建、回归分析、结果检验三个步骤实证检验了实验室特性、嵌入环境、关系（关系构建方式和关系状态合并为一个因子）和运行机制四个因子对国家重点实验室创新资源捕获过程的影响，结果汇总如表6-35所示。总体情况是：关系因素（包括关系状态和关系构建方式）以及嵌入环境因素中的外部储备因素并没有对国家重点实验室创新资源捕获过程产生明显影响，然而结合描述性统计发现，被剔除的这些因素有的并不是因为其对国家重点实验室创新资源捕获过程没有影响，而是转化成了捕获过程依附的既有条件。在未被剔除的因素中，实验室特性因素和运行机制因素对国家重点实验室创新资源捕获过程的四个阶段均产生了显著且重要影响；嵌入环境因素只对内化阶段产生了显著影响。细分情况是：关系因素中包括的知识距离、地理距离、组织距离、正式关系、非正式关系、沟通技术因素和嵌入环境因素中包括的外部储备因素并未对国家重点实验室创新资源捕获过程产生明显影响，其原因与关系因素被剔除的原因一致。在未被剔除的因素中，捕获动力因素对搜寻阶段产生影响；捕获经验因素对内化阶段和增值阶段影响显著；领导重视因素对桥化阶段和内化阶段产生了显著影响；政府支持因素则对搜寻阶段、内化阶段和增值阶段产生了重要影响；联合机制因素对四个阶段均产生了显著且重要影响；开放机制因素对桥化阶段产生了影响；竞争机制因素对搜寻阶段产生了重要影响。

表6-35 国家重点实验室创新资源捕获过程影响因素假设验证汇总

| 研究假设 | 总体情况 | | | 细分情况 | | | |
|---|---|---|---|---|---|---|---|
| | 标准化回归系数 | 显著性 | 验证情况 | 测量指标 | 标准化回归系数 | 显著性 | 验证情况 |
| 关系因素（关系状态与关系构建方式）会对国家重点实验室创新资源捕获过程产生显著影响 | 在模型优化中剔除 | | 未通过 | 知识距离、地理距离、组织距离、正式关系、非正式关系和沟通技术 | 在模型优化中剔除 | | 未通过 |
| 实验室特性会对国家重点实验室创新资源搜寻过程显著影响 | 0.366 | 0.000 | 通过 | 捕获动力 | 0.344 | 0.000 | 通过 |
| | | | | 捕获经验 | 在模型优化中剔除 | | 未通过 |
| | | | | 领导重视 | 在模型优化中剔除 | | 未通过 |
| 实验室特性会对国家重点实验室创新资源桥化过程显著影响 | 0.392 | 0.000 | 通过 | 捕获动力 | 在模型优化中剔除 | | 未通过 |
| | | | | 捕获经验 | 在模型优化中剔除 | | 未通过 |
| | | | | 领导重视 | 0.339 | 0.000 | 通过 |
| 实验室特性会对国家重点实验室创新资源内化过程显著影响 | 0.345 | 0.000 | 通过 | 捕获动力 | 在模型优化中剔除 | | 未通过 |
| | | | | 捕获经验 | 0.198 | 0.002 | 通过 |
| | | | | 领导重视 | 0.213 | 0.003 | 通过 |
| 实验室特性会对国家重点实验室创新资源增值过程显著影响 | 0.312 | 0.003 | 通过 | 捕获动力 | 在模型优化中剔除 | | 未通过 |
| | | | | 捕获经验 | 0.199 | 0.008 | 通过 |
| | | | | 领导重视 | 在模型优化中剔除 | | 未通过 |
| 嵌入环境对国家重点实验室创新资源搜寻过程显著影响 | 在模型优化中剔除 | | 未通过 | 外部储备 | 在模型优化中剔除 | | 未通过 |
| | | | | 政府支持 | 0.197 | 0.006 | 通过 |
| | | | | 组织支持 | 在模型优化中剔除 | | 未通过 |

续表

| 研究假设 | 总体情况 | | | 细分情况 | | | |
|---|---|---|---|---|---|---|---|
| | 标准化回归系数 | 显著性 | 验证情况 | 测量指标 | 标准化回归系数 | 显著性 | 验证情况 |
| 嵌入环境会对国家重点实验室创新资源桥化过程显著影响 | 在模型优化中剔除 | | 未通过 | 外部储备 | 在模型优化中剔除 | | 未通过 |
| | | | | 政府支持 | | | |
| | | | | 组织支持 | | | |
| 嵌入环境会对国家重点实验室创新资源内化过程显著影响 | 0.204 | 0.010 | 通过 | 外部储备 | 在模型优化中剔除 | | 未通过 |
| | | | | 政府支持 | 0.233 | 0.001 | 通过 |
| | | | | 组织支持 | 在模型优化中剔除 | | 未通过 |
| 嵌入环境会对国家重点实验室创新资源增值过程显著影响 | 在模型优化中剔除 | | 未通过 | 外部储备 | 在模型优化中剔除 | | 未通过 |
| | | | | 政府支持 | 0.208 | 0.009 | 通过 |
| | | | | 组织支持 | 在模型优化中剔除 | | 未通过 |
| 运行机制对国家重点实验室创新资源搜寻过程显著影响 | 0.564 | 0.000 | 通过 | 开放机制 | 在模型优化中剔除 | | 未通过 |
| | | | | 流动机制 | 在模型优化中剔除 | | 未通过 |
| | | | | 联合机制 | 0.280 | 0.002 | 通过 |
| | | | | 竞争机制 | 0.192 | 0.010 | 通过 |
| 运行机制对国家重点实验室创新资源桥化过程显著影响 | 0.506 | 0.000 | 通过 | 开放机制 | 0.221 | 0.010 | 通过 |
| | | | | 流动机制 | 在模型优化中剔除 | | 未通过 |
| | | | | 联合机制 | 0.394 | 0.000 | 通过 |
| | | | | 竞争机制 | 在模型优化中剔除 | | 未通过 |
| 运行机制对国家重点实验室创新资源内化过程显著影响 | 0.381 | 0.000 | 通过 | 开放机制 | 在模型优化中剔除 | | 未通过 |
| | | | | 流动机制 | | | |
| | | | | 联合机制 | 0.387 | 0.000 | 未通过 |
| | | | | 竞争机制 | 在模型优化中剔除 | | 未通过 |
| 运行机制对国家重点实验室创新资源增值过程显著影响 | 0.519 | 0.000 | 通过 | 开放机制 | 在模型优化中剔除 | | 未通过 |
| | | | | 流动机制 | | | |
| | | | | 联合机制 | 0.504 | 0.000 | 通过 |
| | | | | 竞争机制 | 在模型优化中剔除 | | 未通过 |

资料来源：根据本书研究结论整理所得。

此外，在统计分析过程中获得的一些结论进一步印证了第五章中的相关研究结论，例如目前我国国家重点实验室创新资源捕获仍以尽可能扩大资源拥有量为首要目标；创新资源捕获方式以"以创新资源堆积研究特色，以研究特色再吸附创新资源"为主，其外部支撑性特征明显；相较于已有内部资源，新增资源对实验室引入更多创新资源的贡献率更大；创新资源相互间的牵引是目前我国国家重点实验室创新资源重要渠道等。

同时，研究结论与已有研究结果相互印证。例如危怀安等（2013）以卡文迪什实验室为案例依托，深入剖析发现实验室主任通过"5M—5F模型"作用于国家实验室自主创新能力的提升，这与本书中实验室领导对国家重点实验室创新资源捕获过程具有重要影响的检验结论不谋而合；危怀安（2013）等基于371份问卷运用隶属度分析法与秩和检验法对影响国家重点实验室自主创新能力提升的体制性影响因素进行了定量分析，研究结果显示对外交流与合作、科技创新环境因素对国家重点实验室自主创新产生了重要影响，这与本书中开放机制和嵌入环境对国家重点实验室创新资源捕获过程影响显著的结论一致；田华等（2014）在总结实地访谈的基础上发现，竞争性资助方式成为目前Y大学国家重点实验室获得经费支持的主要方式，这一结论与本书中竞争机制对国家重点实验室创新资源搜寻过程产生了重要影响的结论相契合。

# 第七章

# 主要研究结论与未来研究展望

## 第一节 主要研究结论

基于目前对我国国家重点实验室创新资源捕获过程缺乏现实了解和理论认知的现状，在探索性案例研究的基础上，提炼出国家重点实验室创新资源捕获的九阶段细分过程，结合理论整合构架了国家重点实验室创新资源捕获过程的理论化 SBIP 模型。以回收的 110 份有效调查问卷为基础，构建数学模型，借助回归分析，实证研究 SBIP 模型的客观存在性，SBIP 模型对国家重点实验室创新资源捕获绩效的影响，国家重点实验室创新资源捕获过程的影响因素三大问题，得出了以下研究结论。

### 一 国家重点实验室创新资源捕获过程的 SBIP 模型

基于 L 国家重点实验室、C 国家重点实验室和 H 国家重点实验室三个探索性案例分析，首先揭示了国家重点实验室创新资源捕获过程存在搜索、评估、关联、附着、引进、消化、吸收、再创新和集聚 9 个细分阶段。之后，结合资源基础理论、创新网络理论和协同创新理论，对这 9 个细分阶段进行了理论提炼与整合，最终构架起包括搜寻、桥化、内化和增值 4 个阶段的国家重点实验室创新资源捕获过程理论化模型——SBIP 模型。最后，结合 110 份调查问卷，通过模型构建、回归分析、结果检验三个步骤有力地证明了这四个阶段的客观存在性。

在创新资源搜寻阶段（Searching），国家重点实验室根据发展需求和自身特点，在了解国家重点实验室所处创新资源格局和掌握国家重点实验室创新资源相关信息的基础上初步界定国家重点实验室预捕获创新资源的大体范围，并以此为依据，借助评估手段，不断调整国家重点实验室所要捕获创新资源的范围、标准、策略等，最后通过这些步骤逐步锁定国家重点实验室最终捕获的具体创新资源。

在创新资源桥化阶段（Bridging），国家重点实验室主要通过正式渠道和非正式渠道两种方式实现实验室自身与创新资源关系的链接，为国家重点实验室创新资源捕获提供可能。同时，对游离于组织之外的创新资源，国家重点实验室通过设置开放性课题等手段尽可能地维持、利用和加强与这些创新资源的关系，并使之附着于国家重点实验室周围。总之，在创新资源桥化阶段，国家重点实验室实现了与所要捕获创新资源的直接关联。

在创新资源内化阶段（Internalizing），国家重点实验室首先将大量创新资源由组织外部引入到组织内部，在这一过程中创新资源与国家重点实验室的关系发生了重要转变，即国家重点实验室获得了创新资源的所有权。之后，国家重点实验室围绕具体发展需求将引入的创新资源逐步消化，直至实现对这些创新资源的充分吸收。在创新资源内化阶段，创新资源实现了由资源向科研能力的转化。

在创新资源增值阶段（Propagating），国家重点实验室利用资源牵引和创新驱动两种方式实现了对创新资源的再积累。具体而言，一种是简单的资源牵引型创新资源再积累——以创新资源吸附创新资源；另一种是创新驱动型创新资源再积累——以创新资源培育创新能力，以创新能力集聚创新资源。通过这两种方式，国家重点实验室实现了创新资源在质和量上的不断增值。

**二　国家重点实验室创新资源捕获过程对创新资源捕获绩效的作用**

以国家重点实验室创新资源捕获过程四阶段所对应的能力为自变

量，以国家重点实验室创新资源捕获绩效为因变量，实证检验了国家重点实验室创新资源捕获过程对创新资源捕获绩效的作用。结果显示：搜寻、桥化、内化和增值四个阶段以不同的贡献率对国家重点实验室创新资源捕获绩效产生了显著正向影响，如表5-22所示内化阶段以0.552的贡献率占据首位，桥化阶段以0.496的贡献率占据第二位，增值阶段和搜寻阶段分别以0.408和0.379的贡献率分列第三位和第四位。

此外，为深入探究搜寻、桥化、内化和增值以何种逻辑对创新资源捕获绩效产生作用，本书通过统计分析与检验这四个阶段各细分测量指标与国家重点实验室创新资源捕获绩效之间的关系得出了以下重要结论：目前支撑国家重点实验室创新资源捕获过程积极作用于创新资源捕获绩效的内在逻辑是"资源—研究优势或特色—资源"，即以创新资源堆积国家重点实验室的研究特色或优势，进而再通过这些研究优势或特色吸引创新资源。可见，流动性极大的创新资源本身成为国家重点实验室创新资源捕获过程获取创新资源的逻辑基点，而以创新为核心的"资源—创新—研究优势或特色—资源"的能力支撑型路径的作用却居于极为次要的地位，此结论为解释目前我国国家重点实验室在评估中为什么难以持续保持优秀水平的问题提供了一个全新的破题思路。

### 三 国家重点实验室创新资源捕获过程的影响因素

以社会资本理论为理论基础，参考探索性案例分析结论和相关调查问卷统计结果，拟定出五类可能影响国家重点实验室创新资源捕获过程的因素。之后，基于110份调查问卷，结合数学建模和回归分析，识别出了影响国家重点实验室创新资源捕获各阶段的关键因素。

结果显示：从4类影响因素整体来看（在探索性因子分析中将关系构建范式类影响因素和关系状态类影响因素合并为关系因素），实验室特性因素和运行机制因素对四个阶段均产生了重要影响，且运行机制因素的影响力均大于实验室特性因素；嵌入环境因素仅对内化阶段产生了影响；而关系因素对四个阶段都未产生明显影响。从4类影响因素包含的各细分影响因素来看，影响创新资源搜寻阶段的因素

（按影响力大小排序）依次包括捕获动力因素、联合机制因素和竞争机制因素；影响创新资源桥化阶段的因素（按影响力大小排序）依次包括联合机制因素、领导重视因素和开放机制因素；影响创新资源内化阶段的因素（按影响力大小排序）依次包括联合机制因素、政府支持因素、领导重视因素和捕获经验因素；影响创新资源增值阶段的因素（按影响力大小排序）依次包括联合机制因素、政府支持因素和捕获经验因素。可见，联合机制完善程度成为目前我国国家重点实验室创新资源捕获过程是否有效实现的核心影响因素。

此外，尽管知识距离、地理距离、组织距离、正式关系、非正式关系、沟通技术、外部储备因素并未对国家重点实验室创新资源捕获过程产生明显影响，然而结合描述性统计发现，这些因素并非对国家重点实验室创新资源捕获过程没有影响，而是转化成了这一过程的既有依附条件。

### 四 其他重要研究结论

除了以上主要研究结论外，在研究过程中还有以下重要发现：第一，尽管我国国家重点实验室建设始于1984年，至今已有近30年的历史，但从四个阶段的分析结果来看，国家重点实验室整体上仍处于快速生长期；第二，与创新资源配置、整合相比，通过各种渠道尽可能地引入创新资源对目前我国国家重点实验室发展具有更强的现实意义；第三，国家重点实验室仍囿于传统被动式资源捕获方式，作为创新主体积极主动构建与创新资源间联系的意识和方法仍显薄弱和匮乏；第四，通过各种方式充分利用游离于组织之外的创新资源成为我国国家重点实验室面对开放式创新挑战的重要手段；第五，简单的资源牵引型创新资源再积累方式是目前我国国家重点实验室创新资源增值的主要途径；第六，国家重点实验室创新资源捕获过程实现途径具有明显的"计划—市场"二元性。

## 第二节 对管理实践的启示

本书以国家重点实验室为出发点，系统研究和验证了国家重点实验室创新资源捕获过程及其对创新资源捕获绩效的影响，并深入解析了影响这一过程各阶段的影响因素。从中获得的一系列发现和结论为进一步推进我国国家重点实验室创新资源捕获向更高层次的发展提供了有益的理论指导和经验借鉴。

一是以评估引导战略推进国家重点实验室创新资源捕获过程的社会化。研究发现，政府支持在搜寻阶段、内化阶段和增值阶段均发挥重要作用，然而更多的是以创新资源直接投入者的身份介入，这使目前国家重点实验室创新资源捕获过程各阶段对政府的依附度过大。面对当前国家重点实验室创新资源需求规模不断扩大的现实，从长远计已难以也无必要由政府大包大揽地直接供给国家重点实验室所需资源。政府应尽快改变过度干预国家重点实验室创新资源捕获过程的角色，逐步激活国家重点实验室主体性，逐步降低国家重点实验室对政府的依附度，逐步发挥国家重点实验室在自身所需资源微观捕获过程中的主导性作用，引导国家重点实验室创新资源捕获过程更多地面向创新资源储量更大的社会，进而为国家重点实验室更高层次的发展提供更为充沛的创新资源支撑。作为一种重要的引导手段，政府应把评估策略提升到战略高度，充分发挥其引导国家重点实验室创新资源捕获过程社会化的作用，且评估并非只涵盖国家重点实验室，而理应包括所有科技创新参与主体，只有这样才能保证：一方面通过评估激发国家重点实验室积极主动捕获创新资源，确立主体意识，为创新资源捕获过程的内生性完善与升级提供内部驱动；另一方面通过评估积极引导社会创新资源流向国家重点实验室，为国家重点实验室创新资源捕获过程的社会化提供良好的宏观环境。为实现以上目标，目前可采取以下具体措施：①进一步完善国家重点实验室评估细则，直接或间接强化创新资源捕获社会化倾向；②构建其他创新主体创新资源流向评估机制，为社会创新资源流向国家重点实验室提供必要制度支撑；③调整、完善和整合已有分散于不同创新主体的评估机制，形成从顶层设计至具体实施的有层次的评估体系，为国家重点实验室创新资源捕获过程的社会化过程提供系统支持。

二是完善和精细化国家重点实验室创新资源捕获过程。研究发现，国家重点实验室创新资源捕获过程客观存在搜寻、桥化、内化和增值四个阶段，然而实践中相关阶段缺乏政策或制度的针对性支撑，不利于国家重点实验室创新资源捕获过程最大效能的发挥，以创新资源搜寻阶段为例，鲜有国家重点实验室设计专门岗位、人员或是技术系统用以辅助。应尽快通过不断完善和精细化国家重点实验室创新资源捕获过程以充分释放其应有作用或效能，具体措施包括：在现有国家重点实验室管理系统基础上，将各管理细则与创新资源捕获各阶段无缝组合，以厘清现有管理系统对捕获过程的支撑现状；根据现实情况采取具体措施，包括健全的予以保留，矛盾的予以调整，不足的予以完善，缺乏的予以构建；构建可量化阶段评估指南，对国家重点实验室创新资源捕获过程各阶段的运行情况实施动态监控，以确保过程运行与国家重点实验室发展目标契合，也为优化升级管理系统提供依据；设置专门职位负责此过程的完善和精细化工作，以推进相关工作的顺利开展。

三是构建创新能力支撑型国家重点实验室创新资源捕获过程。研究发现，目前我国国家重点实验室创新资源捕获过程的内在逻辑是"以创新资源堆积研究特色，以研究特色再吸附创新资源"，即国家重点实验室通过大量创新资源的积累以其庞大的创新资源优势来支撑实验室研究特色和优势的形成，进而再通过研究优势和特色吸引新的创新资源。这一逻辑的核心是创新资源，然而创新资源的流动性使国家重点实验室创新资源捕获过程能力的发挥具有很强的不稳定性，影响了国家重点实验室科研能力的可持续发展。所以，无论是从国家宏观引导方面，还是从国家重点实验室自身微观建设层面，都应该逐步摆脱以创新资源为逻辑起点的资源支撑型国家重点实验室创新资源捕获过程，积极构建以创新能力为核心驱动的创新能力支撑型创新资源捕获过程,即以创新资源培育国家重点实验室创新能力,以创新能力支撑国家重点实验室形成研究特色和优势,再以研究特色和优势吸引新的创新资源,其中创新能力是新型国家重点实验室创新资源捕获过程各阶段有效运行的逻辑起点——形成"资源—创新能力—研究特色或优势—资源"的国家重点实验室创新资源捕获过程逻辑内核。为了实现国家重点实验室创新资源捕获过程由资源支撑型向创新能力支撑型的转变,基于相关研究结论可采取如下措施:①进一步完善和提升国家重点实验室创新资源消化阶段、吸收阶段及其能力,保障创新资源不仅能够引入进来,还能被国家重点实验室充分消化和吸收;②创新资源增值方式尽快摆脱资源牵引型,转向创新驱动型,提升国家重点实验室创新资源捕获过程的自我驱动能力,降低对外部创新资源环境的依附程度;③扭转国家重点实验室创新资源被动配置局面,切实确立国家重点实验室在创新资源捕获过程中的主体地位,赋予国家重点实验室自我发展的独立性和主动性,增强其独立发展的责任感和危机意识,激发国家重点实验室走内涵发展之路。

四是优化运行机制为创新资源捕获过程提供制度保障。研究发现,运行机制对国家重点实验室创新资源捕获过程的四个阶段均产生了重要影响,这进一步说明目前国家重点实验室"开放""流动""联合""竞争"四大运行机制对创新资源捕获过程的有效运行产生了积极影响,所以国家重点实验室应在继承机制已有成功运行经验的基础上优化机制建设,进一步释放制度红利,基于研究结论可从以下几方面优化运行机制:①通过构建利用游离于国家重点实验室外部创新资源的制度规范进一步完善开放机制;②根据国家重点实验室具体情况,通过制定和完善创新资源尤其是人力资源交流机制进一步规范流动机制;③充分利用国家重点实验室与已有组织的联合渠道,从拓展联合范围、提升联合强度入手优化联合机制;④在现有国家重点实验室淘汰机制的基础上完善预警机制,同时将竞争引入国家重点实验室运行的整个过程,形成压力适度且关注过程的竞争机制。总之,通过以上运行机制的不断优化,直接或间接为国家重点实验室创新资源捕获过程提供更为优质的制度环境。

五是创新资源捕获过程应逐步摆脱对依托单位的过度依赖。研究发现，知识距离、组织距离之所以对创新资源捕获过程没有影响，原因在于国家重点实验室创新资源中的很大一部分来源于依托单位，例如国家重点实验室中的科研人员绝大部分来源于依托单位。这虽然有利于确保创新资源充足供给，但是极不利于国家重点实验室创新资源捕获过程自主能力的发挥，进而可能造成国家重点实验室未来发展升级中创新资源需求难以满足的不利局面。国家重点实验室应逐步摆脱目前对依托单位的过度依赖：一方面，国家重点实验室应主动与其他创新主体开展合作，为创新资源捕获过程提供更为宽广的资源场域；另一方面，国家重点实验室应强化创新资源捕获过程中创新资源的自我增值能力，充分发挥创新资源捕获过程本身所具有的资源衍生功能。

六是引导国家重点实验室创新资源捕获过程实现途径的包容性协同发力。研究发现，国家重点实验室创新资源捕获过程实现途径具有明显的"计划—市场"二元性，且计划重在引导方向，市场重在配置效率。所以，在明确计划与市场各自优势的基础上，以包容性思维来实现两者协同发力，推进国家重点实验室创新资源捕获过程充分发挥最大效能。具体措施包括：弱化政府在国家重点实验室创新资源捕获过程中的主导者角色，激发国家重点实验室的主体角色，为其借助市场手段激发创新资源捕获过程活力提供主体支撑；强化政府科技计划引导功能，为国家重点实验室创新资源捕获过程拓展捕获范围提供着力方向；发挥市场竞争功效，驱动国家重点实验室创新资源捕获过程持续优化升级；运用市场在创新资源配置中的基础性作用，吸引社会创新资源流向国家重点实验室。

## 第三节　研究不足与未来研究展望

### 一　研究不足

本书从国家重点实验室创新资源现实问题出发，通过大量文献铺陈和理论分析，结合探索性案例，归纳、总结了国家重点实验室创新资源捕获过程及其影响因素，之后基于样本数据统计分析实证检验了上述内容，方法上选取的理论分析、案例分析和回归分析具有很好的操作性、针对性和适用性，研究结论根植于扎实的研究资料和数据，在印证了已有理论的同时还起到了解释内在规律、析出新实践发现、拓展理论发展脉络的作用，达到了本书的初始研究目标，然而具体执行和落实过程中依然存在如下不足：

首先，案例研究方面。尽管本书基于基础研究、应用基础研究和重大（关键）技术分类方法选择了三个典型性国家重点实验室开展探索性案例分析，然而这种分类方法过于笼统，难以借助更多差异化的案例进行对比、归纳，以获取更为全面和细致的国家重点实验室创新资源捕获过程模型；此外，基于信息可获得性和可靠性考虑，案例选择倾向于"成功"案例，并未关注"失败"案例；最后，基于研究成本考虑，案例选择立足于国内国家重点实验室，并未引入国外国家重点实验室案例。

其次，问卷设计方面。在借助因子分析进行效度检验的过程中发现，因子结构与预想结构有所偏差，这与本书对每个变量采用单一题项的测量方式不无关系，也与题设结构有所关联；同时，问卷填写者对文字表述理解的不一致也可能影响了此结果的产生。

最后，数据库方面。尽管本书通过调查问卷回收而构建的数据库基本满足了研究要求，然而鉴于研究成本的考量本书没有再行扩充数据库，进而限制了本书引入二维变量进而采取更为精确的回归分析手段深度剖析相关内容的意图；同时，现有数据库也难以采用时间序列研究视角动态关照国家重点实验室创新资源捕获过程运行机理；此外，各变量间的路径研究也因数据库的局限就此割舍。

## 二　未来研究展望

综上所述，现有研究初步探索了国家重点实验室创新资源捕获过程这个具有重要理论意义和实际意义的研究命题，后续研究可从以下几方面展开：

首先，选择更为合理的案例选择方法，开展更具可操作性和科学性的研究。例如，以学科领域作为案例选择标准，结合"失败"案例，引入国外案例分析，进行跨度更大的异质性案例比较研究，以期进一步修正本书的相关结论。此外，还可以开展单案例纵深研究，即深入某一（某些）国家重点实验室进行时间序列上的持续实地考察，为国家重点实验室创新资源捕获过程的动态研究提供资料支撑，完善本书缺乏时间序列分析的不足。

其次，选择可靠性更高的问卷发放方式，进一步扩充数据库。基于研究成本，本书问卷发放采用电子邮件发放方式，致使问卷回收总量不大，所以后续研究尽可能采用实地问卷发放与回收方法，在确保问卷回收总量的同时还可确保问卷填写信度和效度，为二维变量体系引入后的回归分析、路径分析等更为深层次的研究提供更加可靠的数据支撑，为解析国家重点实验室创新资源捕获过程中的更多现象和问题提供更加强大的数据基础。

再次，提高问卷设计质量，更加系统地探究影响国家重点实验室创新资源捕获过程的因素。本书主要基于社会资本理论构建了国家重点实验室创新资源捕获过程影响因素分析框架，后续研究可选取更为多样或更为契合的指导理论，并据此设计质量更高的问卷，在回收更加优质数据的基础上验证、修正与证伪本书相关研究结论，不断系统化、精准化对国家重点实验室创新资源捕获过程影响因素的认知。

最后，开展国家重点实验室创新资源捕获过程各阶段细化研究。揭示国家重点实验室创新资源捕获过程的主要构成阶段是本书的主要目标，所以并未对各阶段展开细化研究，针对国家重点实验室创新资源捕获过程各阶段的模块化深入研究将是后续研究的重要方向。

# 附录1 案例研究的过程及其研究质量提升体系

| 领域 | 环节 | 采用的效度 | 解释 |
| --- | --- | --- | --- |
| 研究设计 | 提出研究问题 | 外部效度 | 聚焦研究问题，用"怎么样"或"为什么"的问题表示 |
| | 理论陈述 | 外部效度 | 1. 无：理论白板<br>2. 有：陈述相关理论；运用竞争性理论；陈述基于理论的假设；概念的先验揭示 |
| | 选择案例研究 | 外部效度 | 解释研究问题为什么要使用案例研究 |
| | 案例设计 | 外部效度 | 1. 案例数目：单一案例研究；多案例（单一案例中小案例的嵌入和多元案例）的可复制（逐步复制或差别复制）<br>2. 明确分析单元：明确研究要素焦距的主要对象（确定数据收集边界），与研究问题联系在一起；单元既可具体也可抽象<br>3. 案例背景的描述：行业背景、财务数据、花在现场的时间等<br>4. 案例选择的依据 |
| | | 信度 | 1. 基于团队的研究<br>2. 案例对象多时段研究<br>3. 使用组织或人员的真实信息 |
| | 试点研究 | — | — |

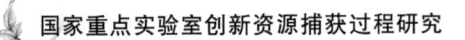

续表

| 领域 | 环节 | 采用的效度 | 解释 |
|---|---|---|---|
| 数据收集 | 编写收集计划草案 | 信度 | 编制数据收集计划书（草案），说明案例研究的具体安排、工作内容、研究程序、工作原则和数据收集的具体程序以及撰写结论的原则等 |
| | 收集数据 | 建构效度 | 证据三角测量：数据的多种来源，如文献（内部报告、年报、会议备忘录、档案、新闻报道等）、访谈、观察（参与性、直接观察）、调查问卷、实物证据等；统一现象采用多种手段：多来源、不同评估分析人员、同一资料的不同维度等 |
| | 数据核实 | 建构效度 | 关键信息提供者的审查草稿；研究同行的审查草稿 |
| | 构建数据库 | 信度 | 构建完备的数据库 |
| | 预试实验案例 | — | — |
| 数据分析 | 说明数据处理过程 | 建构效度 | 数据分析程序的说明；总的分析策略；灵活且机会的过程 |
| | 数据分析 | 建构效度 | 1. 现场记录与分析的交叠<br>2. 编码（编码的效度等）<br>3. 数据展示<br>4. 清晰的证据链（获取数据的过程，研究内容如何影响数据收集过程，案例之间的比对分析等） |
| | | 内部效度 | 分析技术：模式匹配；揭示构建；时间序列分析；逻辑模型 |

续表

| 领域 | 环节 | 采用的效度 | 解释 |
|---|---|---|---|
| 研究结论 | 验证、补充、修正或形成假设等 | 内部效度 | 1. 对案例研究数据库中的相关部分做充分引用<br>2. 理论三角测量：不同理论或不同视角的分析；文献比较，包括与冲突文献比较与相似文献比较 |

资料来源：根据文献研究整理所得。

# 附录2　国家重点实验室（SKL）创新资源捕获过程影响因素调研问卷

尊敬的领导/专家/学者：

您好！首先，非常感谢您在百忙中阅读本问卷。您填写本问卷对深入研究国家重点实验室（简称SKL）创新资源捕获问题，提出适合目前中国国情的国家重点实验室创新资源捕获理论及其实践对策极其重要。您的回答无所谓对错，只要能尽量反映您所在SKL的真实情况。本次调研纯属学术研究，我们将对您的填写内容进行保密化数据处理。

问卷填写完毕，检查无误后敬请直接回复到专用邮箱：skl_201410@126.com

国家重点实验室创新资源研究课题组

问卷发放、回收及联系负责人：×××

联系地址：华中科技大学公共管理学院（430074）/联系电话：180××××7779

**第一部分　国家重点实验室创新过程及其影响因素评价部分**

填写说明：采用5级量表，① = 很符合；② = 较符合；③ = 一般；④ = 较不符合；⑤ = 很不符合。

请在与自己所在实验室相符的选项用不同颜色或"√"或其他您方便的符号标记出来。

| 编号 | 题项 | 很符合 | 较符合 | 一般 | 较不符合 | 很不符合 |
| --- | --- | --- | --- | --- | --- | --- |
| 1 | 实验室的创新资源情报搜索能力很强 | ① | ② | ③ | ④ | ⑤ |

## 附录2 国家重点实验室（SKL）创新资源捕获过程影响因素调研问卷

续表

| 编号 | 题项 | 很符合 | 较符合 | 一般 | 较不符合 | 很不符合 |
|---|---|---|---|---|---|---|
| 2 | 实验室评估和识别创新资源价值的能力很强 | ① | ② | ③ | ④ | ⑤ |
| 3 | 实验室特色研究领域对创新资源具有很强的吸引力 | ① | ② | ③ | ④ | ⑤ |
| 4 | 实验室构建与创新资源联系的能力很强 | ① | ② | ③ | ④ | ⑤ |
| 5 | 实验室利用外部创新资源开展科研的能力很强 | ① | ② | ③ | ④ | ⑤ |
| 6 | 实验室引入新创新资源的能力很强 | ① | ② | ③ | ④ | ⑤ |
| 7 | 实验室重组新增创新资源，使其更适合实验室实际需求的能力很强 | ① | ② | ③ | ④ | ⑤ |
| 8 | 实验室新增的创新资源得到了很好的利用 | ① | ② | ③ | ④ | ⑤ |
| 9 | 实验室用新增创新资源增加科研成果的能力很强 | ① | ② | ③ | ④ | ⑤ |
| 10 | 实验室利用内部已有创新资源吸附更多创新资源的能力很强 | ① | ② | ③ | ④ | ⑤ |
| 11 | 实验室用新增创新资源吸附更多创新资源的能力很强 | ① | ② | ③ | ④ | ⑤ |
| 12 | 实验室捕获创新资源的动力很强 | ① | ② | ③ | ④ | ⑤ |
| 13 | 实验室有较为丰富的创新资源捕获经验 | ① | ② | ③ | ④ | ⑤ |
| 14 | 实验室相关领导对创新资源捕获非常重视 | ① | ② | ③ | ④ | ⑤ |
| 15 | 实验室所处的外部环境储备丰富的创新资源 | ① | ② | ③ | ④ | ⑤ |
| 16 | 政府对实验室捕获创新资源的相关支撑政策很到位 | ① | ② | ③ | ④ | ⑤ |
| 17 | 实验室创新资源来源组织的持续供给能力非常强 | ① | ② | ③ | ④ | ⑤ |
| 18 | 实验室新捕获的创新资源与已有创新资源很相似 | ① | ② | ③ | ④ | ⑤ |

续表

| 编号 | 题项 | 很符合 | 较符合 | 一般 | 较不符合 | 很不符合 |
|---|---|---|---|---|---|---|
| 19 | 实验室新捕获的创新资源主要来源于实验室所在地 | ① | ② | ③ | ④ | ⑤ |
| 20 | 实验室新捕获的创新资源的主要来源单位具有相似性 | ① | ② | ③ | ④ | ⑤ |
| 21 | 项目申请、学术会议等各种制度化的正式渠道对实验室建立与创新资源间的关联具有重要作用 | ① | ② | ③ | ④ | ⑤ |
| 22 | 人际关系等各种非正式渠道对实验室建立与创新资源间的关联具有重要作用 | ① | ② | ③ | ④ | ⑤ |
| 23 | 实验室与创新资源建立关联的技术多样，如各种资源管理软件、论坛、BBS等IT技术以及普通的电话沟通等 | ① | ② | ③ | ④ | ⑤ |
| 24 | 实验室的开放机制为创新资源的捕获提供了重要前提 | ① | ② | ③ | ④ | ⑤ |
| 25 | 实验室的流动机制为创新资源的捕获提供了重要支撑 | ① | ② | ③ | ④ | ⑤ |
| 26 | 实验室的联合机制为创新资源的捕获提供了重要途径 | ① | ② | ③ | ④ | ⑤ |
| 27 | 实验室的竞争机制为创新资源的捕获提供了重要动力 | ① | ② | ③ | ④ | ⑤ |

## 第二部分：其他信息

填写说明：请在与自己所在实验室相符的选择题所列选项上用不同颜色或"√"标记出来，选择其他，请在"＿＿＿＿"上填写具体内容；排序题和问答题按要求在相应位置排序和填写即可。

Z1. 贵实验室创新人力资源主要来源于（单选题）：

A. 自己培养　　　　B. 依托单位　　　　C. 企业　　　　D. 政府

## 附录2 国家重点实验室（SKL）创新资源捕获过程影响因素调研问卷

　　E. 其他高校或科研院所　　　　　F. 其他_____

Z2. 贵实验室创新财力资源主要来源于（单选题）

　　A. 依托单位　　　B. 企业　　　　C. 政府

　　D. 其他高校或科研院所　　　　　E. 其他_____

Z3. 贵实验室主要科研仪器设备主要来源于（单选题）

　　A. 实验室自制　　　　　　　　　B. 实验室购买

　　C. 依托单位　　　　　　　　　　D. 其他单位_____

Z4. 贵实验室办公场所主要来源于（单选题）

　　A. 依托单位　　　B. 企业　　　　C. 政府

　　D. 其他高校或科研院所　　　　　E. 其他_____

Z5. 贵实验室创新知识资源主要来源于（单选题）

　　A. 自身积累　　　B. 依托单位　　C. 企业　　　　D. 政府

　　E. 其他高校或科研院所　　　　　F. 其他_____

Z6. 贵实验室已有创新人力资源、财力资源、物力资源、知识资源间有很强的相互衍生作用_____

　　A. 很符合　　　　　　　　　　　B. 较符合

　　C. 一般　　　　　　　　　　　　D. 较不符合

　　E. 很不符合

Z7. 您认为人力资源（A）、财力资源（B）、物力资源（C）和知识资源（D）对贵实验室发展的重要性由大到小排序是：_____。

（问卷编号）：问卷到此结束，如果您有助于本书研究的其他资料或信息提供给我们，可以与本问卷一起反馈给我们，我们对您给予我们工作的支持和无私帮助表示由衷的谢意！无误后敬请发送到专用邮箱 skl_ 201410@126.com。再次感谢您的辛勤劳动！

# 参考文献

毕克新等:《创新资源投入对绿色创新系统绿色创新能力的影响——基于制造业 FDI 流入视角的实证研究》,《中国软科学》2014 年第 3 期。

卞松保等:《国家实验室在原始创新中作用的实证研究》,《统计研究》2011 年第 6 期。

蔡宁、闫春:《开放式创新绩效的测度:理论模型与实证检验》,《科学学研究》2013 年第 3 期。

曹学等:《区域创新资源的平台配置机制研究》,《科技进步与对策》2011 年第 3 期。

曹永辉:《社会资本理论及其发展脉络》,《中国流通经济》2013 年第 6 期。

曾德明等:《组织邻近和组织背景对组织合作创新地理距离的影响》,《管理科学》2014 年第 4 期。

陈菲琼、韩莹:《创新资源集聚的自组织机制研究》,《科学学研究》2009 年第 8 期。

陈菲琼、任森:《创新资源集聚的主导因素研究:以浙江为例》,《科研管理》2011 年第 1 期。

陈光:《企业内部协同创新研究》,博士学位论文,西南交通大学,2005 年。

陈劲、王方瑞:《突破全面创新:技术和市场协同创新管理研究》,《科学学研究》2005 年第 S1 期。

陈劲、王方瑞:《再论企业技术和市场的协同创新——基于协同学序参量概念的创新管理理论研究》,《大连理工大学学报》(社会科学版）2005年第2期。

陈劲等：《企业集团内部协同创新机理研究》，《管理学报》2006年第6期。

陈劲、阳银娟：《协同创新的理论基础与内涵》，《科学学研究》2012年第2期。

陈劲、朱朝晖：《我国企业技术创新国际化的资源配置模式研究》，《科研管理》2003年第5期。

陈启愉等：《重点实验室交叉学科建设策略研究》，《科技管理研究》2006年第7期。

陈晓红、解海涛：《基于"四主体动态模型"的中小企业协同创新体系研究》，《科学学与科学技术管理》2006年第8期。

陈晓萍等：《组织与管理研究的实证方法》，北京大学出版社2008年版。

陈雄辉、谭春华：《基于区域科技创新联盟的创新资源耦合模式研究》，《科技管理研究》2013年第13期。

陈瑶瑶、池仁勇：《产业集群发展过程中创新资源的聚集和优化》，《科学学与科学技术管理》2005年第9期。

陈振明：《社会研究方法》，中国人民大学出版社2012年版。

陈震、尤建新：《沿海地区科技创新资源投入效率测算及优化设计研究》，《科技进步与对策》2010年第15期。

成力为、孙玮：《市场化程度对自主创新配置效率的影响——基于Cost–Malmquist指数的高技术产业行业面板数据分析》，《中国软科学》2012年第5期。

程鹏等：《知识整合能力与本土企业的快速追赶》，《科学学研究》2014年第7期。

党兴华、郑登攀：《对〈创新网络17年研究文献述评〉的进一步述评——技术创新网络的定义、形成与分类》，《研究与发展管理》2011年第3期。

樊立宏、周晓旭：《德国非营利科研机构模式及其对中国的启示——以弗朗霍夫协会为例的考察》，《中国科技论坛》2008年第

11 期。

耿子扬等：《企业引进消化吸收再创新的组织间技术转移效率影响因素》，《中国科技论坛》2011 年第 5 期。

顾慈阳：《社会资本理论及其应用研究》，博士学位论文，天津大学，2004 年。

关涛：《跨国公司内部知识转移影响因素的实证研究》，复旦大学出版社 2006 年版。

关涛：《知识特性对跨国公司选择知识转移工具的影响》，《科研管理》2012 年第 5 期。

何光喜、王奋宇：《创新型国家的社会结构基础》，《科技进步与对策》2009 年第 19 期。

何洁、郑英姿：《美国能源部国家实验室的管理对我国高校建设国家实验室的启示》，《科技管理研究》2012 年第 3 期。

何永清、张庆普：《基于模糊一致偏好关系的知识吸收能力评价研究》，《情报理论与实践》2013 年第 1 期。

贺寨平、曹阳：《普特南社会资本理论评述》，《山西师大学报》（社会科学版）2014 年第 3 期。

胡恩华、刘洪：《基于协同创新的集群创新企业与群外环境关系研究》，《科学管理研究》2007 年第 3 期。

胡源：《产业集群中大小企业协同创新的合作博弈分析》，《科技进步与对策》2012 年第 22 期。

华海岭、吴和成：《地域大中型工业企业创新资源配置效率研究》，《中国科技论坛》2011 年第 6 期。

黄波、赵绍成：《结构洞理论对培育与发展科技中介机构的启示》，《软科学》2013 年第 7 期。

黄传慧等：《美国科技成果转化机制研究》，《湖北社会科学》2011 年第 10 期。

季宇：《U/I 知识联盟协同创新绩效的数理分析模型》，《大连交通大学学报》2007 年第 2 期。

贾生华等：《基于协同创新思想的浙江民营企业创新发展模式》，

《浙江社会科学》2005 年第 2 期。

姜启军：《中国纺织服装企业协同创新的动因和形成过程》，《企业经济》2007 年第 6 期。

姜照华、李桂霞：《产学研联合：科技向生产力的直接转化》，《科学学研究》1994 年第 1 期。

蒋敏、陈昭锋：《我国企业自主创新的研发资源集聚模式》，《生产力研究》2009 年第 3 期。

解学梅：《中小企业协同创新与创新绩效的实证研究》，《管理科学学报》2010 年第 8 期。

李逢焕、孙胜祥：《企业技术创新网络及其治理研究》，《科技进步与对策》2003 年第 7 期。

李建平、黄茂兴：《国家创新竞争力：重塑 G20 集团经济增长的战略基石》，《福建师范大学学报》（哲学社会科学版）2012 年第 5 期。

李娜等：《基于专利信息的技术创新能力研究》，《情报杂志》2010 年第 4 期。

李楠等：《民营企业家创新行为的资源瓶颈浅析》，《软科学》2008 年第 6 期。

李武：《国家重点实验室多元集聚效应分析》，《天津大学学报》（社会科学版）2014 年第 4 期。

李武威：《外资研发、技术创新资源投入与本土企业创新绩效的关系研究》，《情报杂志》2013 年第 2 期。

李晓红、侯铁珊：《知识整合能力对自主创新绩效的影响》，《大连理工大学学报》（社会科学版）2013 年第 2 期。

李煜华等：《基于演化博弈的战略性新兴产业集群协同创新策略研究》，《科技进步与对策》2013 年第 2 期。

刘兰剑、司春林：《创新网络 17 年研究文献述评》，《研究与发展管理》2009 年第 4 期。

刘力钢等：《企业资源基础理论演进评介与展望》，《辽宁大学学报》（哲学社会科学版）2011 年第 2 期。

刘琪、周家娟：《知识经济时代下人力资源价值评估》，《山东大学学报》（哲学社会科学版）2012年第1期。

刘庆贤、肖洪钧：《案例研究方法严谨性测度研究》，《管理评论》2010年第5期。

刘小元、林嵩：《地方政府行为对创业企业技术创新的影响——基于技术创新资源配置与创新产出的双重视角》，《研究与发展管理》2013年第5期。

刘云等：《国家创新体系国际化理论与政策研究的若干思考》，《科学学与科学技术管理》2010年第3期。

刘志迎、单洁含：《技术距离、地理距离与大学—企业协同创新效应——基于联合专利数据的研究》，《科学学研究》2013年第9期。

娄缤元、夏建中：《从个人到社会：社会资本理论研究取向的转变》，《新视野》2013年第5期。

陆建芳、戴炳鑫：《企业技术中心技术创新资源配置效率评价》，《科研管理》2012年第1期。

罗建华、宋新华：《基于知识产权战略的企业技术创新资源投入机制研究——以广西企业为例》，《科学学与科学技术管理》2010年第4期。

马卫华等：《基于资源整合视角的学术团队核心能力演化路径与机理》，《科研管理》2011年第3期。

毛基业、张霞：《案例研究方法的规范性及现状评估》，《管理世界》2008年第4期。

彭纪生、吴林海：《论技术协同创新模式及建构》，《研究与发展管理》2000年第5期。

蒲惠荧、苏启林：《区域创新资源、金融发达程度与创业投资的集聚效应》，《改革》2013年第9期。

谯薇：《产业集群促进区域创新体系构建的对策思考》，《经济体制改革》2009年第3期。

邱皓政：《量化研究与统计分析——SPSS（PASW）数据分析范例解析》，重庆大学出版社2013年版。

邱皓政：《量化研究与统计分析——SPSS中文视窗版数据分析范例解析》，重庆大学出版社2009年版。

曲然、张少杰：《区域创新资源配置模式研究》，《林业经济》2008年第8期。

曲婉、康小明：《高技术产业创新效率区域差异研究》，《中国科技论坛》2012年第8期。

饶扬德：《企业资源整合过程与能力分析》，《工业技术经济》2006年第9期。

任重：《论创新网络的结构及治理》，《情报杂志》2009年第11期。

石乘齐、党兴华：《创新网络演化动力研究》，《中国科技论坛》2013年第1期。

石书德等：《跨国公司对外部创新资源的获取策略——基于国际领先电力企业的案例研究》，《中国科技论坛》2012年第10期。

水常青等：《影响中国大中型工业企业协同创新要素的实证研究》，《科学学与科学技术管理》2004年第12期。

宋伟、宋小燕：《中美国家实验室管理模式刍议》，《中国科技论坛》2006年第1期。

苏景军等：《合作创新——科技型中小企业的必然选择》，《河北大学学报》（哲学社会科学版）2008年第5期。

苏敬勤、李召敏：《案例研究方法的运用模式及其关键指标》，《管理世界》2011年第8期。

苏敬勤、王鹤春：《企业资源分类框架的讨论与界定》，《科学学与科学技术管理》2010年第2期。

孙长青：《长江三角洲制药产业集群协同创新研究》，博士学位论文，华东师范大学，2009年。

田华、肖瑜：《竞争性资助与非竞争性资助关系研究》，《科技进步与对策》2014年第15期。

佟立纯、李四化：《问卷调查的设计与应用》，北京体育大学出版社2011年版。

屠文娟、王雅敏：《技术创新视角下我国高技术产业高端化发展策略》，《科技管理研究》2013年第19期。

王大洲：《企业创新网络的进化与治理：一个文献综述》，《科研管理》2001年第5期。

王福涛等：《国家重点实验室评估制度的发展与运行模式分析》，《研究与发展管理》2006年第2期。

王灏：《光电子产业区域创新网络构建与演化机理研究》，《科研管理》2013年第1期。

王小勇：《国际科技合作模式的研究——文献综述与来自浙江的实践》，《科技管理研究》2014年第5期。

王雪原、王宏起：《R&D联盟模式及其关键创新资源分析》，《软科学》2009年第9期。

王雪原、王宏起：《区域创新平台资源交互路径与规则设计》，《科技进步与对策》2012年第4期。

王雪原：《R&D联盟创新资源管理效果评价》，《科学学与科学技术管理》2009年第8期。

王毓军等：《东西部地区知识创造过程投入要素配置效率的比较研究》，《科技管理研究》2011年第2期。

王元地等：《基于技术知识属性的中国企业外部技术选择的现状和特征识别》，《科学学与科学技术管理》2014年第10期。

危怀安、杜娟：《国家重点实验室自主创新能力问题研究的新近进展》，《学术论坛》2009年第5期。

危怀安、胡艳辉：《自主创新能力演化中的科研团队作用机理——基于SKL科研团队生命周期的视角》，《科学学研究》2012年第1期。

危怀安等：《我国联合型SKL自主创新的SWOT分析》，《科学学与科学技术管理》2012年第5期。

危怀安、聂继凯：《协同创新的内涵及机制研究述评》，《中共贵州省委党校学报》2013年第1期。

危怀安、尹海涛：《国家重点实验室自主创新能力演化的组织结构作用机制浅析》,《电子政务》2012年第9期。

吴金南、刘林:《国外企业资源基础理论研究综述》,《安徽工业大学学报》(社会科学版) 2011年第6期。

吴军、夏建中:《国外社会资本理论:历史脉络与前沿动态》,《学术界》2012年第8期。

吴晓波:《二次创新的进化过程》,《科研管理》1995年第2期。

吴延兵:《自主研发、技术引进与生产率》,《经济研究》2008年第8期。

夏德、王林:《基于网络社区的开放式创新模式研究——一种NPD资源嵌入方式探讨》,《开发研究》2014年第1期。

夏松:《2002年信息科学国家重点实验室评估分析》,《科技进步与对策》2003年第15期。

肖洪钧、刘绍显:《基于动态能力理论的知识转移影响因素研究》,《现代管理科学》2006年第3期。

肖志雄:《知识距离对知识吸收能力影响的实证研究——以服务外包企业为例》,《情报科学》2014年第10期。

谢桂红、由长延:《国家重点实验室创新的五条对策》,《科技进步与对策》2000年第3期。

谢焕瑛:《国家重点实验室评估体系研究》,博士学位论文,大连理工大学,2006年。

辛督强:《基于DEA的国家重点实验室投入产出效率评价》,《实验技术与管理》2014年第4期。

徐庆瑞等:《全面创新管理:创新管理新范式初探——理论溯源与框架》,《管理学报》2006年第2期。

薛薇:《SPSS统计分析方法及应用》,电子工业出版社2013年第3版。

严俊等:《技术创新进程中的企业行为探析——基于企业的资源互补性研究》,《科技进步与对策》2006年第10期。

杨育等:《客户协同创新的内涵与概念框架及其应用研究》,《计算机集成制造系统》2008年第5期。

姚福喜、徐尚昆：《国外社会资本理论研究进展》，《理论月刊》2008年第5期。

姚威：《产学研合作创新的知识创造过程研究》，博士学位论文，浙江大学，2009年。

叶娇等：《文化差异视角的跨国技术联盟知识转移研究——基于系统动力学的建模与仿真》，《科学学研究》2012年第4期。

易高峰、赵文华：《关于国家实验室管理体制与运行机制若干问题的思考》，《高等工程教育研究》2009年第2期。

易高峰：《国家重点实验室建设的回顾与思考：1984—2008》，《科学管理研究》2009年第4期。

易将能等：《区域创新网络演化的阶段性研究》，《科研管理》2005年第5期。

殷·罗伯特：《案例研究：设计与方法》，周海涛等译，重庆大学出版社2004年版。

尹慧丽：《统计工作中调查问卷设计的质量控制》，《科学决策研究》2008年第9期。

余冬筠、金祥荣：《创新主体的创新效率区域比较研究》，《科研管理》2014年第3期。

余菁：《案例研究与案例研究方法》，《经济管理》2004年第20期。

袁方、王汉生：《社会研究方法教程》，北京大学出版社2013年版。

原长弘等：《怎样提高产学研合作案例研究的效度与信度》，《科学学与科学技术管理》2012年第7期。

原长弘、田元强：《怎样规范产学研合作案例研究》，《科学学与科学技术管理》2011年第11期。

张聪群：《民营科技型中小企业技术创新资源的整合机制》，《科技进步与对策》2004年第7期。

张帆：《企业创新网络生成与构建成因及条件分析》，《科学管理研究》2005年第4期。

张钢等:《技术—组织与文化的协同创新模式研究》,《科学学研究》1997年第2期。

张钢、王宇峰:《知识集聚与不确定环境下技术创新的影响机制》,《科学学研究》2011年第12期。

张化尧、史小坤:《研发资源的跨国分布与创新产出:OECD国家的经验与启示》,《研究与发展管理》2012年第1期。

张琦等:《国家重点实验室创新能力及其运行绩效的内涵研究》,《科技与经济》2005年第1期。

张巍等:《供应链企业间的协同创新及收益分配研究》,《研究与发展管理》2008年第4期。

张伟峰、万威武:《企业创新网络的构建动因与模式研究》,《研究与发展管理》2004年第3期。

张小兵:《知识吸收能力研究评述》,《技术经济与管理研究》2010年第3期。

张旭梅等:《供应链企业间的协同创新及其实施策略研究》,《现代管理科学》2008年第5期。

张玉明、梁尔昂:《云创新模式内涵分析与模型构建——以苹果公司为例》,《科技进步与对策》2014年第4期。

张哲:《基于产业集群理论的企业协同创新系统研究》,博士学位论文,天津大学,2009年。

张震宇、陈劲:《基于开放式创新模式的企业创新资源构成、特征及其管理》,《科学学与科学技术管理》2008年第11期。

张自立等:《基于资源投入的技术联盟外企业获取联盟信任的策略研究》,《科学学研究》2009年第S2期。

赵祥:《产业集群技术创新:类型与机制分析》,《内蒙古社会科学》(汉文版)2009年第5期。

赵延东:《社会资本理论的新进展》,《国外社会科学》2003年第3期。

赵炎、郑向杰:《网络嵌入性与地域根植性对联盟企业创新绩效的影响——对中国高科技上市公司的实证分析》,《科研管理》2013

年第 11 期。

郑刚：《基于 TIM 视角的企业技术创新过程中各要素全面协同机制研究》，博士学位论文，浙江大学，2004 年。

周大民、练永宁：《国家重点实验室同行评议的探讨》，《未来与发展》1993 年第 1 期。

周大民、孙晓兴：《对国家重点实验室第一次评估的思考》，《科学学与科学技术管理》1991 年第 8 期。

周岱等：《美国国家实验室的管理体制和运行机制剖析》，《科技进步与对策》2007 年第 6 期。

周桂林：《双信息中心式企业组织结构模型及其社会问题研究》，《学术交流》2003 年第 10 期。

周宏、万威武：《"三资"企业技术创新的扩散、障碍及对策》，《科学学研究》1993 年第 3 期。

周宏：《我国国际创新资源配置的机理》，《科学学研究》1999 年第 1 期。

朱祖平：《企业协同创新机制与管理再造》，《管理与效益》1998 年第 1 期。

[加] George, D., Mallery, P.：《统计分析简明教程》，何丽娟等译，电子工业出版社 2011 年第 10 版。

[美] Crow, M., Bozeman, B.：《美国国家创新体系中的研究与开发试验时——设计带来的局限》，高云鹏译，科学技术文献出版社 2005 年版。

[美] 艾尔·巴比：《社会研究方法基础》，邱泽奇译，华夏出版社 2013 年第 4 版。

[美] 巴尼：《获取与保持竞争力》，王俊杰等译，清华大学出版社 2003 年版。

[美] 劳伦斯·纽曼：《社会研究方法——定性和定量的取向》，郝大海译，中国人民大学出版社 2007 年第 5 版。

[美] 迈克尔·波特：《竞争战略》，陈小悦译，华夏出版社 2005 年版。

［美］萨克森宁：《地区优势：硅谷和128公路地区的文化与竞争》，曹蓬等译，上海远东出版社1999年版。

［美］约瑟夫·熊彼特：《经济发展理论——对于利润、资本、信贷、利息和经济周期的考察》，何畏等译，商务印书馆1991年版。

［英］马歇尔：《经济学原理》，刘生龙译，中国社会科学出版社2008年版。

［英］彭罗斯：《企业成长理论》，赵晓译，上海人民出版社2007年版。

［英］亚当·斯密：《国富论》，郭大力等译，三联书店2009年版。

Abraham Carmeli, Ashler Tishler, "The Relationships Between Intangible Organizational Elements and Organization Performance", *Strategic Management Journal*, Vol. 25, No. 13, 2004.

Albert Bandura, "Self-Efficacy: Toward a Unifying Theory of Behavioral Change", *Psychological Review*, Vol. 84, No. 2, 1977.

Albert N. Link, et al., "Public Science and Public Innovation: Assessing the Telationship Between Patenting at U.S. National Laboratories and the Bayh-Dole Act", *Research Policy*, Vol. 40, No. 8, 2011.

Andre Torre and Alain Rallet, "Proximity and Localization", *Regional Studies*, Vol. 39, No. 1, 2005.

Andrew Lawler, "Changes at Brookhaven Shock National Lab System", *Science*, Vol. 276, No. 5314, 1997.

Anne-Laure Mention, "Cooperation and Coopetition As Open Innovation Practices in The Service Sector: Which Influence on Innovation Novelty?", *Technovation*, Vol. 31, No. 1, 2011.

Antonio Capaldo, "Network Structure and Innovation: The Leveraging of a Dual Network As a Distinctive Relational Capability", *Strategic Management Journal*, Vol. 28, No. 6, 2007.

Avraham Shama, "Guns to Butter: Technology Transfer Strategies in the National Laboratories", *Technology Transfer*, Vol. 17, No. 1, 1992.

Bart Van Looy, et al. , "Policies to Stimulate Regional Innovation Capabilities Via University – Industry Collaboration: An Analysis and An Assessment", *R&D management*, Vol. 33, No. 2, 2003.

Birger Wernerfelt, "A Resource – Based View of the Firm", *Strategic Management Journal*, Vol. 5, No. 2, 1984.

Blanca C. Garcia and Danilo Chávez Rodríguez, "Network – Based Innovation Systems: A Capital Base for the Monterrey City – region, Mexico", *Expert Systems with Applications*, Vol. 41, No. 12, 2014.

Bowon Kim, "Coordinating an Innovation in Supply Chain Management", *European Journal of Operational Research*, Vol. 123, No. 3, 2000.

Brian Morris, "High Technology Development: Applying a Social Network Paradigm", *Journal of New Business Ideas & Trends*, Vol. 4, No. 1, 2006.

C. Freeman, "Networks of Innovators: A Synthesis of Research Issues", *Research Policy*, Vol. 20, No. 5, 1991.

C. K. Prahalad and Gary Hamel, "The Core Competence of the Corporation", *Harvard Business Review*, Vol. 68, No. 3, 1990.

Catherine Westfall, "Introduction to The Special Issue: Surviving the Squeeze: National Laboratories in the 1970s and 1980s", *Historical Studies in the Natural Sciences*, Vol. 38, No. 4, 2008.

Cesaroni Fabrizio, et al. , "Andrea New Strategic Goals and Organizational Solutions in Large R&D Labs: Lessons from Centro Ricerche Fiat and Telecom Italia Lab", *R&D Management*, Vol. 34, No. 1, 2004.

David T. Coe and Elhanan Helpman, "International R&D Spillovers", *European Economic Review*, Vol. 39, No. 5, 1995.

Constance E. Helfat and Margaret A. Peteraf, "The Dynamic Resource – Based View: Capability Lifecycles", *Strategic Management Journal*, Vol. 24, No. 10, 2003.

David J. Ketchen Jr, et al. , "Strategic Entrepreneurship, Collaborative Innovation, and Wealth Creation", *Strategic Entrepreneurship Journal*,

Vol. 1, No. 3/4, 2007.

David Malakoff, "U. S. National Laboratories: As Budgets Tighten, Washington Talks of Shaking Up DOE Labs", *Science*, Vol. 341, No. 6142, 2013.

Dickson David, "UK National Laboratories Face New Threat of Privatization", *Nature*, Vol. 3963, No. 6426, 1993.

Dominique Guellec and Bruno van Pottelsberghe, "The Impact of Public R&D Expenditure on Business R&D", *Economics of Innovation and New Technology*, Vol. 12, No. 3, 2003.

Douglas R. White, et al., "Networks, Fields and Organizations: Micro-dynamics, Scale and Cohesive Embeddings", *Computational & Mathematical Organization Theory*, Vol. 10, No. 1, 2004.

E. Wayne Nafziger, *The Economics of Developing Countries*, Belmont: Wdswarth, 1984.

Edith Tilton Penrose, *The Theory of Growth of the Firm*, New York: Wiley, 1959.

Elias G. Carayannisa, et al., "High-Technology Spin-offs From Government R&D Laboratories and Research Universities", *Technovation*, Vol. 18, No. 1, 1998.

Enrique Estelles-Arolas and Fernando Gonzalez-Ladron-de-Guevara, "Towards an Integrated Crowdsourcing Definition", *Journal of Information Science*, Vol. 38, No. 2, 2012.

Esteban Fernández, et al., "Typology and Strategic Analysis of Intangible Resources: A Resource-Based Approach", *Technovation*, Vol. 20, No. 2, 2000.

Gabriel Szulanski, "Exploring Internal Stickiness: Impediments to the Transfer of Best Practice within the Firm", *Strategic Management Journal*, Vol. 17, No. S2, 1996.

Gary Marchionini, "Exploratory Search: From Finding to Understanding", *Communications of the ACM*, Vol. 49, No. 4, 2006.

Georg F. L. Wießmeier, et al. , "Leveraging Synergies Between R&D and Key Account Management to Drive Value Creation", *Research Technology Management*, Vol. 55, No. 3, 2012.

George C. Dacey, "The U. S. Needs a National Technology Policy", *Research Technology Management*, Vol. 38, No. 1, 1995.

Gretchen B. Jordan, et al. , "Assessing and Improving the Effectiveness of National Research Laboratories", *IEEE Transactions on Engineering Management*, Vol. 50, No. 2, 2003.

Hal G. Rainey, et al. , "Privatized Administration of the National Laboratories: Developments in the Government – Owned, Contractor – Operated Approach", *Public Performance & Management Review*, Vol. 28, No. 2, 2004.

Hallonsten Olof and Heinze Thomas, "Institutional Persistence Through Gradual Organizational Adaptation: Analysis of National Laboratories in the USA and Germany", *Science and Public Policy*, Vol. 39, No. 4, 2012.

Hans Georg Gemuenden, et al. , "Network Configuration and Innovation Success: An Empirical Analysis in German High – tech Industries", *International Journal of Research in Marketing*, Vol. 13, No. 5, 1996.

Harold Metcalf, "Lessons from History: Origins of the Federal Laboratory Consortium for Technology Transfer", *The Journal of Technology Transfer*, Vol. 19, No. 3/4, 1994.

Henny Romijna and Manuel Albaladejo, "Determinants of Innovation Capability in Small Electronics and Software Firms in Southeast England", *Research Policy*, Vol. 31, No. 7, 2002.

Henry Chesbrough ed. , *Open Innovation: The New Imperative for Creating and Profiting from Technology*, Boston: Harvard Business School Press, 2003.

Henry Etzkowitz and Loet Leydesdorff, "The Dynamics of Innovation: From National Systems and 'Mode 2' to a Triple Helix of University – Industry – Government Relations", *Research Policy*, Vol. 29, No. 2, 2000.

Henry Etzkowitz and Loet Leydesdorff, "The Endless Transition: A "triple helix" of University – Industry – Government Relations", *Minerva*, Vol. 36, No. 3, 1998.

Henry William Chesbrough, "The Era of Open Innovation", *MIT Sloan Management Review*, Vol. 44, No. 3, 2003.

Henry William Chesbrough, "Why Companies Should Have Open Business Molds?", *MIT Sloan Management Review*, Vol. 48, No. 2, 2007.

Hermann Haken ed., *Synergetics: An Introduction*, New York: Springer Berlin Heidelberg, 1977.

Hermann Haken, "Synergetics: Are Cooperative Phenomena Governed by Universal Principles?", *Naturwissenschaften*, Vol. 67, No. 3, 1980.

Ingemar Dierickx and Karel Cool, "Asset Stock Accumulation and Sustainability of Competitive Advantage", *Management Science*, Vol. 35, No. 12, 1989.

Jack Smith, "Building An Entrepreneurial Knowledge Culture in A National Research Laboratory", *R&D Management*, Vol. 33, No. 2, 2003.

James M. Wyckoff, "Meeting State and Local Government Needs by Transfer of Federal Laboratory Technolgy", *Journal of Technology Transfer*, Vol. 5, No. 2, 1981.

Jay Barney, "Firm Resources and Sustained Competitive Advantage", *Journal of Management*, Vol. 17, No. 1, 1991.

Jeffrey H. Dyer and Kentaro Nobeoka, "Creating and Managing a High – performance Knowledge – sharing Network: The Toyota Case", *Strategic Management Journal*, Vol. 21, No. 3, 2000.

Jerald Hage, et al., "Designing and Facilitating Collaboration in R&D: A Case Study", *Journal of Engineering and Technology Management*, Vol. 25, No. 4, 2008.

Jin Bihui, et al., "Key Labs and Open Labs in the Chinese Scientific Research System: Qualitative and Quantitative Evaluation Indicators", *Research Evaluation*, Vol. 14, No. 2, 2005.

Jon Soderstrom, et al. , "Improving Technological Innovation Through Laboratory/Industry Cooperative R&D", *Policy Studies Review*, Vol. 5, No. 1, 1985.

Julie M. Hite and William Hesterly, "The Evolution of Firm Networks: from Emergence to Early Growth of the Firm", *Strategic Management Journal*, Vol. 22, No. 3, 2001.

K. F. Chan and Theresa Lau, "Assessing Technology Incubator Programs In The Science Park: The Good, The Bad and The Ugly", *Technovation*, Vol. 25, No. 10, 2005.

Karl - Erik Sveiby, "A Knowledge – Based Theory of the Firm to Guide in Strategy Formulation", *Journal of Intellectual Capital*, Vol. 2, No. 4, 2001.

Kathleen G. McCaughey and Maria E. Galaviz, "Strategy Alignment Boosts Business Results and Employee Satisfaction at Sandia National Laboratories", *Global Business and Organizational Excellence*, Vol. 30, No. 5, 2011.

Kathleen M. Eisenhardt, "Building Theories from Case Study Research", *Academy of Management Review*, Vol. 14, No. 4, 1989.

Keith G. Provan, "Model of Network Governance: Structure, Management, and Effectiveness", *Journal of Public Administration Research and Theory*, Vol. 18, No. 2, 2008.

Khalid Hafeez, et al. , "Core Competence for Sustainable Competitive Advantage: A Structured Methodology for Identifying Core Competence", *IEEE Transactions on Engineering Management*, Vol. 49, No. 1, 2002.

Lee Fleming, et al. , "Collaborative Brokerage, Generative Creativity, and Creative Success", *Administrative Science Quarterly*, Vol. 52, No. 3, 2007.

Lluis Santamaria, et al. , "Beyond Formal R&D: Taking Advantage of Other Sources of Innovation in Low and Medium Technology Industries", *Research Policy*, Vol. 38, No. 3, 2009.

Marco Iansiti and Kim B. Clark, "Integration and Dynamic Capability: Evidence from Development in Automobiles and Mainframe Computers", *Industrial and Corporate Change*, Vol. 3, No. 3, 1994.

Martin Kenney and Urs von Burg, "Technology, Entrepreneurship and Path Dependence: Industrial Clustering in Silicon Valley and Route 128", *Industrial and Corporate Change*, Vol. 8, No. 1, 1999.

Maurizio Sobrero and Edward B. Roberts, "Strategic Management of Supplier - manufacturer Relations in New Product Development", *Research Policy*, Vol. 31, No. 1, 2002.

Michael A. Hitt, et al., *Strategic Management: Competitiveness and Globalization*, Mason: South - Western Cengage Learning, 2010.

Michael Gibbert and Winfried Ruigrok, "The 'What' and 'How' of Case Study Rigor: Three Strategies Based on Published Work", *Organization Research Methods*, Vol. 13, No. 4, 2010.

Michael Gibbert, et al., "What Passes as a Rigorous Case Study?", *Strategic Management Journal*, Vol. 29, No. 13, 2008.

Namatié Traoré, "Networks and Rapid Technological Change: Novel Evidence from the Canadian Biotech Industry", *Industry and Innovation*, Vol. 13, No. 1, 2006.

Nancy M. Dixon ed., *Common Knowledge: How Companies Thrive by Sharing What They Know*, Boston: Harvard Business School Press, 2000.

Norman Metzger, "Discussion of Evaluation of Federal Laboratories", *Proceeding of the National Academy of Sciences of the United States of America*, Vol. 94, No. 17, 1997.

Peter J. Lane, et al., "The Reification of Absorptive Capacity: A Critical Review and Rejuvenation of the Construct", *Academy of Management Review*, Vol. 31, No. 4, 2006.

Peter J. Westwick, *The National Labs - Science in an American System (1949 - 1974)*, Cambridge: Harvard University Press, 2003.

Philippe Larédo, Philippe Mustar, "Laboratory Activity Profiles: an

Exploratory Approach", *Scientometrics*, Vol. 47, No. 3, 2000.

Pierre‐Benoit Joly and Vincent Mangematin, "Profile of Public Laboratories, Industrial Partnerships and Organisation of R & D: The Dynamics of Industrial Relationships in A Large Research Organisation", *Research Policy*, Vol. 25, No. 6, 1996.

Prashant Kale and Harbir Singh, "Building Firm Capabilities Through Learning: The Role of the Alliance Learning Process in Alliance Capability and Firm‐Level Alliance Success", *Strategic Management Journal*, Vol. 28, No. 10, 2007.

R. Dalpé, "International Activities of Public Laboratories in Canada", *Technology In Society*, Vol. 19, No. 2, 1997.

Rajneesh Narula, "R&D Collaboration by SMEs: New Opportunities and Limitations in the Face of Globalisation", *Technovation*, Vol. 24, No. 2, 2004.

Robert A. Dahl, "The Science of Public Administration : Three Problems", *Public Administration Review*, Vol. 7, No. 1, 1947.

Robert K. Yin, *Case Study Research: Design and Methods*, Newbury Park, CA: Sage Publieations, 1984.

Robert M. Grant, "The Resource‐Based Theory of Competitive Advantage: Implications for Strategy Formulation", *California Management Review*, Vol. 33, No. 3, 1991.

Robert M. Grant, "Toward a Knowledge‐Based Theory of the Firm", *Strategic Management Journal*, Vol. 17, No. 10, 1996.

Robert W. Galvin, "Forging a World‐Class Future for the National Laboratories", *Issues in Science & Technolog*, Vol. 12, No. 1, 1995.

Roderik Ponds, et al. , "The Geographical and Institutional Proximity of Research Collaboration", *Papers in Regional Science*, Vol. 86, No. 3, 2007.

Roy Rothwell, "Towards the Fifth‐generation Innovation Process", *International Marketing Review*, Vol. 11, No. 1, 1994.

Santanu Roy and Parthasarathi Banerjee, "Developing Regional Clusters in India: The Role of National Laboratories", *International Journal of Technology Management and Sustainable Development*, Vol. 6, No. 3, 2007.

Selznick Philip, *Leadership in Administration: A Sociological Interpretation*, Oakland: University of California Press, 1984.

Shoukry D. Saleh and Clement Wang, "The Management of Innovation: Strategy, Structure and Organizational Climate", *IEEE Transactions on Engineering Management*, Vol. 40, No. 1, 1993.

Siegfried Berninghaus, Werner Güth, "Hartmut Kliemt From Teleology to Evolution: Bridging the Gap Between Rationality and Adaptation in Social Explanation", *Journal of Evolutionary Economics*, Vol. 13, No. 4, 2003.

Stephen T. Walsh and Bruce A. Kirchhoff, "Technology Transfer from Government Labs to Entrepreneurs", *Journal of Enterprise Culture*, Vol. 10, No. 2, 2002.

Ta-Hsien Lo, et al., "Organization Innovation and Entrepreneurship: The Role of the National Laboratories in Promoting Industrial Development", *International Journal of Technology Management*, Vol. 30, No. 1/2, 2005.

Takehiko Yasuda, "Firm Growth, Size, Age and Behavior in Japanese Manufacturing", *Small Business Economics*, Vol. 24, No. 1, 2005.

Thien Tran, et al., "Comparison of Technology Transfer from Government Labs in the US and Vietnam", *Technology in Society*, Vol. 33, No. 1/2, 2011.

Tim Studt, "Government Labs Seek New Ways to Improve R&D", *R&D Magazine*, Vol. 46, NO. 11, 2004.

Urs S. Daellenbach and Sally J. Davenport, "Establishing Trust During The Formation of Technology Alliances", *Journal of Technology Transfer*, Vol. 29, No. 2, 2004.

Viroj Jadesadalug and Phapruke Ussahawanitchakit, "The Impacts of Organizational Synergy and Autonomy on New Product Performance: Moderating Effects of Corporate Mindset and Innovation", *Journal of International Business Strategy*, Vol. 8, No. 3, 2008.

Wahab Sazali Abdul, et al., "Exploring the Technology Transfer Mechanisms by the Multinational Corporations: A Literature Review", *Asian Social Science*, Vol. 8, No. 3, 2012.

Walter W. Powell, et al., "Network Dynamics and Field Evolution: the Growth of Interorganizational Collaboration in the Life Sciences", *American Journal of Sociology*, Vol. 110, No. 4, 2005.

Wesley M. Cohen and Daniel A., "Levinthal Absorptive Capacity: A New Perspective on Learning and Innovation", *Administrative Science Quarterly*, Vol. 35, No. 1, 1990.

William E. Souder, "Disharmony Between R&D and Marketing", *Industrial Marketing Management*, Vol. 10, No. 1, 1981.

X. Michael Song and Barbara Dyer, "Innovation Strategy and the R&D – marketing Interface in Japanese Firms: A Contingency Perspective", *IEEE Transactions on Engineering Management*, Vol. 42, No. 4, 1995.

X. Chen and C. Sun, "Technology Transfer to China: Alliances of Chinese Enterprises with Western Technology Exporters", *Technovation*, Vol. 20, No. 7, 2000.